苏霍姆林斯基在中国

总顾问◎朱小蔓　总主编◎吴盘生

重读
苏霍姆林斯基

李镇西◎著

江苏凤凰科学技术出版社·南京

图书在版编目（CIP）数据

重读苏霍姆林斯基 / 李镇西著 . —南京：江苏凤凰科学技术出版社，2021.9（2024.1 重印）

（苏霍姆林斯基在中国）

ISBN 978-7-5713-2356-1

Ⅰ . ①重…　Ⅱ . ①李…　Ⅲ . ①苏霍姆林斯基（Suhomlinskii, Vasilii Aleksanlrovich 1918—1970）—教育思想　Ⅳ . ① G40—095.12

中国版本图书馆 CIP 数据核字（2021）第 174209 号

苏霍姆林斯基在中国

重读苏霍姆林斯基

著　　者	李镇西
责任编辑	吴梦琪　刘文芳
责任校对	仲　敏
责任监制	周雅婷
出版发行	江苏凤凰科学技术出版社
出版社地址	南京市湖南路 1 号 A 座，邮编：210009
编读信箱	skqsfs@163.com
联系电话	(025)83657623
印　　刷	溧阳市金宇包装印刷有限公司
开　　本	787mm × 1 092mm　1/16
印　　张	16
字　　数	256 000
版　　次	2021 年 9 月第 1 版
印　　次	2024 年 1 月第 4 次印刷
标准书号	ISBN 978-7-5713-2356-1
定　　价	58.00 元

图书如有印装质量问题，可随时向我社印务部调换。

“苏霍姆林斯基在中国”丛书
编委会名单

▲作者三十多年来阅读过的苏霍姆林斯基著作（部分）

▲ 2019 年 10 月，作者在苏霍姆林斯基的书房

▲ 2008 年 9 月，作者戴上苏霍姆林斯基的眼镜，坐在他的办公桌前

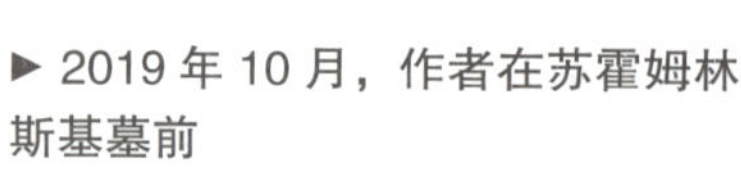

► 2019 年 10 月，作者在苏霍姆林斯基墓前

▲ 1998 年 11 月，作者陪苏霍姆林斯卡娅游览长城

▲ 2004 年 11 月，作者在江阴接受苏霍姆林斯卡娅所赠礼物

▲ 2019 年 10 月，作者在乌克兰教育科学院与苏霍姆林斯卡娅重逢

▲巴甫雷什中学校园

总　序

怎样培养真正的人：教育永恒的命题

“苏霍姆林斯基在中国”丛书的编写，历经数年，已初见成果。现在，第一批著作即将出版，这是一件喜事，我感到十分欣慰。

这套丛书是我国一群热爱、研究苏霍姆林斯基，特别是践行其教育思想的教育工作者的心血之作。丛书向人们真切、生动地展现了在中国教育改革进程中，一大批志士仁人满怀热忱和景仰，向享誉世界的教育家苏霍姆林斯基认真学习的动人情景；丛书也有力地证明，中国基础教育界在改革开放以来，学习、研究和运用苏霍姆林斯基教育思想于中国中小学教育改革实践，取得了可喜的成果。

1979 年，华东师范大学杜殿坤先生翻译、整理的苏霍姆林斯基教育著述（尤其是《给教师的建议》）一经面世，渴望学习、渴望提升教育能力的中国教师，立刻像久旱逢甘雨，将其视作至为宝贵的精神食粮。自此，我国教育界形成了一次次学习苏霍姆林斯基教育思想的热潮。

苏霍姆林斯基教育思想在当代中国的传播，大致产生过三次高潮，时间分别是 20 世纪 80 年代初中期、20 世纪 90 年代中后期、21 世纪初至今。

这三次传播高潮，主要表现为三个重要事实。

第一，苏霍姆林斯基的全部著述陆续翻译出版，并应读者要求不断加印。据统计，至 1986 年，国内翻译出版的苏霍姆林斯基教育著作已达 24 本，每本发行量都很大，如杜殿坤先生编译的《给教师的建议》一版再版，印数突破了一百万册。同时，热心阅读、研究和传播苏霍姆林斯基教育思想的人凝聚成了学术团体，如 1998 年建在中国教育学会比较教育专业委员会之下的“苏霍姆林斯基研究分会”（北京师范大学外国教育研究所），如 2004 年建在中央教育科学研究所之下的“中国苏霍姆林斯基研究中心”，如2015年在中国陶行知研究会领导下组建的“苏霍姆林斯基研究专业委员会”。总之，人们像推崇我国著名教育家陶行知那样，期望同样享誉世界、受到我国中小学教师爱戴的苏霍姆林斯基，能对中小学教师产生更为广阔、深刻的思想影响。

第二，我国一批中小学校借鉴苏霍姆林斯基的教育思想，积极开展中小学教育教学改革，持续地反对那种“以知识为本、分数至上为特征，以牺牲学生身心人格健全发展为代价”的应试教育，在改革探索的热潮中做出了诸多创造，如“情境教育”“愉快教育”“和谐教育”“审美教育”“成功教育”等，成为中国学校中推行素质教育的基层典范。这批学校的校长及创造性探索的教师，无一不是学习苏霍姆林斯基教育思想的模范，他们和他们的学校，把我国的中小学素质教育，由民间发端而不断推动，并最终上升为国家政策，在此过程中他们带了头、立了功。

第三，我国一大批中小学教师以苏霍姆林斯基为楷模，坚持以儿童为本、教书育人的立场，积极效仿苏霍姆林斯基，对自己的职场实践进行持续的教育研究；同时，出现了一批教育科学研究工作者，他们扎根教育实践，以潜心研究、传播苏霍姆林斯基教育思想为志业。由于苏霍姆林斯基教育思想的滋润，经过教育实践的历练，他们或成长为当今中国最优秀并享有盛誉的教育家型教师和校长，或成为很“接地气”、善于结合理论与实践、受到基层教师普遍欢迎的教育科学研究者。

回顾这三次传播高潮，分析客观存在的各种事实，考察它们产生的国内背景，研究其可能构成的长远影响，我以为这种持续性传播主要与以下三个主题密切相关，它们是：①持续地反对应试教育，推动中小学学生的素质教育；②不断调整、深化基础教育的课程改革；③鼓励教师成为职场中的研究者，引导中小学教师走向职业的专业化。

苏霍姆林斯基教育思想在我国得到广泛和持续的传播，正与这三个主题的展开过程融为一体。事实上，苏霍姆林斯基的整个教育生涯，也是与这三个主题息息相关的。我们看到：他扎根一所乡村学校几十年，一贯强调在智力教学中实现德育，旨在培养健全、和谐发展的人；他重视基础知识和基本技能，反对死记硬背，强调激发兴趣，培育学习愿望与勤奋品质，力求学生获得智力劳动的心灵成果与其中的创造喜悦；他强调优化学校教育，同时十分看重课外阅读、同辈交往以及校外实践活动对孩子的影响；他身体力行，坚持每年听360节以上的课，注重观察现场每个儿童，分析师生关系，体验课堂情感，发挥校长最为重要的管理作用；他亲自主办家长学校，探访学生家长，共商孩子教育问题；他制订“第二教学大纲”，开设“蓝天下的课堂”，带领孩子进行户外游历；他如饥似渴地学习理论，不停顿地思考日常教育教学，把职场当作教育科学与艺术结合的试验场和诞生地；作为一线教师、校长，他在科学研究上取得了骄人的成就，但他的研究不为别的，只为儿童的发展，只为改善教育……这一切的一切，都深深地吸引了人们，打动了中国教师的心，得到了中国中小学教师的共鸣、欣赏和由衷钦佩。由此可见，苏霍姆林斯基教育思想与实践，应和了改革开放以来我国中小学的素质教育、课程改革及教师专业化的追求方向与基本理念，符合我国中小学教师专业素养提升的内在需要与外部要求。这样就不难理解，苏霍姆林斯基为什么注定会受到中国教师的爱戴，成了他们的效法榜样，甚至是精神偶像。

苏霍姆林斯基这个名字，已是当代中国教师心中一座不朽的丰碑！

本套丛书邀请的作者是我国教育工作者中的优秀代表。他们现身说法介绍自己的学习和研究经历，展示自己的精神成长历程。丛书总主编吴盘生老师是一位资深教育科研工作者，他曾因工作需要被派遣到中国驻乌克兰大使馆工作，有幸结识苏霍姆林斯基的家人，并多次进行实地考察和访谈，由此开展对苏霍姆林斯基教育思想的深入研究。近年来，他倾心策划和组织了一批对苏霍姆林斯基特别有感情、对苏霍姆林斯基教育思想有研究并积极践行的教育工作者，着手这件有意义的工作——编写本套丛书。我相信，这套丛书不仅将给中国教育界留下一幅中国同仁学习苏霍姆林斯基并取得积极成效的历史画卷，而且能折射出中国基础教育改革的不凡历程，讴歌中国教师为教育理想而奋斗的峥嵘岁月。借丛书出版之际，我向吴盘生老师及各位作者表示由衷的敬意和感谢。

苏霍姆林斯基，一位异域教育家，竟然获得中国当代教师如此的热爱和追随，而且是那么的自然而然、经久不息，这在当代教育界的国际交流史上算得上是一个奇迹！当然，这也是一种值得好好研究的教育文化现象。

现在，我们关注的是：今天应当怎样学习苏霍姆林斯基呢？

自苏霍姆林斯基的著述传入我国，四十多年过去了，今天中国的教育环境已经发生了巨大变化。新生代教师所面对的，再也不是“无书可读”的窘境，而是日新月异的网络时代，是多元文化的涌现，是应接不暇的海量信息。此时，我们的确需要回答：今天为什么还要学习苏霍姆林斯基？苏霍姆林斯基还能吸引我们今天的教师吗？今天应当怎样学习这位非凡的教育家？

2008年，我访问巴甫雷什中学，曾与苏霍姆林斯基的女儿苏霍姆林斯卡娅院士讨论过这个问题。我们有如下共识：正因为市场经济条件下文化多元，正因为科技主义与物质主义的潮流迅猛，我们更有必要请教苏霍姆林斯基！因为他高洁的思想与磊落的人格恰恰是当今时代稀缺的财富！苏霍姆林斯基把全部身心都贡献给孩子，体现出了他的伟大人格。他集中了全部生命、意识和情感，专注于钻研怎样培养真正的人，专注于思考什么是教育的最高追求和核心价值，从而体现出了他的神圣精神。在今天，他如此的伟大人格和神圣精神显得尤其宝贵！的确，当今时代，特别需要苏霍姆林斯基这样清醒、执着的教育家，因为他的信念和价值观可以警示世人，与时代衍生的缺陷和偏见抗衡，可以给教育工作者以示范和鼓舞，影响他们的理念、信仰，提升他们的情操、境界。

当前和今后中国教师如何学习苏霍姆林斯基呢？

我以为最重要的，是深刻认识苏霍姆林斯基教育思想的本质精神和永恒价值。我觉得，他的全部思想的本质，就是毕生思考和实践“怎样培养真正的人”。苏霍姆林斯基在去世前写出了最为重要的一篇论文《人是最高价值》，其中写道：“在我们社会的旗帜上清楚地书写着：人是最高价值，没有什么事比活生生的人更加重要。”苏霍姆林斯基把教育认定为人学，他说：“教育——这首先就是人学。不了解孩子——不了解他的智力发展，他的思维、兴趣、爱好、才能、禀赋、倾向——就谈不上教育。”20世纪50年代初，当有人预言21世纪是“数学的世纪”时，苏霍姆林斯基就坚定地断言“21世纪将是人的世纪”。他坚信没有人的素质提升，就没有人类社会光明的未来。他对教育活动的本质、对教育的根本价值的理解具有永恒的意义。

关注人的心灵成长，是苏霍姆林斯基对教育活动本质的深刻理解，是他全部教育思想中最为聚焦，也最富有特色的方面。这是我个人的研究心得。

我看到，苏霍姆林斯基把情感教育与道德教育看得最为相关，在其著述中，关于情感与人的精神成长的关系，关于情感教育的论述，特别丰富、深刻。他把情感视作道德发生的基础，强调要“重视人的同情心、善良、怜悯、敏感性、友谊、义务感、责任感”，认为它们“能够增强精神情感力量。这些情感力量微妙地交织在一起，进而达到高尚的情感激动。只有这些情感的培养才能使道德概念变为信念”。从苏霍姆林斯基的诸多论述中可以看出，他把同情、怜悯看成人最基础的情感，把正义感看作青少年道德良知中最深刻的情感。同时，他明确指出：自尊感是学生道德发展的重要因素。“教师要善于在每一个学生面前，甚至是最平庸的、在智力发展上最有困难的学生面前，都向他打开他的精神发展的领域。”

正因为如此，他从来不把德育从全部教育活动中抽离出去、割裂开来，仅当作一种专项工作，而是要求所有教师不是只教某门课程，比如他常对教师说“你不是教物理，而是教人学物理”。他要求学校教育工作努力做到综合地、和谐一致地影响人的发展。

苏霍姆林斯基的全部教育思想，包括教育目标、过程、机制与方法，都与建构人的精神世界相关，他从不把具体的德育工作看作外部知识的堆积、外在纪律的束缚、形式主义的刻板的措施，而是把德育看作心灵沟通、精神建构的过程，主张让尽量多的人和物进入童年的精神生活，并在整个少年时期情感领域中一直保存着这些人和物的迷人的吸引力。在他看来，所有的教育工作，都只有在人产生内在的感受时，具有属于自己的感受时，心灵才能得到扩展。因此，他坚定地相信，教师对学生最重要的影响，是教师本人的情感世界、精神和心灵，是“教师在传导到学生意识里去的思想中表现出自我，使学生的心灵接触到的不是冷冰冰的道理，而是教师充满激情的活生生的个性”。

时至今日，随着物质日益丰富，我国基础教育学校的硬件设施已越来越好，现在特别需要的，是追求教育的内在品质，是更加重视在人的发展方面那些精神性的特征，我把它称为“内质性”的特征。这种“内质性”主要表现在身心内部，它们较为隐蔽并且往往变化缓慢，难以从表面测定，但如果轻视、忽略它们，教育（德育）便会走向短视、肤浅，形式主义和功利主义便会随之滋生，因为重视儿童的“内质性”，才是道德教育的根本性特征，也是真正的教育的根本性特征。

对儿童彻底的爱、无保留的爱，作为伟大的动力和个性品格，成就了苏霍姆林斯基。爱所有的孩子是他坚定的教育信仰。他相信每一个孩子身上都有“金矿”，但他又说，“才能不是从天上掉下来的，而是由教育家发掘出来的”。他尤其相信，“在道德发展这个领域，通往顶点的道路对任何人都没有封锁，这里有真正的和毫无限制的平等，这里每一个人都可以成为伟大的、独一无二的人”。这样，他就把真正的教育，与技术层面、功利意义上理解的教育区分开来了。

今天，在主张教育民主、维护教育权利、推进全民教育的时代，人们愈益看重教育的普及。2015 年底，联合国教科文组织发表了第三份综合性的长篇教育报告：《反思教育：向“全球共同利益”的理念转变？》。报告在肯定全民教育运动成就的同时，提出了着眼于全局的人文主义教育观，指出教育应当“超越知识”“超越个人竞争”。这种面对全球教育形势做出的反思和研判，又一次强有力地证明苏霍姆林斯基的思想高度和远见卓识。正因为苏霍姆林斯基相信人可以变好，信仰教育的力量，他才可以彻底地做到把全部心灵献给孩子、献给教育，才会心甘情愿地在孩子身上花费那么多的心血，心无旁骛地几十年扑在一所乡村学校。苏霍姆林斯基虽然生活、工作在苏联的国家体制及主流意识形态下，但他的教育思想和实践经验，却能够超越时空，具有广泛而长久的力量；他为培养“真正的人”而殚精竭虑的教育精神和教育大爱，具有永恒的价值。

反观我国教育现状和基础教育的教师队伍素养，继续学习苏霍姆林斯基很有必要。自 21 世纪以来，我国教师在入职学历标准、学科专业要求、教育技术条件方面有一些提高，但有些方面仍需提升。这表现为：教师对自身职业的理解、对教育活动本质的理解限于表面，情感性人文素质不高，构建良好、和谐之师生关系的能力不足。他们对苏霍姆林斯基的了解程度、读苏霍姆林斯基原著的普及程度远不能与他们的前辈和兄长辈教师相比。对于一位教师来说，放着苏霍姆林斯基著作少读或不读，这是极大的精神损失！

我希望本套丛书能够燃起新生代教师关注苏霍姆林斯基的热情。我相信阅读的力量：教师们一旦走近了苏霍姆林斯基，深入地读，与伟大心灵相遇，那么，教师的价值认同、情感态度会一点一点地发生变化；而教师一旦改变了自己的精神状态，渴望扩展自己的精神世界，用心钻研如何培养真正的人，他便是一个求真向善的人，他的精神世界会充盈、积极起来，他们的学生自然会受其感染和影响，并形成正向反馈。如此，发生积极变化一定是可期待的，也是必然的。

苏霍姆林斯基创造了教育奇迹，那是在他的国家、他所处的民族文化背景下，在他的那个时代。但是，必须指出，苏霍姆林斯基并不只是一个理想主义者，他一生都在思考：如何在现实条件下创造最好的教育条件和环境，如何改变现实，团结教师，协同各种教育力量，与他一起奋斗，去培养“真正的人”。他高度关注现代科技发展，富有现代意识，主动思考未来，他坚持马克思唯物主义的方法论，在学校教育中强调认识外部世界与自我表达相平衡，集体生活与个性舒展相平衡，坚持认为这才是和谐教育。

同样是在《人是最高价值》这篇重要论文中，他尖锐地提出一系列问题：在苏维埃中小学校中，“人是最高价值”这一原则是否在教育教学过程中得到了贯彻？教师在工作中是把每个学生看成不可替代的个体，还是“目中无人”？孩子们在学校里是在发现自我和发展自我，还是“失去自我”？他们在学校里生活得怎么样：幸福还是不幸福？这些提问至今还是那么振聋发聩！

至此我们可以看到，苏霍姆林斯基敢于独立思考，他不盲从，不跟风，他对位高权重者、对前辈学术权威，也敢于直言和批评。他是一位饱含良知、坚持真理、实事求是的教育家。同时，他不仅是博览群书的饱学之士，是教师的精神领袖和带头人，也是学校教育及现实教育问题的积极变革者，他的教育研究和实践始终面向问题，着眼解决问题，探索教育改进改善之道。

当我们能够如此理解苏霍姆林斯基，如此去学习他的著作和为人时，我们就不会满足于寻章摘句，或企图从中寻找灵丹妙药，也不会苛责他的著作及话语中的时代局限，而是学习他着眼现实、解决问题的务实态度，学习他与时俱进的进取精神，立足自己的本土和具体情境，把对教育的信仰化为爱的力量，真正贯彻到解决本学校、本班级、本学科的育人事业中来。

中国基础教育深化改革、提升质量的道路漫长，教师队伍素质提高是一项特别艰巨的任务。今天，教师需要榜样，需要从活生生的、平凡而伟大的榜样中获取智慧和力量。我深信，在中国基础教育界，一是本邦的陶行知先生，一是域外的苏霍姆林斯基，他们二位的著作、教育思想、教育家生涯和个人生命故事最是教师教育与教师自我教育的百科全书，最是教师成长道路上取之不尽、用之不竭的富矿。

回顾历史，展望未来，我满怀希望。愿中国教师学习苏霍姆林斯基教育思想的积极行动，在中国大地上成为一种长远的历史文化现象，成为赓续绵延于教育界的道德佳话。

我愿意与同仁一起，为继续学习苏霍姆林斯基教育思想、促进我国的教育改革而尽些心力、做些实事。

以上想法因参与丛书讨论而引起，现整理成文，是以为序。

朱小蔓

序

读了李镇西老师的《重读苏霍姆林斯基》，引起了我的回忆。早在20世纪80年代初，北京师范大学外国教育研究所翻译的苏霍姆林斯基的《要相信孩子》《把整个心灵献给孩子》《给教师的一百条建议》《帕夫雷什中学》[①] 等书出版，其时我心中激动不已。真想自己也去办一所像巴甫雷什中学那样的学校，而且心想，如果早年能读到他的这些著作，我在北京师范大学附属中学的工作可能会做得更好一些。

我是在苏联学习教育理论的，当时是20世纪50年代，苏维埃教育学强调的是师道尊严、教师起主导作用、教师是权威。虽然也讲教师要爱学生，但那是权威的爱、塑造孩子的爱，不是从孩子出发的爱。我非常崇拜马卡连柯的教育思想，他的《教育诗篇》《塔上旗》等著作感动了我。马卡连柯也讲爱，他用对国家的热情、对孩子的热爱，把俄国革命时期的流浪儿培养成苏联英雄。他的爱是深沉的爱。我那时学习的就是那种深藏在自身心里的爱。

20世纪50年代，苏霍姆林斯基在苏联教育界还无人知晓，苏霍姆林斯基教育思想初露头角是在20世纪60年代。那时我已经回国，所以就错过了学习苏霍姆林斯基教育思想的机会。等到20世纪80年代读到他的书时，我已50多岁了，而且在大学任教，想办学，却已力不从心，也没有条件，也就失去了实践苏霍姆林斯基教育思想的机会。

幸好我国有许多教师阅读了苏霍姆林斯基的著作以后，得到了启发，勇敢地实践他的教育思想。其中最优秀的就是李镇西老师了。前不久，我们举行读书会，我拜读了他的《教育的100种可能》；这两天又读了他的《重读苏霍姆林斯基》，确确实实感到他领悟了苏霍姆林斯基教育

① 帕夫雷什，又译作巴甫雷什。

思想的真谛，并且40年来一直在实践，做到了培根铸魂，启智润心。

苏霍姆林斯基教育思想的精髓是相信孩子，把整个心灵献给孩子。2016年，我和苏霍姆林斯卡娅（苏霍姆林斯基的女儿）对话时，她说，苏霍姆林斯基的本意是：相信人。苏霍姆林斯卡娅说："苏霍姆林斯基非常不喜欢（20世纪）30年代前后苏维埃教育学的面孔，特别反感那个时候教育学和教育者对孩子们的态度。他总是问，为什么我们的教科书和我们的教育者总是说我们的学生，而从来不说我们的孩子。苏霍姆林斯基认为孩子不仅仅是学生，更是一个完整的精神世界，内心的精神世界。" 写到这里我就想到，当初我们翻译《要相信孩子》的时候，这本书书名的原文是"相信人"。但当时正值"文化大革命"结束不久，人们对人的认识还深受批判"人性论"的影响，不敢谈人的发展。我们商量后把译本改成了《要相信孩子》。苏霍姆林斯基相信人的思想确实有更深的含义。"学生"是被塑造的对象，孩子是人，有自己的精神世界，教育只是促进孩子精神世界的发展。教育要尊重孩子、信任孩子、理解孩子，充分认识孩子自身的能力。苏霍姆林斯基说："每一个儿童身上都蕴藏着某些尚未萌芽的素质。这些素质就像火花，要点燃它，就需要火星。"教育就是火星，可以"点燃"儿童身上的素质。苏霍姆林斯基的一生总是和儿童在一起，一起学习，一起玩耍，一起生活，不断地点燃儿童才能的火星，放出灿烂的火花。

李镇西老师践行了苏霍姆林斯基的教育思想，把学生看作是人，有精神世界的人。他像苏霍姆林斯基那样，和学生一起学习、一起玩耍、一起生活，同时研究每一个学生，帮助每一个学生发展，使每一个学生都成人、成才。《教育的100种可能》中的36位人才，就是李镇西老师践行苏霍姆林斯基教育思想所收获的硕果。《重读苏霍姆林斯基》更是反映了李镇西老师对儿童的理解，用童心与童心交流的过程。苏霍姆林斯基说："时刻不忘记自己也曾经是个孩子。"李镇西老师总是用孩子的心去理解孩子、引导孩子、启发孩子。《重读苏霍姆林斯基》是李镇西老师用自己的教育实践阅读苏霍姆林斯基的书，也是扎根中国大地、结合中国实际活学活用的书；是学习苏霍姆林斯基教育论著的札记，也是经过创造的中国教育理念。我希望大家来读一读这本书，你们会对苏霍姆林斯基的教育思想有更深刻的理解。

我与李镇西老师交往不多，但我们的思想是相通的。李镇西老师要我写几句话，我就写上面几句。

2021 年 3 月 12 日

前　言

如何阅读苏霍姆林斯基

——致青年教师

曾经有一位青年教师写信跟我说，他买了一本苏霍姆林斯基的《给教师的建议》，请我给他提点阅读建议。后来我给他回复了，告诉他应如何阅读苏霍姆林斯基。我想这些建议也可以送给所有青年教师。

我首先说说苏霍姆林斯基的遗言。据巴甫雷什中学退休教师、苏霍姆林斯基夫人安娜·伊凡诺夫娜回忆说："1970 年 8 月中旬，新学年开始前，他的健康状况严重恶化。8 月下旬，他想坚持工作一会儿，但写作时常常连笔都拿不住了，坚持不下去了，才不得不进了区医院。他在昏迷时常呻吟着反复念道：'真正的人——多么峻峭的山啊……'这是乌克兰著名女诗人列霞·乌克兰英卡的诗句。醒来时，他几次嘱咐我：'安娜，千万当心，别把我写的东西弄丢了……'这就是他遗言。"

"千万别把我的写的东西弄丢了……"苏霍姆林斯基生前最后一句话，足以证明他是多么珍爱自己的文字！这句遗言也隐含着他对年轻的和将来的教育者的期待，期待着我们读到他的文字。

现在，苏霍姆林斯基的不朽著作正摆在你的面前，该怎样去打开，去阅读呢？我先说说我的经历吧！

苏霍姆林斯基是我从年轻时代到现在特别敬重的教育家之一。回想第一次读苏霍姆林斯基的书，是在 1982 年，那是我参加工作的第一年。我清楚地记得，当时我读了从朋友手中借来的《给教师的一百条建议》后，第一个感觉是:“哦，教育学理论居然还可以写得这样平易而富有魅力!”

当时，我正在当班主任，同时担任语文教师，正有许多来自工作中的喜悦和困惑。读苏霍姆林斯基的书让我心灵激荡，因为我感到书中的每一句话都是对我说的，或者干脆说，这本书就是苏霍姆林斯基写给我的建议。一时间，我真正迷上了苏霍姆林斯基。这种迷恋还感染了周围的年轻朋友——当时，我担任学校教工团支部书记，于是，我便“独裁”了一回：自作主张地从天津人民出版社邮购了20多本该社出版的苏霍姆林斯基名著《给教师的一百条建议》，所有团员教师人手一册!

我说这些，是要告诉现在的青年教师们这本书对我的影响之大，而且我坚信，这本书也一定能够影响你们。遗憾的是，现在我没看到《给教师的一百条建议》再版。现在市面上通行的都是《给教师的建议》——这其实并非苏霍姆林斯基的原版著作，而是中国学者选取的苏霍姆林斯基著作中的精华片段,然后仿照《给教师的一百条建议》的体例编辑而成。里面也包括了《给教师的一百条建议》中的一些内容，还是体现了苏霍姆林斯基教育思想的精髓的。应该说，也还是一本非常不错的书。

苏霍姆林斯基的著作显然不是那种刻意追求“理论体系”或“引起轰动”的大部头。苏霍姆林斯基也不想以教育家的身份对教师们进行空洞地说教，而是怀着真诚的情感与教育同行们谈心。他的书中无疑有着丰富而深刻的理论内涵,但所有涉及教育学、心理学、教学论的重要原理,都自然而然地融会、渗透于生动形象的夹叙夹议之中。作者非常理解第一线普通教师的工作甘苦，因而他提炼出教师在工作中容易遇到的一些棘手难题，有针对性地提出建议，而且每一条建议都不是抽象的教条，而是作者教育实践的体会，读来令人倍感亲切而又深受启发。

作者阐发了这样一些重要的教育观点：应该通过课堂教学发展学生的智力，让教学成为学生智力发展的手段；一个学校应该有丰富多彩的智力生活；应该根据学生的思维特点个别施教；应该保证基本技能、基本知识的掌握和知识的积极运用；应该在教学中激起学生高昂的情绪；

应该充分发挥教师个人对学生的直接影响，“人只能由人来建树”；教师应该把学生的家庭教育纳入学校教育的体系，因为“家庭的精神文化气氛，对于儿童的发育成长具有非常重要的意义”；教师要善于运用集体这个有力的教育工具；教师应该正确引导学生的自我教育，因为“真正的教育是自我教育”；教师要善于发挥书籍的威力；教师要密切关注街头结交朋友对学生的影响……简言之，在他的教育旗帜上，鲜明地写满了“人性”“人情”和“人道”。

多年前，我曾这样评价苏霍姆林斯基——

和一般的教育家不同，苏霍姆林斯基不是以“学者”或“研究家”的身份去冷峻、“客观”、孤立地研究教育，而是充满真诚的人道主义情怀，把自己的一腔激情洒向他的每一位学生。他的深情的目光首先对准的是一个个人的心灵，而不只是具体的教学环节或手段。他一生所关注的始终是每一个学生的个性的发展。这就使他的教育境界远远超过了一般侧重于研究教育技术的教育家，而使教育真正进入了人的心灵的宇宙。

他的感情真挚而充沛，他的思想朴素而深刻，他的语言平易而精彩，“要培养真正的人！”让每一个从他身边走出去的人都能幸福地度过自己的一生，这就是苏霍姆林斯基的教育追求。仅仅凭这一点，他教育胸襟的博大和教育理想的崇高就远远超出了同时代许多教育家（虽然以今天的眼光看，他的思想理论可能有着这样那样的不足和一些不可避免的历史的局限）。从这个意义上说，在中国，我认为只有一位教育家可以与苏霍姆林斯基相媲美，那就是陶行知。

今天，我依然这样认为。

苏霍姆林斯基的著作不只是《给教师的一百条建议》，我甚至可以说这本书并不是他最精彩的著作。你们读过这本书，还可以去找苏霍姆林斯基的其他著作来读，比如《爱情的教育》，是谈爱情教育非常棒的一本书，我 1986 年第一次读就被感动了。再如《家长教育学》，是一本专门写家庭教育的书。还有“育人三部曲”，包含三部著作——《把整个心灵献给孩子》，是谈小学教育的；《公民的诞生》是谈中学教育的；《给儿子的信》，是谈青年教育的。还有《帕夫雷什中学》等。

如何看待苏霍姆林斯基的思想和做法？哪些不适于今天的中国，哪些是永恒的真理？是需要我们认真思考的。因为我感到，有的教师总是希望从苏霍姆林斯基的书中找到能够拿来就用的方法。这种心情可以理解，但不是正确的态度。我们要善于学其精髓，不拘泥于具体的每一句话。比如，曾有教师对我说，苏霍姆林斯基的书里没有“高效课堂”的论述；可我说，他的书中确实有关于“高效课堂”的内涵。比如，苏霍姆林斯基反复强调，课堂上要关注学生的思维，要把学生置于主动学习的位置！这不都是“高效课堂”的因素吗？再如，苏霍姆林斯基指出，优秀的教师在课堂上不会老想着自己所传授的知识，这一切早就烂熟于心以至于成了本能，他关注的是学生在课堂上的思维。这个观点非常精辟！另外，苏霍姆林斯基认为，学生应该有着阅读的习惯，这是学生的智力背景。还有，他认为兴趣源于惊奇和赞叹。这里的“惊奇”和“赞叹”，就是学生在阅读和观察周围世界时所产生的，是一种好奇心的表现。我们的学生有多少惊奇和赞叹？我们的课堂给他们这种体验和感受了吗？因此，我反复强调，不要机械地理解苏霍姆林斯基的每一句话，同一原则在不同的学科和不同的学生身上，都有着不同的体现。

其实，我读苏霍姆林斯基读了几十年，从他那里汲取最多的还是他的爱，对孩子的爱！我知道，“爱心”这个说法，已经很老套了，但我还是要说这一点，因为我们现在的教育缺乏的依然是这个！每次我想到苏霍姆林斯基，第一反应便是他那真诚的人道主义情怀，他那浓浓的人情味！我们最最要学的，就是这个！

我这里想说一下现在的巴甫雷什中学。2008 年 9 月，我去巴甫雷什中学考察。在一次午餐时，和该校现任校长聊了聊。从校长口中，我得知，这个学校现在有将近 500 名学生、37 位教师平时都是在这里吃饭。

四年级以下的学生，一律免费就餐。我问教师的收入和待遇如何。她说，新来的教师每月150美元，其他教师稍微高一些。我一算，也不过1 200元人民币（按当时的汇率算）。便又问这里的物价如何。她回答，猪肉是10美元每千克。我想，这么贵！看来他们的教师生活的确很清贫。可他们依然坚守在学校。苏联刚解体时，乌克兰的经济很糟糕，教师的工资经常被拖欠，许多教师都罢课以示抗议，但是唯独巴甫雷什中学的教师没有停课，依然坚守在教室。因为他们是苏霍姆林斯基学校的教师！他们认为，无论如何孩子是无辜的，不能因为教师的原因而耽误孩子。这就是爱，这就是教育良知！

还是回到“如何阅读苏霍姆林斯基”这个问题，我想给你们一些阅读的建议，供你们参考：

第一，要慢慢读，要品味，不要急于赶进度，哪怕一天只读那么几页，关键是要边读边思考。并没有人给你们规定阅读期限，你们完全没必要完成任务似的一目十行——那样读，是对苏霍姆林斯基的不尊重。从容一些，沉静一些，让自己的心慢慢被浸润，在浸润中思考。

第二，说到“思考”，我要强调“联想”，就是在读的时候，要想到自己的工作、自己的困惑、自己的班级、自己的课堂、自己的学生……也就是说，要把自己融进书里面去，和苏霍姆林斯基对话。我曾经说过阅读的境界，是“读出问题，读出自己”，就是说要和阅读者本人的生活打通。

第三，在思考和联想的时候，要随时拿起笔在书中做批注，或勾画，这实际上是你们的思想的印记。倒不一定要写读后感，但我希望你们能够在书上留下阅读的痕迹。

第四，我再重复强调一遍，一定不要抱着功利的想法，企图从书中找到具体的“绝招”。这不可能。任何经验和技巧都是在特定情境下才会有作用。换句话说，任何一个教师采用的方法都和他的生活经验、人生阅历、知识结构、性格气质、学生特点等有关。我们读别人的书，更多的是汲取思想、精神、原则，并同自己的实际相联系，获得启迪，产生新的属于我们自己的智慧。

我的这些建议也许很肤浅，但我相信你们能够体会到我的真诚，还有对你们的期待。在这个充满各种诱惑的时代，我们要守住自己朴素的教育心，很多时候靠的就是走进人类大师的心灵，用高尚的精神抚慰我们随时都可能浮躁的心。

目 录

爱情教育

提升教师

引领家长

快乐学校

后记

总　跋

走近大师

每一个儿童就是一个完整的世界，没有重复，各有特色。

——苏霍姆林斯基

也许你误解了这位世界级的教育家

一

人们现在似乎更愿意谈西方教育家，而一说起苏霍姆林斯基，有的教师便很不以为然，想当然地以为他“不过是斯大林时代的产物”，认为苏霍姆林斯基“毕竟”属于20世纪五六十年代，时代发展到今天，他的理论“显然已经过时了”。

在我看来，这是一种偏见，至少是误解。

苏霍姆林斯基当然是一位忠诚的布尔什维克，他在其著作中多次表达过自己对共产主义坚定不移的信仰，对社会主义苏联表现出极大的热忱。他也获得过一些比较高的荣誉，比如两次获得“列宁勋章”，还获得过“乌克兰加盟共和国功勋教师”的称号。

尽管泰戈尔有诗曰：“鸟翼系上黄金，便再也飞不起来了。”但苏霍姆林斯基是个例外，众多的荣誉没有成为他继续探索前行的羁绊。

1998年，在北京举行的“纪念苏霍姆林斯基诞生八十周年国际学术研讨会”上，我曾经当面问过苏霍姆林斯基的女儿苏霍姆林斯卡娅：“您认为您父亲在教育理论上最大的贡献是什么？”当时，她不假思索地回答我：“正是我父亲，第一个把‘人性’引入了苏维埃教育！”

现在的年轻人可能不知道——知道了也很难理解，在四五十年前的苏联乃至整个社会主义阵营，“人性”“人道”“人情”都是十分忌讳的敏感词。

所以，把“人性”引入苏维埃教育是苏霍姆林斯基对苏维埃教育乃至整个社会主义教育的最杰出的贡献。

二

苏霍姆林斯基始终是一位坚持实事求是、勇于独立思考的知识分子。在当时的历史条件下，苏霍姆林斯基提出每一个富有创新精神的教育观点和进行的每一项教育改革都需要追求真理的勇气。

他坚持从实际出发而不是从本本出发，富有鲜明的独创性和大胆的革新精神，经常与上级的文件指示不合拍。

例如，他在实际工作中深感研究儿童是搞好教学和教育工作的基本功，因此公开指出，苏共中央 1932 年对儿童学的批判有过头的地方，是“把孩子和洗澡水一起泼掉了”。

又如，在 1955 年以前，苏联学校完全取消了劳动课，但苏霍姆林斯基认为，劳动教育是实现全面发展思想的重要因素。他又眼见越来越多的中学毕业生不能升入大学的事实，因此坚持进行劳动教育。他所领导的巴甫雷什中学，从 1947 年起就给毕业生授予职业证书。可是，赫鲁晓夫在 1958 年大搞生产教学，劳动占用了过多的学习时间，这时他又第一个出来反对这种过头的做法。

因此，苏联就有人称赞他有一种实事求是、敢于“逆潮流而进”的精神。

注意，这些主张和做法也许在今天看来算不上什么，但在当时，都是很超前的，用现在时髦的术语，叫“教育创新”，或者干脆可以说是“素质教育”。

他说：“每一个儿童就是一个完整的世界，没有重复，各有特色。”① 在苏霍姆林斯基从事教育的 20 世纪五六十年代，苏联普遍流行的说法是，当今是“科技时代”“数学时代”“电子世纪”“核子世纪”。苏霍姆林斯基则鲜明地提出，当今首先是“人的时代”“人的世纪”！因此，他所有的教育研究、探索和实践，都是对准人的心灵，都是为了人的全面而和谐发展的。

看，这些观点放在 2021 年的今天，不都依然很“前卫”吗？

---

① 苏霍姆林斯基. 给教师的一百条建议[M]. 周蕖，王义高，等译. 天津：天津人民出版社，1981：9.

三

“吾爱吾师，吾更爱真理。”苏霍姆林斯基在这一点上堪称典范。

马卡连柯也是苏联杰出的教育家。苏霍姆林斯基对马卡连柯十分崇敬，也继承了他的许多教育思想，因此多次在自己的著作中称马卡连柯为自己的“精神导师”。

尽管如此，苏霍姆林斯基也绝不迷信马卡连柯，而是以实事求是的科学态度对马卡连柯的集体主义教育理论，特别是“集体是目的”的观点提出了直率而尖锐的批评。

针对马卡连柯在《教育的目的》一书中，把教育当作“教育的第一目的”，把人看作“螺丝钉”的观点，苏霍姆林斯基在《前进》一文中写道：

> 如果把集体作为目的，那么教育一开始就是残缺的教育，教育者就只会关注集体，关注其组织结构及内部的领导和服从的关系，即关注积极分子的培养，关注怎么善于领导、怎么教会服从。此时，教育者就可能把每个活生生的学生及其精神需求置于视野之外，就往往会忘记真正的教育真谛：教育的目的是人，是全面发展的个性。①

难能可贵的是，在当时苏联舆论一律高压的环境下，苏霍姆林斯基“居然”还特别提倡培养教师独立思考的品质。

他指出，教条主义只会添乱，这体现在培养一般教师的理论思维方面，尤其是在培养青年教师方面。

> 在教条主义基础上，不可能培养出善于思考的教师。……不管某种教育思想如何睿智……它无论如何也不能代替教师的独立思考，因为我们教师的创造环境——是活生生的人，是人的心灵，因而绝不可能用别人的思想去考察我们如此精细和灵敏的劳动对象。……这正如不能让别人的女人给你生孩子一样。你亲自从痛苦中提炼出来的思想，才会是最珍贵的。我千百次地确认：绝对如此。②

---

① 吴盘生. 苏霍姆林斯基对马卡连柯教育思想的批评——解读苏霍姆林斯基的要文《前进》[J]. 教育家，2011：20-25.

② 同上。

连自己尊敬的导师马卡连柯，苏霍姆林斯基都敢于公开批评，在他的精神世界里，就没有什么不可以质疑和批评的了。

这就是有独立人格和自由思想的知识分子苏霍姆林斯基。

四

正是因为拥有独立人格和自由思想，为了践行和捍卫自己认定的教育真理，苏霍姆林斯基不畏权势，不怕围攻。

苏霍姆林斯卡娅告诉我，苏霍姆林斯基提出教育过程中应始终以学生为主体，就不符合当时苏联教育理论界的潮流和教育行政的口味；对于上级的错误指令，他从来都是拒绝执行。他主张对教育对象应该研究，注重对人本身的关注与研究，主张把情感教育寓于教学过程的始终，呼吁重视儿童与大自然及周围环境的关系。这些正确的主张被指责为“与萨特的存在主义不谋而合”。

但苏霍姆林斯基没有屈服。1957 年，他成为苏联教育科学院通讯院士后，对理论界那种“理论脱离实际，装腔作势吓唬人”的不良倾向没有表示丝毫的妥协，决不像有些人那样奉承拍马屁，做表面文章。面对错误的指责和各种压力，他毫不动摇，继续自己的教育探索。到了 20 世纪 60 年代，他已经很少去莫斯科参加苏联教育科学院的会议了。表面上看，苏霍姆林斯基获得了不少荣誉，但实际上，在他生前，他的许多著作都没能得到出版。他的《把整个心灵献给孩子》还是通过特殊渠道在德国出版的，结果在党内遭到严厉责难。

很多年前，我当面问过卡娅：“苏霍姆林斯基过早去世的原因是什么？”

卡娅回答道：“他从小就多病，后来在战争中又受了伤，身上一直有弹片。还有一个重要原因是精神方面的，就是他遭受不公正的待遇。莫斯科官方给他以压力，一直批判他，批判他的所谓‘人性论’，还说他没有理论，只是实践。我父亲生前受到不公正的待遇、不公正的评价，这种情况，在他去世的前三年达到了高潮。”

五

苏霍姆林斯基的一位同事参加了他的葬礼后，写过一篇回忆文章。我读过这篇文章，文中内容证明了卡娅所言不虚。

当时苏霍姆林斯基在苏联教育科学院眼里，特别在苏共中央高层眼里，已经是一个异己分子，是一个离经叛道者，差一点就是苏维埃政权和共产主义教育体系的敌人！在教育科学院的一次大会上，苏共中央训导员阿巴库玛夫突然站起来发言，警告教科院教育学研究所的领导们，在对大学生的教学过程中不要引用苏霍姆林斯基的著作。

报刊上对苏霍姆林斯基也有十分严厉的批评——批评他的“抽象的人道主义”“关于善良的教义”“提倡全人类共同的精神价值”等。

就在苏霍姆林斯基去世前不久，苏联《教师报》还发表了由三位教育理论家联合署名的文章《要斗争，不要传教》。此文是射向苏霍姆林斯基的重型炮弹。作者在文中几乎用尽了所有的批评词语，给苏霍姆林斯基贴上了各种各样的标签。

这一切，让苏霍姆林斯基非常愤懑和难受。

在一次于中央少年宫召开的教育工作者会议休息期间，苏霍姆林斯基背着手在走廊里漫步。有一位参会者走近他，向他问好，并说：“我早就想与您认识了。”同时做了自我介绍。当听到这个熟悉的姓名，确认面前站着的人就是在《教师报》发表那篇致命的中伤文章的作者之一，苏霍姆林斯基收回了已经伸出的手，没说一句话，猛然转身离去，继续背起手，在走廊里漫步。

本来温和而极有修养的苏霍姆林斯基居然如此“反常”，可见那些中伤对他的心灵打击有多大！

六

根据有关文献档案的记载，当时对苏霍姆林斯基的粗暴指责有——

民主，那种与“无条件服从”格格不入的民主，这就是苏霍姆林斯基的理想……

苏霍姆林斯基致力于培植“个性自由”，把其他全部的教育任务丢在脑后……

苏霍姆林斯基对个性自由做出非马克思主义的解释，是对共产主义教育目标的极大歪曲……

苏霍姆林斯基对培养人性的要求，是没有阶级性的，是不符合党的要求的。它违背了共产主义建设者的精神准则，而这一准则是苏维埃人个性发展的纲领，这已是众所周知的……

他的很多言论已经与现代捷克斯洛伐克右派分子的思想十分相似了……[①]

对于苏霍姆林斯基的这些责难给他留下了多么严重的心灵创伤！苏霍姆林斯基绝对不是反对马克思主义体系和共产主义教育的人。很明显，他的目的只不过在于使共产主义教育带有“人的温度”“人的面貌”“人的气息”……仅此而已。然而，对那时苏联高层统治者来说，哪怕是对“正统”的思想观点做出轻微的“校正”，也是决不容许的。

关于苏霍姆林斯基的全部文档记录明显带有政治告密的性质，其中提及捷克斯洛伐克事件也绝非偶然。苏霍姆林斯基打破了教育界的平静，他的名字自然就可与刚刚被镇压下去的“布拉格之春”连在一起。

七

面对气势汹汹的围攻，苏霍姆林斯基进行了有礼有节的回应，以维护自己的尊严，维护教育的尊严，维护真理的尊严。针对某个告密者的无耻谰言，他写信给某杂志的主编，其中有这样的段落——

要是您有机会对那个人说几句话，我会请您转达：他就是挑拨离间者！在资产阶级的报纸上，没有任何人写过文章赞扬我；相反，他们看到我们有人热衷攻击自己人，他们在庆幸，他们对此感到奇怪、惊讶乃

① A. 彼得洛夫斯基. 我是怎样出席苏霍姆林斯基葬礼的——“抽象的人道主义者”即便在坟墓中也仍然十分危险[J].吴盘生，译. 江苏教育研究，2011（13）：61-64.

至十分高兴。如果这个人有机会再一次攻击——对此我表示怀疑——他们将会更加高兴。

一九四二年，我在卫国战争疆场上身负重伤，同时，我的妻子薇拉在后方被法西斯匪徒吊死，甚至被剜去了双眼；我那诞生在刑讯室的儿子也被匪徒残害，匪徒们把我儿子的头砸向石墙，犹如打死一只小狗，然后抛尸荒野，三天无人问津！

请您给他讲讲我的这些遭遇，让他读读在东德出版的《我把整个心灵献给孩子》的后记，其中就有记述。但愿他能了解，因为这本书的出版，在东德，人们那样的夸赞我。这本书——是对法西斯主义的抨击！可能，我的内心孕育了对孩子们的无限热爱，就是因为我亲历了这一切！我22岁的妻子薇拉因为散发反法西斯传单而连续数昼夜被拷打、折磨，在审讯室产下了我们的儿子，她被挖去双眼，残酷地被吊死……这一切至今仿佛历历在目，深深地刺痛我的心。

要是在某地方我会遇上这个人，我一定会当面称呼他“挑拨离间者”！因为如此行事的只会是挑拨离间者，他们致力于中伤他们需要排挤的人。请注意，如果我坚持不住而死去的话，那么，凶手就是他，这个挑拨离间者。①

八

相比起苏霍姆林斯基著作中充满深情的温和文字，上面那封信是我读过的苏霍姆林斯基唯一的激愤之词。可见他内心是多么愤怒！

苏霍姆林斯基于1969年12月19日写下这封信，而不到一年后的1970年9月2日苏霍姆林斯基就去世了。可以说，这位杰出的教育家是在极度郁闷中离开人世的。

他做错了什么吗？没有！他说了什么“反党反社会主义”的言论吗？没有！他不过是提倡教育要尊重人道、符合人性、充满人情。他不过是大声疾呼：

---

① A. 彼得洛夫斯基. 我是怎样出席苏霍姆林斯基葬礼的——“抽象的人道主义者”即便在坟墓中也仍然十分危险[J].吴盘生，译. 江苏教育研究，2011（13）：61-64.

“教育——这首先是人学！”便因此付出了沉重的代价。

他去世之后，按道理应该享受高等级的葬礼。但是，别说苏联国家领导人，就连苏联教育科学院院长或副院长也没有出席他的葬礼，而是仅派了一个学术秘书代表教育科学院去参加。这个学术秘书出发前，院长还专门给他打电话说：“我们要求您在葬礼上发言评价苏霍姆林斯基时，只说他是位出色的教师、有理想的校长、卫国战争中保卫祖国的勇士、一位好父亲。您无论如何也不可以说他是一位教育学理论家，不可说他是位道德教育论著的作家。”

我曾不止一次地想，如果他一直按照某些人的期待，做一个服从的甚至顺从的“人民教师”，那他可能还会获得更多的国家荣誉，但苏霍姆林斯基偏偏忠于自己的信仰、忠于真实的教育、忠于孩子的心灵，而且拒绝向权势低头，所以他最后不得“善终”。

九

然而，历史证明了苏霍姆林斯基教育思想的不朽。现在，包括美国、加拿大、英国、希腊、日本在内的许多国家都成立了苏霍姆林斯基研究会或苏霍姆林斯基实验中学——他那充满人性的教育理论成了全人类的教育遗产。

据 2018 年 12 月 11 日《中国教师报》报道，如今，苏霍姆林斯基的著作已经被翻译成 59 种文字，不断再版、扩印，各种译本总发行量已经超过 400 万册。这些统计数字充分表明了这位教育家在世界的影响力。

苏霍姆林斯基的教育思想同样属于全世界。波兰科学院教育学委员会名誉主席 T. 列沃维茨基呼吁人们向苏霍姆林斯基的教育经典致敬，呼吁要像苏霍姆林斯基那样用普遍的人道主义价值观来衡量人们的生活、展开教育；澳大利亚的阿兰·科克里尔教授在自己的青年时代被苏霍姆林斯基的名字和学说所吸引，自费专程去苏联做研究，并以此为选题完成了博士论文，还将《我把整个心灵献给孩子》翻译成英文。他称苏霍姆林斯基为“改变世界的教师”。在远离乌克兰的日本，苏霍姆林斯基的思想一直被研究者们关注着。他们翻译出版了大量苏霍姆林斯基的著作，撰写发表了很多研究其教育思想的成果……

为了纪念这位世界级的教育家，联合国教科文组织通过决议，号召2018年开展世界性的苏霍姆林斯基100周年诞辰纪念活动。据说接到这个消息的那一天，苏霍姆林斯卡娅激动得哭了。

生前在苏联备受责难的苏霍姆林斯基，如今却成了当之无愧的世界级教育家，也无可争议地成为对中国影响最大的外国教育家——没有“之一”。

如果说最初接触苏霍姆林斯基时，我是把他当作一个富有爱心和智慧的人民教师来钦佩的；那么后来随着深入阅读他更多的著作，他越来越以杰出教育家的形象让我仰慕；而现在，他更是以一名有纯洁良知、有坚定信仰、有独立人格、有自由思想、有傲雪风骨的知识分子，赢得我永远的崇敬。

（文中引用了吴盘生先生有关文章以及他翻译的苏联教育科学院著名心理学家彼得罗夫斯基所撰回忆文章中的相关资料，特此说明，并致谢！）

他一生都在追求真教育

一

1983年元旦那天，叶圣陶先生写下一篇题为《作文与做人》的短文。3天后，这篇不到300字的文章发表在《中国青年报》上。全文如下：

品德教育重在实做，不在于能说会道。

譬如去年高考的作文题《先天下之忧而忧，后天下之乐而乐》，要是有一位考生写得头头是道，有理论，有发挥，准能得高分数。但是当他离开考场，挤上公共汽车，就抢着靠窗坐下，明明有一位白发老太太提着菜篮挤在他膝前，他只当没瞧见。你说这位考生的作文卷子该不该得高分数？依我说，莫说高分数，我一分也不给。他连给老太太让个座的起码的好习惯都没有养成，还有资格谈什么“先天下之忧而忧，后天下之乐而乐”吗？

也许有人说，你太认真了，那是作文，那是考试。对，是考试，在公共汽车上给不给老太太让座，这才是真正的考试，他一分也得不到。

文当然要作的，但是要紧的在乎做人。

文字平和，一如先生温和的性格与为人。但我依然能够感受到一种鞭辟入里的思想力度：“文当然是要作的，但是要紧的在乎做人。”

先生说的现象，其实是长期以来中小学学生写作中的常见现象。

1995年9月，我又接手了一届初中新生。有一位学生曾这样写开学第一次升旗仪式：“……随着一轮冉冉升起的红日，鲜艳的国旗也徐徐升起……望着那迎风招展的红旗，我眼前浮现出董存瑞、黄继光、江雪琴等无数先烈的形象……我又想起了红领巾是国旗的一角，是革命先烈的鲜血染红的……我一定要……”

这篇作文的立意，当然是好的，而且这篇作文的文采也是不错的，但我却在作文后面批道：“请问，那天早上阴云密布，何来‘冉冉升起的红日’？又请问，你不停地想董存瑞、江雪琴，又哪有时间认真聆听校长讲的新学期要求呢？”

这位同学开始还颇感委屈：“我这是写作文嘛！”

我说：“作文只有‘真’，才会‘善’和‘美’！”

我每教一届新生，都要为纠正学生作文中的公式化、假话、套话费很大的气力。有时，全班学生交来的作文几乎就是一个人写的！

这些“崇高的假话”盛行于孩子的作文中，要让这些空洞的语言远离孩子们的心灵和生活。让我忧虑的是，孩子们在写这样的文章时，丝毫没有说假话的愧疚，恰恰相反，他们觉得作文就应这样写，而且写的时候，他们可能真的还觉得自己很“崇高”呢！

但这仅仅是语文教学的问题吗？显然不是。这是社会上说假话和套话的风气对校园的污染。

二

这种现象也曾充斥于当年的苏联。读苏霍姆林斯基的书，我常常为他彻底的实事求是精神而感到心灵的震撼。他对一切脱离实际的形式主义教育深恶痛绝，因此，性格同样温和的他，对一切虚假教育的批评毫不客气。

苏霍姆林斯基认为，言行一致是一个人道德品质的核心，因此教育及其效果不能停留于教孩子“怎么说”，而一定要落实于教孩子“怎么做”。要落实到具体行动，言行一致是人的道德品质的核心。

> 有一所学校，教师教给少先队员们宣读一份措辞华丽的保证书，而完成这些保证是要付出巨大劳动的。保证书在隆重的气氛下通过了，抄写得很漂亮，也张贴出去了……可是就在这所学校的大门口，有几棵早已枯死的苹果树，人们早已忘记了给它们浇水，没有一个人感到良心上的不安。可是，给果树浇水，这正是履行那些崇高保证的具体行动啊。当口头上说的是一套而行动上是另一套的时候，就会毒害年幼的心灵，

助长漠不关心的思想。[①]

在《帕夫雷什中学》一书中，苏霍姆林斯基告诫教育者：

不要教孩子去空讲漂亮的言辞，也不要让他们在没有任何需要付出精神力量的具体情况下，去表露强烈的感情。如果驱使孩子们按指定意思去表露感情，就会把他们培养成喜好吹嘘、不讲原则、只善辞令的空谈家，也就是说，最终让他们成为冷漠无情的人。我们不要让少先队员们比如说在成年人的隆重集会上，去讲一些他们不大清楚而且没有那种亲身感受的话。孩子们只应该讲触动了他们的事，而不是讲大人想要借他的口所要讲的事。[②]

不要叫他们去背诵那些要在成年人的大会上去发表的词藻华丽的祝贺词，也无须让他们在鼓乐伴奏下去列队祝贺。我们成年人也不必为孩子们用他们响亮的话语所表达的那种“预定的”情感而激动，否则我们就会培养一些玩弄辞令的空谈家，随便就任何题目都敢大发议论的演说家。这样只会损害孩子们的心灵。[③]

苏霍姆林斯基对教育过程中任何一种形式主义的东西都极为反感。

严格地说，教育也不可能是形式主义的：它要么是等于“白做”（往好处说），要么反而变成“反面教材”（往坏处说）。[④]

他认为，对于教育工作，要看它的实在内容和实际效果，而不是看搞了多少可供汇报的“措施”，举办了几次“公开活动”。这些活动都是像演戏一样事先排练好的，儿童在排练的时候只知道要记熟一些他们并不理解的“美丽的”词句，这些词句根本就没有打动他们的心。

在学校里，不许讲空话，不许搞空洞的思想！要珍惜每一句话！当儿童还不能理解某些词句的含义时，就不要让这些词句从他们的嘴里说出来：请不要把那些崇高的、神圣的语言变成不值钱的破铜币！[⑤]

---

① 苏霍姆林斯基. 给教师的建议：上[M]. 杜殿坤，译. 北京：教育科学出版社，1980：181.
② 苏霍姆林斯基. 帕夫雷什中学[M]. 赵玮，等译. 北京：教育科学出版社，1983：220.
③ 苏霍姆林斯基. 帕夫雷什中学[M]. 赵玮，等译. 北京：教育科学出版社，1983：250.
④ 苏霍姆林斯基. 给教师的建议：上[M]. 杜殿坤，译. 北京：教育科学出版社，1980：252.
⑤ 苏霍姆林斯基. 给教师的建议：上[M]. 杜殿坤，译. 北京：教育科学出版社，1980：182.

三

50 年前的苏霍姆林斯基所抨击的，不正是今天某些学校的“教育”吗？——想想，在我们现在的教育中，有多少“崇高的、神圣的语言”被我们的教师变成了“不值钱的破铜币”？

我曾说过，教育不是拿来给人欣赏的，而是实实在在影响人的心灵的。但现在不少学校的“教育”的确是为了给人欣赏的，局长、校长特别热衷有观赏性的“公开活动”，而且如苏霍姆林斯基所批评的那样：“这些活动都是像演戏一样事先排练好的，儿童在排练的时候只知道要记熟一些他们并不理解的‘美丽的’词句，这些词句根本就没有打动他们的心。”[①] 尤其在面临大型迎检，或有重要领导来视察的时候，有的学校总会提前一两个月或更早做准备：先声夺人的展板、眼花缭乱的橱窗、操场千人的吟诵、流光溢彩的演出……当然，还有被精心“提炼”出来的一套一套的“理念”，这些理念又总是通过整齐而富有修辞美感的语句表达出来，诸如“以什么什么为导向、以什么什么为核心、以什么什么为基础、以什么什么为宗旨”或“以什么促进什么、以什么打造什么、以什么推动什么、以什么提升什么”（前一句最后一个词，是后一句开头的词）云云。总之让人感觉，教育原来可以做得如此具有“观赏性”！

如此“教育”，已经不仅仅是华而不实的问题，其恶劣之处在于，公开教会学生言行不一，甚至弄虚作假。为了学校获得“好评”和“表彰”，有的学校公然对学生进行说假话、套话的“培训”，还要死记硬背一些在专家“验收”时可能会“抽查”的内容。估计当年的苏联也有类似的情况，所以苏霍姆林斯基批评道：“如果在教学中搞形式主义，学生盲目地教条式地死记知识，就会使儿童的智力僵化，就会用空洞的形式取代实质，这在教育上必然毒害儿童的心灵，使他们养成不诚实、两面派、假正经的坏品质。”[②]

---

① 苏霍姆林斯基. 给教师的建议：上[M]. 杜殿坤，译. 北京：教育科学出版社，1980：182.
② 同上。

四

苏霍姆林斯基特别强调要给学生进行“真实性”的教育。苏霍姆林斯基认为：

教师必须对学生讲真话。这是有效地教育青年的重要条件之一。不允许把儿童、少年特别是青年放在一种“思想无菌室”里进行教育，使他们闭眼不看周围生活中的缺点。最好的教育就是用真实来教育。学生对于教师的真话和假话是非常敏感的，所以必须使整个教育过程充满真实的气氛。① 对于国家的成就要讲，对于社会发展的光明前途要讲，“但是同时也要坦率地、坚决地、大胆地谴责任何不公正的和丑恶事物的任何表现”②。他写道：“青年对于实际生活中不符合道德原则的事情是高度敏感的。……粉饰生活会使青年产生判断事物时的教条主义，禁锢他们的思想，使他们产生怀疑主义，不再相信崇高的思想和原则，从思想上解除了他们为崇高理想而斗争的武装。”③

如果我们总是习惯于只给学生讲社会的“主流”和“光明面”，我们正是苏霍姆林斯基所批评的“把儿童、少年特别是青年放在一种思想无菌室里进行教育，使他们闭眼不看周围生活中的缺点”。

谁也无法否认曾参加过伟大卫国战争并身负重伤的苏霍姆林斯基是一位真正的爱国者，但恰恰是他，这样尖锐地抨击某些形式主义的“理想教育”——

> 儿童、少年、青年口头上会说他怎样热爱祖国，甘愿为祖国而牺牲，但是这些话本身并不能作为学生所受的爱国主义教育程度的真正标准；教育的明智在于：不要让我们的学生毫无热情地、不加思索地说出这些话来。因此，我们坚决禁止组织这样的竞赛：看谁关于热爱祖国的演讲或作文讲得最漂亮。教学生高谈阔论爱祖国，取代了教学生爱祖国，这是不可思议的事。④

---

① 苏霍姆林斯基. 给教师的建议：上[M]. 杜殿坤，译. 北京：教育科学出版社，1980：179.
② 苏霍姆林斯基. 给教师的建议：上[M]. 杜殿坤，译. 北京：教育科学出版社，1980：180.
③ 同上。
④ 苏霍姆林斯基. 给教师的建议：上[M]. 杜殿坤，译. 北京：教育科学出版社，1980：180.

遗憾的是，类似“不可思议的事”至今还在一些校园“庄严”地发生着。

在一些学校的征文比赛、演讲比赛、板报比赛中，“当儿童还不能理解某些词语的含义时”，我们却“让这些词句从他们的嘴里说出来”！孩子们还被导演得那么声情并茂甚至声泪俱下。孩子们正是在这些所谓“正能量”的“教育”中，学会了非常自然地说假话，而且毫不脸红也毫无愧色。苏霍姆林斯基所担心的“不诚实、两面派、假正经的坏品质”就这样“春风化雨”般地被播进了孩子们的心灵中。

想想都可怕！

五

在读苏霍姆林斯基的著作时，特别是读到他对言行不一、“假大空”等丑恶现象的抨击时，我就忍不住掩卷沉思：如果苏霍姆林斯基的这些思想能够彻底地贯彻落实于苏联教育的方方面面，曾经强大的社会主义苏联还会解体吗？

可能有人会觉得我这个问题很突兀，甚至觉得我在“上纲上线”。且让我们重温一下革命导师的话——

马克思说：“说真话，是人人应尽的义务。”

恩格斯说：“对过去发生的事情，我不能欺骗同志们。如果说我得到工人的信任，那是因为我在任何情况下都向他们讲真话，而且只讲真话。”

列宁说：“我们应当说真话，因为这是我们的力量所在。”

一个社会如果鼓励说假话，彼此互相欺骗，人人戴着面具生活，一个国家如果充斥着谎言，将是多么的可悲！

因此，说教育关系着一个民族的未来和一个国家的存亡，这丝毫没有半点夸张。

苏霍姆林斯基一针见血地指出：“在那些口头上是一套而实际上是另一套的地方，只能培养出伪君子、下贱虫和背弃信念的人。”[①]

---

① 苏霍姆林斯基.给教师的建议：上[M].杜殿坤，译.北京：教育科学出版社，1980：180.

这句话是不是解释了苏联解体的教育原因之一呢？正因为当时苏联社会存在着许多“口头上是一套而实际上是另一套的地方”，所以“培养出伪君子、下贱虫和背弃信念的人”，正是那些“背弃信念的人”成了苏联的掘墓人。

六

但我们能否因为后来苏联的解体，就断言苏霍姆林斯基的教育思想是无效的，他的教育实践是失败的呢？显然不能这样说，因为他毕竟只是一个乡村学校的校长，无力对抗整个社会的“口头上是一套而实际上是另一套”。

实际上，苏霍姆林斯基生前，以自己实事求是的教育思想和坚持真理的勇气，与一切不良的教育现象和社会风气顽强地抗争着。苏霍姆林斯基当然是一位忠诚的共产主义者，但他同时始终是一位坚持实事求是、勇于独立思考的知识分子。他的教育思考和实践从来都是从鲜活的实际出发，而不是从僵化的本本出发，并大胆改革与创新。所以，当时苏联就有人称赞他有一种实事求是、敢于“逆潮流而进”的精神。他之所以能够如此，其重要原因之一，就是他始终脚踏实地，立足于实践，真正面对学生的心灵，根据实际情况提出自己的观点，而不是唯上唯书是从。

苏霍姆林斯基毫不隐瞒自己的教育观点，旗帜鲜明地亮出自己的教育主张。他说：“思想应该像高大的橡树一样坚强，像出弦的箭一样有力，像烈火一样鲜明。”[①] 正因为他始终面对实际追求真实的教育，所以在他去世前几年，他遭到了学术围攻。但他依然坚持真理。可他毕竟只是一个乡村中学的校长，无力对抗整个社会的“口头上是一套而实际上是另一套”。

因此我说，苏联的解体有多方面的复杂原因，但主流教育以及宣传的虚假、虚伪、虚弱，消解着马克思主义的力量，败坏着社会主义的形象，瓦解着苏联社会的道德基础，这不能不说是其中一个原因。

苏霍姆林斯基的孤独、伟大与不朽正在于此。

---

① 苏霍姆林斯基. 给教师的一百条建议[M]. 周蕖，王义高，等译. 天津：天津人民出版社，1981：206.

七

所有教育弊端的本质，从某种意义上说，就是一个字：假！

教育需要改革，但更需要回归——回归到常识，回归到真实。求真务实，就是教育的本分。暂且抛开诸如“课程改革”“智慧课堂”“未来学校”“国际视野”等气势恢宏的大词汇，让我们从“不说假话”“言行一致”开始我们的教育回归。

《给教师的一百条建议》的第 81 条，就是“要教育学生不说空话”。苏霍姆林斯基说：“我之所以专门提出要注意这个问题，是因为说空话非但腐蚀个人的灵魂，而且腐蚀整个集体。凡是说空话的地方，就实际上没有、也不可能有集体在思想上的统一。”他特别告诫教育者，“要把谎言、伪善当作最卑鄙的东西加以提防。要使诚实的品质从童年和少年时期就深深地扎根于孩子们的心灵，成为他们的习惯，使说实话的习惯成为性格、成为天性。要教育学生对多嘴饶舌、哗众取宠、夸夸其谈、好吹牛皮采取毫不容忍的态度。”①

① 苏霍姆林斯基. 给教师的一百条建议[M]. 周蕖，王义高，等译. 天津：天津人民出版社，1981：205.

爱心纯净

人的充分的表现，这既是社会的幸福，也是个人的幸福。

——苏霍姆林斯基

“没有也不可能有抽象的学生”

读过著名学者张文质的一句话：“你一定要记住，你爱的是你的孩子，而不是他的表现。无论他表现好还是表现不好，他都是你的孩子。”我特别欣赏这句话，甚至很感动。

这句话本来是对家长说的，我认为更适合教师。因为有血缘关系，即使孩子表现不那么好，做父母的总归还是会爱的，毕竟是自己的亲骨肉。那么老师呢？每一位老师都应该问问自己：如果孩子乖、听话、温顺就爱他，那么若他不乖、不听话、不温顺，还爱不爱他呢？我爱的是这个人本身呢，还是爱他的表现？

昆明丑小鸭中学的创办人詹大年在他招聘教师的启事中，列出的第一个条件是:“爱学生，无条件，因为我们的学生还走在成为天使的路上。”既然“还走在成为天使的路上”，就说明还不是天使；既然孩子不是天使，那必然有许多缺点许多问题，必然表现不完美，但是“爱学生，无条件”！我们爱的是这个人，而不是他的表现。因为他的表现不好，就不爱他，我们就失去了对人本身的爱。

我还想对张文质上述的话做个补充扩展：“我们爱的是孩子本身，而不是他的表现，也不是他的成绩，更不是他将来的地位。”

有的孩子表现还行，守纪律、不捣蛋，看上去很乖，可就是成绩不好，这样的学生也很难被一些教师爱。这样的学生我遇到的可多了。刚参加工作时的我往往有意无意地冷落这样的孩子，虽然表面上并没有做出什么明显歧视的举动，但心里其实是很不喜欢的，这种不喜欢会情不自禁地表现出来，比如早读课有学生迟到了，如果是成绩好的，我可能就轻描淡写地说几句:“看，又迟到了不是，以后可要注意呀！”然后就让他进教室了。可如果是成绩很差的学生，我往往不会轻饶，我会严厉批评：“难怪成绩老上不去，在外面站一会儿！”

我想，像我这样的教师可能不止一个吧？没有哪一个教师不会说自己“爱学生”，但很多时候我们可能没有意识到，我们爱的其实是孩子的分数。因为这个分数关系到自己的考核，而考核结果关系到自己的绩效和晋升，当然还关系着自己的面子。

而如果仅仅是因为孩子成绩好才爱，那这根本就不是爱，而是功利。如果因为这个孩子将来会成为“名人”，教师才爱他，你爱的已经不是这个孩子本身，而爱的是他将来的社会地位。这还是纯净的教育之爱吗？

20 多年前，我已经有了 10 多年的教育经历，有经验也有教训，但我对教育的认识已经比过去成熟，尤其是对教育之爱的理解更加深刻。所以，我主动接了一个“后进生”最多的班，和一群“熊孩子”打交道，可以说是投入了大量的情感和心血。20 多年过去了，他们中有医生、教师、军官、足球教练、摇滚歌手……对我感情特别深，经常回来看我，每年教师节都要请我吃饭。曾经有老师对我说：“当初你的爱得到了最丰厚的回报！”

但是，我当初没想过“回报”，也不知道他们将来会这么有出息，有的还很“有名”。我只是很单纯地觉得这样的孩子更应该得到尊重与爱。如果我是因为想到他们将来会很“显赫”，能够给我“面子”，能够给我“回报”，我才爱他们，那我这份“爱”显然就不是真爱，因为我爱的不是他们本人，而是他们将来的社会地位。

陶行知曾告诫教育者不要歧视表现不好、成绩糟糕的学生：“你的教鞭下有瓦特，你的冷眼里有牛顿，你的讥笑里有爱迪生。”这话当然非常正确，先生在这里强调的是不可忽视孩子所蕴含的无限的潜力。但我们千万不能因此而理解为，这些孩子将来也有可能成为瓦特，因而值得我们尊重与爱。

我想到苏霍姆林斯基在其《给教师的一百条建议》中的第一条建议是请记住，“没有也不可能有抽象的学生”，而重点是“认识人、了解人”。教育家这样饱含感情地写道——

教育才能的基础在于深信有可能成功地教育每个儿童。我不相信有不可救药的儿童、少年和男女青年。要知道，我们面前的这个人才刚刚开始生活在世界上，我们可以做到使这个幼小的人身上所具有的美好的、善良的、人性的东西不受到压制、伤害和扼杀。因此，每一个决心献身于教育的人，应当容忍儿童的弱点。如果对这些弱点仔细地观察和思索，不仅用脑子，而且用心灵去认识它们，那就会发现这些弱点是无关重要的，不应当对它们生气、愤怒和加以惩罚。不要理解成我在宣传全面的容忍、抽象的容忍，号召教师忍耐地“背着十字架”。这里说的完全是另一回事，说的是母亲、父亲和教师这类长者要有一种英明的能力，能够理解和感觉到儿童产生过错的最细微的动机和原因。要理解和感觉到的正是这样一点，即这是儿童的过错，不要把儿童和自己混为一谈，不要对他提出那些对成人提的要求，但是自己也不要孩子气，不要降到孩子的水平，同时还要理解儿童行为的复杂性和儿童集体关系的复杂性。①

苏霍姆林斯基说得多好！“应该容忍儿童的弱点。”“能够理解和感觉到儿童产生过错的最细微的动机和原因。”“即这是儿童的过错，不要把儿童和自己混为一谈，不要对他提出那些对成人提的要求……”这才是真正的教育，是真正地爱儿童。

当然，苏霍姆林斯基这段话很容易被一些教师误解，特别是他说“这些弱点是无关重要的，不应当对它们生气、愤怒和加以惩罚”。可能有人会表示不解：“这岂不是宣扬‘教育万能’吗？”

孤立地看这段话的确容易有这样的误读。但是我们要结合苏霍姆林斯基整个的教育思想来理解这段话。苏霍姆林斯基教育思想的核心是“人”。他多次说过：“教育——这首先是人学！”“每一个儿童就是一个完整的世界，没有重复，各有特色。”②既然是“完整的世界”，自然包括孩子的弱点、缺点，对这些弱点和缺点，教育者要予以充分的理解，在此基础上进行引导和教育。而且这些弱点在儿童的全部精神世界中只是占一小部分。相比起儿童的善良、纯真、幻想、创造等品质，这占小部分的弱点当然就是“无关重要的”，没

---

① 苏霍姆林斯基. 给教师的一百条建议[M]. 周蕖，王义高，等译. 天津：天津人民出版社，1981：6-7.

② 苏霍姆林斯基. 给教师的一百条建议[M]. 周蕖，王义高，等译. 天津：天津人民出版社，1981：9.

有必要对它们“生气、愤怒和加以惩罚”。但这并不意味着教育者对儿童的弱点和缺点视而不见。也是在这本《给教师的一百条建议》中，苏霍姆林斯基曾写过一个叫“尤拉”的孩子。他在集体外出活动中不守纪律，苏霍姆林斯基和同学们便有意藏起来，不理尤拉，让他产生脱离集体的孤独感和恐慌感。这难道不是一种惩罚吗？

最近，在我的微信公众号“镇西茶馆”中，就曾有朋友针对“爱的是你的孩子，而不是他的表现”这句话问我：“学生表现无论多差，你都不会生气吗？比如顶撞老师、搞对象行为过当、跳墙出校夜不归宿、玩手机、打游戏……”这显然就曲解了教育之爱。真正的爱，就包括了对学生的严格要求，甚至纪律约束。这难道不是常识吗？

但无论如何，不能以儿童这些缺点为理由而削弱我们对他们的爱。还是那句话——

我们爱的是孩子这个人本身，而不是他的表现，也不是他的成绩，更不是他将来的地位。

把教育评价的眼光投向未来

1997 年 3 月的一天，我带着我教的 100 多个孩子来到了成都市锦江边，种下了大约 100 米长的银杏树和女贞树。当时的江边还很荒凉，但出了校门的孩子们一边给小树苗培土、浇水，一边嘻嘻哈哈地说笑，特别开心。他们可能没有想到，再过 10 年或 20 年这里将会是怎样的景象。我想到了。

2020 年 11 月底，我和一群已经当上爸爸妈妈的学生来到江边，找到我们种的树。因为这似火焰般燃烧的银杏叶，这里已经是成都最美的街道之一。而今距当年种树的时间，已经过去了近 24 年！

有意思的是，当年参加植树中的一个班，是全年级问题学生最多的班，可如今个个有出息，他们当中有小学教师、足球教练、公务员、飞行员、空姐、军人、火锅店老板、钢琴师……他们如同江边的小树一样，已经长成参天大树。

有一个孩子，当年调皮捣蛋，成绩不好，几乎没有一天不让我操心，所有的教师提起这孩子就摇头。可如今，他已经是四川省足球队的教练。所有的教师一说起他，都惊叹："没想到，真的没想到啊！"

是的，按照当年这孩子的成绩和表现，对他的评价就一个字："差！"然而现在的他却如此出色，对他的评价也是一个字："优。"只是从"差"到"优"，跨越了 20 多年的时间。

就像银杏树苗要长成燃烧的火炬需要岁月一样，孩子们的成长也需要光阴。这里的"岁月"或者说"光阴"，一定不是几天、几月或几年，而是十几年乃至几十年。

正如苏霍姆林斯基所说："教育工作的最后结果如何，不是今天或明天就能看到，而是需要经过很长时间才见分晓的。你所做的、所说的和使儿童接受的一切，有时要过 5 年、10 年才能显示出来。"①

---

① 苏霍姆林斯基. 给教师的一百条建议[M]. 周蕖，王义高，等译. 天津：天津人民出版社，1981：3.

中国有句俗语："十年树木，百年树人。"这"百年"不一定是个精确数字，只是形象地说明育人的时间很长。的确，培养人比栽培树更艰巨、周期更长，这是事实。所以苏霍姆林斯基才说，教育效果"有时要过 5 年、10 年才能显示出来"。

用今天的话来说，教育评价应该有一定的"延时性"。

我曾经两次赴乌克兰巴甫雷什中学参观学习，苏霍姆林斯基生前在这所乡村学校担任校长 22 年，直至去世。在他的办公室，我看到放着一堆堆笔记本，一个学科一个笔记本，整洁、漂亮的字迹让我看不出是手写体还是印刷体。这些笔记本里面有他从杂志和报纸上摘抄的相关学科的最新资料。其中有一个笔记本上，记录着他对"难教儿童"的跟踪观察和持续思考。

是的，"跟踪观察"和"持续思考"。

为什么要连续跟踪观察、持续思考学生 10 年乃至几十年，而且还要将这一切记录下来？就是因为"教育工作的最后结果如何，不是今天或明天就能看到，而是需要经过很长时间才见分晓的"。

不只是宏观上着眼于孩子成长的教育评价，而且在教育教学过程中，苏霍姆林斯基也尽量避免所谓"及时评价"，而是根据孩子的情况适当延后评价，甚至根本就不"评价"。

苏霍姆林斯基忠告老师们："宁愿评分的次数少些，但要使每次都评得更有分量、更有意义。"①

他以自己的教学实践为例，写道："我在漫长的教育生涯中，教过中学教学计划的几乎所有科目（仅制图为例外），从没有对学生在一堂课上的回答（即使是对两个、三个乃至更多问题的回答）评过分。我总是对学生在某一时期的学习评分，这种评分包括好几个项目在内，如回答问题（可能是对几个问题的回答）、补充同学的回答、书面作业（少量的）、课外阅读、实践性作业等。我定期研究学生的知识状况，学生也感到了这一点。到一定时

---

① 苏霍姆林斯基. 给教师的一百条建议[M]. 周蕖，王义高，等译. 天津：天津人民出版社，1981：53.

候了，我就说：‘现在，我该对你评分了。’”①

根据每一个孩子的具体情况，给予适当延后的评分，真正体现了教育家对儿童的爱。在这里，“爱”的含义是理解、尊重和鼓励。

苏霍姆林斯基甚至说（他也是这样做的）：“如果学生由于某些条件和情况而没有能掌握好知识，我从不给予不及格的分数。”为什么？苏霍姆林斯基解释道：“没有什么比意识到无前途、认为自己啥也不行更使儿童受到压抑。灰心丧气和郁郁不乐这类感觉严重影响学生的整个脑力劳动，会使他的头脑好像处于麻木状态。只有愉快的乐观主义感觉才是注满思想江河的潺潺溪流。”②

分数不是目的，由学习引起的成功感而带来的幸福，才是目的。这就是苏霍姆林斯基的评价观。

所以，他一再告诫教师们：“决不要急忙打不及格的分数。要记住，成绩带来的愉快是股强大的情感力量，儿童想当一名好学生的愿望就依靠这股力量。要关心使儿童的这股内在力量永不衰竭。倘若没有这股力量，任何教育绝招也是无济于事的。”③

但遗憾的是，我们的一些教师，正是以分数去“整治”学生，正所谓：“考考考，教师的法宝；分分分，学生的命根。”以前我在重点中学教高一时，一开学，年级组就有统一的“摸底考试”，考题特别难。年级组长说：“这些考上我们学校的学生，在初中都是尖子生，所以他们自我感觉好得很，所以就是要把题出难一些，杀杀学生的傲气！”每次“摸底考试”后，都有一大批学生对学习失去信心，时不时还有学生家长打电话，说孩子在家一边哭一边说“我学不好了，考不上大学了”。这就是苏霍姆林斯基所说的：“没有什么比意识到无前途、认为自己啥也不行，更使儿童感到压抑。”

关于考试的功效，我想起了前年在丹麦访学时，在一所中学和该校老师

① 苏霍姆林斯基. 给教师的一百条建议[M]. 周蕖，王义高，等译. 天津：天津人民出版社，1981：53.

② 同上。

③ 苏霍姆林斯基. 给教师的一百条建议[M]. 周蕖，王义高，等译. 天津：天津人民出版社，1981：54.

的一段对话。我问她："你们学校有没有考试？"她回答说："当然有考试了。但我们的考试和学生没有关系。"当时我根本听不懂她的话，考试怎么"和学生没有关系"呢？在我看来，关系大着呢！排名次、评优秀学生、申请奖学金，在中国一些学校甚至还关系着上课的座位。于是我问："既然和学生没关系，为什么还要考呢？"她回答："因为这考试和我们老师有关系呀！"我一下"明白"了，心想，原来丹麦也有"绩效""职称"之类的事儿啊！这些都和考试成绩挂钩的，和中国一样嘛！但她随即的回答完全否认了我的臆想："我们必须通过考试来了解学生的学习情况，知道我们教得怎样。"她还举了一个例子："比如，同一张考卷，这个孩子考得不错，基本上都做对了，而另一个孩子错误则很多。我就明白了，前一个孩子我的教学是成功的，而后一个孩子的成绩告诉我，我在他身上的教学没有取得成功。存在什么问题呢？这从他的答卷上我就可以看出，在哪些方面我没有给他教明白。"我问："这个分数是不是也给了学生一个教训呢？"她说："不，在这种情况下，我们一般不给评分。因为现在评分会让学生失去信心。一直到这个孩子真正学懂了，我们才给他一个评分。"

我的朋友郭斌在丹麦工作，她两个孩子正就读于丹麦的中学和小学。她根据两个孩子的情况，给我介绍丹麦中小学的考试情况："丹麦在小学和初中毕业时有两个阶段考试，第一阶段（一至六年级）和第二阶段（七至九或十年级）都有完成学业的义务考试。七年级之前在学校平日有不同的测验，但没有带分数的考试。从八年级开始，分阶段有带分数的考试练习。平时的确没有看到两个孩子对考试有特别的压力，原因可能是丹麦的教育环境，对于学生，把考试定义为自我认知提升的一个渠道。对于教师和家长，考试可以更加清楚地了解孩子的学业情况，以便更加有方向性地给孩子提供支持和帮助。"

平时没有带分数的考试，完成学业时有结业性考试，其实也是一种延时评价。不轻易给学生打不及格的分数，直到学生真正学懂了学会了才给他以评价。这不正是苏霍姆林斯基的主张吗？其实我知道，苏霍姆林斯基在丹麦并没有什么"市场"，但这位丹麦老师的话和朋友郭斌的介绍，让我感到了所有好的教育都是相通的——对儿童心灵的尊重。

当然，苏霍姆林斯基关于延时评价的观点，不仅仅说的是学生作业和考试的成绩，更是着眼于孩子长大成人后教师的教育效果的显现。

我在巴甫雷什中学苏霍姆林斯基纪念馆看到这样一组数据——

巴甫雷什镇在 1867 年至 1917 年这 50 年间，仅有 5 人受过中等教育，1 人受过高等教育；而在他担任巴甫雷什中学校长的 1948 年至 1965 年的 17 年中，巴甫雷什镇有 611 人受过中等教育，242 人受过高等教育，143 人正在接受高等教育。巴甫雷什镇 6 000 人，其中工程师 84 人、医生 41 人、农艺师 38 人、教师 49 人、其他专家 30 人。

这就是苏霍姆林斯基“要过 5 年、10 年才能显示出来”的教育成果。

而当今中国对基础教育的评价，虽然也有看似很全面系统的评价标准，但衡量一个学校的办学质量，主要还是看中考成绩或高考成绩。对一个教师来说，你的教育教学是否成功，3 年后的中考或高考见分晓。这个中高考成绩和“升学率”直接关系着教师的绩效和职称，至于这个教师教的孩子十几二十年后是社会主义的合格建设者、可靠接班人，还是“绝对的精致的利己主义者”，对不起，等不及了，“我们就看现在的分数”！

我当然知道，以学生未来的发展评价一个教师，在操作层面上难度极大，有关部门的确也不可能等若干年后再来考核一个教师今天的工作，这不现实。但是，我们明白教育效果的“滞后性”依然是有意义的——促进我们改革和完善当今的评价制度，同时更加有远见地认识我们的教育工作。

尽管不可能等到 10 年、20 年或更长时间后，再根据某个教师的学生发展情况来评价该教师——事实上，这里面还有许多更复杂的因素，比如一个学生离开教师后或上进或沉沦，有多方面的影响，学校教育只是其中的一个重要影响。但是，这不妨碍我们建立学生的发展档案和成长追踪机制，以某种合理科学的“核算”对一个教师进行整体评价，这种评价不一定直接作用于教师具体的绩效或职称，但完全可以作为教师的某种荣誉而载入其业务档案和学校荣誉室。比如，对于从教几十年里“成人率”很高的教师，完全可以在其退休仪式上，给他颁发一个类似“功勋教师”的称号。这样的做法，可能对这位退休教师只具有荣誉性质，但对后来的年轻教师则有实实在在的导向和激励作用。

退一步说，即使目前的评价体系还是“吹糠见米”的急功近利，但我们知道了今天的教育“需要经过很长时间才见分晓”后，会更加全面而从容地对待每一天的教育，让每一位教育者不只关注孩子中考或高考的分数，也关注孩子一生有用的精神品质和生活习惯，也就是说，不只关心孩子的现在，也把目光投向他的未来，站在未来的高度从事今天的教育——“教师只有把自己的每一个学生都看成是未来的人，他才不愧为一个真正的教育家。”①

① 苏霍姆林斯基. 苏霍姆林斯基选集：第五卷[M]. 刘伦振，赵秋长，何书林，等译. 北京：教育科学出版社，2001：162.

每一个孩子都是天才

我以前家住成都市大石西路，附近有一家理发店。理发店是一位姓胥的中年男子开的，店里就他爱人和他女儿。他理发技术好，而且为人善良，所以我每周都去他那里理发。2006 年，我搬家到了城东，再到胥师傅那里理发得穿过通城，显然不方便。然而，多年来，我依然每周都去胥师傅那里理发——我理发谁都不认，就认胥师傅。

其实，每次也不全是胥师傅帮我理，有时候是他女儿帮我理。开始我还有些不放心，结果胥师傅说："没问题的，她的技术不亚于我。"果然，几次试了下来，小胥的水平相当不错。就这样，一年一年过去，小胥当了妈妈，胥师傅当了外公，可我依然每周都去光顾他们家的理发店，渐渐成为好朋友了。

昨天我又去理发，小胥正忙着给一位大妈做发型，胥师傅一边为我理发，一边和我聊天。我问他什么时候学的理发，他说初中毕业就开始拜师学理发，"我读书不得行，总要学一门手艺嘛！"他说。我又问："小胥是什么时候学理发的呢？"他回答我："也是初中毕业，十四五岁就跟我学。"他说，当时女儿学习成绩不太好，读了初中就没继续读高中了。

由此看来，父女两代都是当年"读书不行"而早早地学理发手艺了，可现在无论胥师傅还是他女儿，在理发行业绝对属于佼佼者。我对胥师傅说："可惜你们理发这个行当不兴评职称，不然你应该是正高级理发师！我每次理了发，我的头就是你的艺术作品！"

这话也同样适用于小胥。她现在渐渐独当一面，经常店里只有她一个人，无论是洗剪吹，还是焗发，或是根据顾客需要做各种发型，她样样拿手，而且动作麻利。今天，我坐在店里排队等候的时候，看见她正在一个大妈的头上摆弄，那复杂的程序和令我眼花缭乱的指法，让我觉得她心灵手巧，简直就是一个工艺大师。

我忍不住想，当年忧虑并叹息她学习成绩的初中老师会想到她今天的出息吗？

我再次想到最近讲课反复说到的一个观点：无论现在表现如何，成绩怎样，每个孩子的未来，都有 100 种可能！

这个观点并非我的原创，我也不知道这个观点是谁的原创，我是从苏霍姆林斯基的著作《要相信孩子》中读到的。在这本只有 140 多页的小册子中，苏霍姆林斯基写道：

> 每个教师都可以举出不止一个例子来说明，某些在校学习期间很不引人注目，不好不坏的“中游”学生，毕业走向生活后，突然在某方面表现得很出众、很出色。……我们认为许多学校在教育过程中存在的缺点之一，就是教师在几年的教学过程中没有能够发现每一个学生独特的能力、潜在的力量和才干，而这些东西正是他们后来能够取得成就的重要前提条件，是他们能够创造性地进行劳动的基础。每个孩子都有他自己在某一方面的积极性，都有某种特殊的禀赋、某些自然的素质和某方面的倾向性。我们应该发展孩子们身上的这一切，应该给他们创造条件，让他们身上最美好的东西得到最充分、最理想的施展。①

苏霍姆林斯基还以一个叫“维克多”的学生为例来说明这个观点。维克多在学校读了 7 年，“7 年中所有的教师谈起他时，都说他是一个讨人嫌的、没有希望的、不可救药的坏孩子”。当他离开学校后，有的教师感到松了一口气，总算送走了一个“后进生”，但同时为他将来的人生担忧。然而，很快传来消息，维克多到建筑工地当石匠学徒工了。仅仅过了一个月，这个曾经被认为“不可救药”的“坏学生”居然出师独立工作了，而且被评上较高的级别。又过了一年，维克多成为一个优秀的建筑工人，多次获得表扬，并带自己的徒弟。他不仅能够砌一般的墙，而且还能砌空心带花的、美观的砖墙。除了石工活，他还开始学木工活。

---

① 苏霍姆林斯基. 要相信孩子[M]. 汪彭庚，译. 北京：教育科学出版社，2009：120.

苏霍姆林斯基这样评论道："维克多取得的成绩越大，我们教师就越困惑不解。维克多的经历本身，就是对于我们当年对他进行的各种警告和惩罚的一种最有说服力的谴责。"①

在《关于和谐教育的一些想法》一文中，苏霍姆林斯基还讲了一个类似的但更耐人寻味的故事——

> 七年级学生米哈伊尔的母亲带着孩子来到学校，央求校长："请允许他不再继续上学了！"因为米哈伊尔成绩太差，尤其是作文，为此他经常把语文老师尼娜·彼得罗夫娜气得脸色发白，坐在办公室都还双手发抖。所以，当老师们得知米哈伊尔要辍学的事情后，都来向尼娜·彼得罗夫娜表示祝贺。
>
> 日子一天天过去，尼娜·彼得罗夫娜渐渐忘记了米哈伊尔。一天，她家里的电视机坏了，她便打电话给维修部，请求派一位师傅来修理。尼娜·彼得罗夫娜特别嘱咐道："一定要派一位经验丰富的老师傅！"维修部回答说："放心，一定给您派我们这儿有名的手艺高超的师傅去给您修。"
>
> 没想到，当维修师傅敲开尼娜·彼得罗夫娜的家门后，她张皇失措了，因为站在面前的正是当年把她气得发抖的"后进生"米哈伊尔！在米哈伊尔熟练修理电视机的两个小时里，尼娜·彼得罗夫娜羞愧万分。电视机修好后，米哈伊尔说："放心吧，保管您再用 3 年都不会有问题。"尼娜·彼得罗夫娜特意多给了他3卢布的工钱，但米哈伊尔谢绝了。他说："我的作文不好，但其实我很喜欢您的课。这些课会永远留在我的心中。"
>
> 米哈伊尔收拾好工具箱走了，尼娜·彼得罗夫娜捏着那 3 卢布钞票哭了，久久地坐着不动。她后来对同事说："当他在那里修理电视机时，我惊讶地看着他，这和过去课堂的他完全是不同的两个人啊！"

苏霍姆林斯基讲到这里，借尼娜·彼得罗夫娜的口说：

> 在我们认为的无可救药的懒汉和毫无希望的"两分生"身上，在他

---

① 苏霍姆林斯基. 要相信孩子[M]. 汪彭庚，译. 北京：教育科学出版社，2009：119.

们的心灵和双手里，还蕴藏着天才呢……不，这不仅仅是蕴藏着一个巧匠的天才，更是蕴藏着一个我们没有看到的大写的“人”。是的，亲爱的同事们，我们没有在学生身上看到这个大写的“人”，——我们的主要过失就在这里。①

一语中的，一针见血！

多少年来，直到现在，我们有多少教育者一直存在着这样的“过失”？

一些学校常常在毕业年级以各种方式撵“后进生”，班主任三番五次给家长打电话，“建议”孩子转学，“找一个适合他的学校”。在平时，因为成绩不好，那些“后进生”被教师歧视，甚至羞辱。学校一切为了升学率，不惜抢“优生”撵“后进生”，教师以成绩论“爱”，嫌“贫”爱“富”——教育的功利与势利暴露无遗。

如此“教育”，淹没了多少天才？

有一年我去一所小学讲课，课前和校长闲聊时，她提到国内某著名企业家小时候曾就读该校。我问：“这么有名的校友，怎么没见你们宣传呢？”她说，这位企业家拒绝承认他是这个学校的毕业生。他觉得当初在这个学校读书时被教师冷落甚至歧视，因为他小时候很调皮，成绩也不怎么好，所以学校没给他留下好印象。我说：“哎呀，这个学生现在如此功成名就，当初的校长和老师可能肠子都悔青了吧？”

仅仅因为调皮和成绩不好，就得不到富有人性温度的教育关怀。正是这个缺少关爱的孩子日后却成就了一番事业，他在管理方面显然是有天赋的。

简单地谴责学校和教师似乎也不公正，教育功利和势利的背后是片面单一的评价，根子在于我们只用一把尺子衡量学生。

苏霍姆林斯基说：“每一个儿童都有他自己的才能和潜在力量，都有优点和缺点，都有他个人的兴趣和所追求的目的。”②

然而我们现在的教育，则丝毫不考虑“每一个儿童”的“才能和潜在力

---

① 苏霍姆林斯基. 给教师的建议：上[M]. 杜殿坤，译. 北京：教育科学出版社，1980：143-144.

② 苏霍姆林斯基. 要相信孩子[M]. 汪彭庚，译. 北京：教育科学出版社，2009：125.

量”，而是貌似公正地用分数去评判衡量所有学生。

在我的《教育的100种可能》中，我写了一个张同学的故事。他进初中时，我是他的班主任和语文老师。但这孩子几乎每天都犯错误，上课违纪，下课大闹，成绩也很差。后来张同学的母亲带着他来到学校，请学校同意他不继续读书了——这点倒和米哈伊尔相似。我问：“孩子这么小的年纪，不读书干什么呢？”母亲说：“孩子喜欢踢足球，我打算把他送到少年足球学校去学踢球。”后来，张同学从足球学校毕业，因为球踢得好，被日本教练选拔去了日本踢球，在日本他还担任过几所足球俱乐部的教练。现在，他是四川省的足球教练！

无论是苏霍姆林斯基笔下的维克多、米哈伊尔，还是我的学生小张，以及本文开头提到的理发师小胥，如果只用分数去衡量他们，简直就是“毫无希望”，但是换个领域，他们却是天才。

苏霍姆林斯基当年的大声疾呼，简直就像是针对今天的中国教育说的：

> 不要让上课、评分成为人的精神生活的唯一的、吞没一切的活动领域。如果说一个人只是在分数上表现自己，那么就可以毫不夸张地说，他等于根本没有表现自己，而我们教育者，在人的这种片面性表现的情况下，就根本算不得是教育者——我们只看到一片花瓣，而没有看到整个花朵。一个人表现自己的领域越狭窄，全体教师的关心越是局限在知识上，那么反而对知识越有害，人对自己在学习上的成就就越冷淡，他的学习愿望就越低落。①

中国现在的教育“只看到一片花瓣，而没有看到整个花朵”的“教育者”何其多矣！

苏霍姆林斯基“每个孩子都是天才”的思想对今天中国的教育改革至少有着三重现实意义——

第一，丰富活动课程，尤其是要开放一些个性化的课程。我们要创造条件让孩子们在实践活动中，发现自己独特的禀赋。学校要通过各种社团

---

① 苏霍姆林斯基. 给教师的建议：上[M]. 杜殿坤，译. 北京：教育科学出版社，1980：148-149.

活动，让每一个孩子都尽量地参与与展示。在这过程中，教师要做的主要工作，就是给学生以自主与自由，用苏霍姆林斯基的话来说，就是："教师的任务首先在于发现学生身上最好的东西，发展它，不用大纲规定的框框去约束它，鼓励学生独立工作，支持他们的创造精神。"① 特别要让孩子在劳动中发现自己，"我们认为，让孩子从童年起就特别热爱某一种劳动，让他们从童年起就能深刻地意识到自己的才能和潜力，是为孩子们将来走向劳动生活，为他们今后能自由地、自觉地选择生活道路做好充分准备的重要条件"。②

第二，至少在初中阶段，就应该对学生进行有关人生规划、职业意向的引导。我不是说直接把初中也办成职业学校，而是说普职融通应该进一步下沉，让孩子们尽早发现自己的智力优势和行业兴趣，在完成九年义务教育基本课程的基础上，能够在符合自己志趣的项目上多下功夫。让初中毕业时的"普职分流"真正成为学生的主动选择，而不是学校的强迫，或仅仅是出于"考不上重点高中，还不如读职校"的无可奈何。

第三，改革基础教育的评价体系。这当然是一个复杂而庞大的工程，但我想是不是可以体现 3 个原则，即"多元化""个性化""延时化"。所谓"多元化"，就是评价的方式应该有不同层次、不同阶段、不同类别等方面的差别；所谓"个性化"，就是将统一的基本要求降到最低，然后根据不同的个体采用不同的评价"尺子"，尽量不要"一刀切"；所谓"延时化"，就是对学校教育质量的评价，不要只看中考或高考的升学率，而是看学生毕业 30 年以后的"成人率"，因为每一个孩子不只有考上重点高中或大学的一种可能，而是有 100 种可能！

说到底，教育应该给每一个孩子以人生的自信，而不是自卑；"自信"的前提，就是我们要善于发现并且帮助每一个孩子发现自己独一无二的天赋。

让我们重温苏霍姆林斯基的话——

> 我在学校里对儿童、少年和青年进行的几十年工作，使我得到一条

① 苏霍姆林斯基. 要相信孩子[M]. 汪彭庚，译. 北京：教育科学出版社，2009：121.
② 苏霍姆林斯基. 要相信孩子[M]. 汪彭庚，译. 北京：教育科学出版社，2009：125.

深刻的信念：人的天赋、可能性、能力和爱好确实是无可限量的，而且每一个人在这些方面的表现又都是独一无二的。自然界里没有一个这样的人，我们有权利说他是“无论干什么都不行”的人。共产主义教育的英明和真正的人道精神就在于：要在每一个人（毫无例外地是每一个人）的身上发现他那独一无二的创造性劳动的源泉，帮助每一个人打开眼界看到自己，使他看见、理解和感觉到自己身上的人类自豪感的火花，从而成为一个精神上坚强的人，成为维护自己尊严的不可战胜的战士。……人的充分的表现，这既是社会的幸福，也是个人的幸福。[1]

① 苏霍姆林斯基. 给教师的建议：上[M]. 杜殿坤，译. 北京：教育科学出版社，1980：148.

培养孩子一颗细腻、柔软、敏锐的心

一

今天，成都冬日融融。实属难得，甚至罕见。

我家在美丽的锦江岸边。我来到江边，坐在草坪边缘的石台阶上，打开了我读了30多年的《给教师的一百条建议》。阳光暖暖地洒在我的身上，苏霍姆林斯基教育思想的光芒照进我的心里。

这本书是1986年买的，已经不知读过多少遍了——封面补了又补，书页已经卷角，里面有不同时期阅读时留下的勾画批注；但每次打开，我的心都会舒展开来，苏霍姆林斯基的教育思想总会如涓涓溪流注入我的灵魂。每每忍不住掩卷沉思，继而仰天慨叹：几十年前的苏霍姆林斯基的观点，怎么像针对当今中国的教育现实提出来的啊！

苏霍姆林斯基写道——

> 我总是认为，一个最重要的教育任务就是要教儿童用心灵去认识世界，用心灵去了解别人——不仅是亲友，而且是生活道路上遇到的任何同胞——的处境。把小孩教得会感觉出他所遇到的人内心沉重、有某种悲痛，这是一种最细致的教育本领。①

接着，苏霍姆林斯基深情地讲述他是如何培养孩子能够感受他人内心世界的敏锐的心。他曾经带一年级的孩子在学校的花园里，从暗处观察从旁边经过的集体农庄的女庄员们，教导孩子们观察妇女们的眼睛，学会感觉和了解她们每人内心的情况——是晴朗的平静还是乌云般的苦恼。苏霍姆林斯基和孩子们看到了一个年轻母亲脸上的幸福，看到了一个妇女每天采摘路旁野

① 苏霍姆林斯基. 给教师的一百条建议[M]. 周蕖，王义高，等译. 天津：天津人民出版社，1981：18.

花时的快乐，看到了两位每天都拿泉水当镜子照，整理发型，欣赏自己美丽的姑娘；还看到了一位在战争中失去丈夫和两个儿子的老妈妈的悲伤……

这才是细腻而深入心灵的教育。

二

苏霍姆林斯基特别警惕孩子冷漠心理的形成。他举了一个例子，有人面对身边的邪恶现象和种种不幸视而不见，认为“我有什么办法呢”，然后扬长而去。苏霍姆林斯基说：“要竭力防止青少年在这种情况下可能产生的冷漠态度，要把这种态度看作灵魂最可耻的堕落。因为，这种冷漠态度本身包含着一种很大的危险。只要你有一次两次对与你个人无关的不幸的事置之不理，你就会永远对别人的忧患置之不理。”①

苏霍姆林斯基讲了发生在他的学校的一个故事。一月严寒的一天，孩子们看到到处都是雪堆，突然想到，教师楼房旁的小房子里不是住着一位老太太吗？她现在怎样了？于是，苏霍姆林斯基和孩子们越过雪堆，来到老太太的小房子里，看到老太太正在呻吟，她发烧了。他们赶紧给医院打了电话，决定送老太太去医院。雪太大，车根本开不出院子。于是，大家做了一副担架，给老太太披上大衣，将她扶到担架上躺着，然后 6 个人抬着担架走，12 个人在前面扫雪开路，每走 200 米轮换一次。野外是 -20℃的严寒，但孩子们却浑身大汗。经过 5 个小时的艰辛努力，他们终于到达医院。

记述到这里，苏霍姆林斯基激动地写道：“在这一天里，男子汉诞生了。14 岁的少年升高到了勇敢的第一级上来了。我们永远不会忘记这一天。”②

读到这里，我也非常感动！关怀他人的细腻的心就是这样培养的，真正的男子汉就是这样成长起来的。

---

① 苏霍姆林斯基. 给教师的一百条建议[M]. 周蕖，王义高，等译. 天津：天津人民出版社，1981：195.

② 苏霍姆林斯基. 给教师的一百条建议[M]. 周蕖，王义高，等译. 天津：天津人民出版社，1981：157-158.

三

苏霍姆林斯基在其不同的著作中，多次不厌其烦地阐述同一个观点——培养孩子对他人的义务感、敏感性和同情心。

在《帕夫雷什中学》中，苏霍姆林斯基这样写道——

> 在道德教育中起着巨大作用的是敏锐、精细的道德情操的培养——即人的义务感、敏感性和同情心的形成。奉行“人和人是朋友、同志和兄弟”的原则，要求每个人从幼年就会关注别人的精神世界，使每个人的个人幸福来源于极其亲密的个人关系中的纯洁、美好、高尚的道德。
>
> 人道主义的入门教育就是要让孩子在精神上给别人以温暖的时候，自己也能从中感受快乐。如经验所表明，在教育工作中需要细心琢磨的这个领域里主要是，让孩子会感受别人的痛苦、忧伤和不幸，并和需要同情帮助的人共忧患。
>
> 年幼时期进行这方面的教育工作最为有利，小孩子对别人的痛苦反应特别敏锐。因为生活中经常有不幸、忧伤和苦难，一个善于思考和感觉敏锐的教师，就要把这一切讲给孩子们听，在他们的想象中勾画出鲜明的情景，以影响他们的情感。①

我之所以大段引用苏霍姆林斯基的原话，是因为我感到没有什么语言比苏霍姆林斯基对培养善良这个问题说得更精辟的了。

而我们现在教育所缺乏的正是这种“对别人的痛苦反应特别敏锐”的教育。在急速发展而又浮躁不安的时代，我们往往只抓住那些“实用”的分数和技能，却忽略了对孩子内心世界是否饱满、充实而又敏锐、细腻的关注。拥有一颗善良的心，恰恰是人之为人最本质的特征之一。

“要让孩子会感受别人的痛苦、忧伤和不幸，并和需要同情帮助的人共忧患。”这种机会其实是很多的——妈妈下班回家后，怎么精神不好，愁眉紧锁，时不时还轻轻叹息？同桌为什么课间不出去玩了，眼角好像还有泪水？老师今天上课为什么不像昨天那么有激情，平时的笑容也少了很多？放学路

---

① 苏霍姆林斯基. 帕夫雷什中学[M]. 赵玮，等译. 北京：教育科学出版社，1983：234.

上，路边一个孤零零的小女孩为什么在哭呀？公交车来了，那个老爷爷扶车门吃力地抬腿，颤巍巍地往上登，我要不要上去帮帮他？……

只要细心，生活中随时都有这样的人，等着我们去问候、去关心、去惦记、去帮助。

“人之初，性本善。”孩子总是很纯真、善良的，但有时候可能比较粗心，关键是教育者能否敏锐地进行引导。

四

我想到 20 世纪 80 年代，我带的第一个班帮助伍同学的故事。来自农村的伍同学家境贫寒，父亲去世后他打算辍学回家种责任田。同学们知道了决定用爱挽留伍建继续读书。我对同学们说：“表达爱的最高境界是既要给人以爱，也要给人以尊严。”于是我们不动声色地给伍同学以学习和生活上的帮助，最后他留在了班上，完成了学业。在毕业 30 周年聚会的时候，已经有一番事业的伍同学对大家说：“我永远不会忘记大家对我的爱，把这份爱传递给更多的人，是我一生的承诺！”

我想到我教初 87 届（1）班的时候，给学生朗读亚米契斯的小说《爱的教育》，我一边读一边结合小说情节给孩子们分析，我说：“所谓‘善良’，就是对身边的每一个人的痛苦都不会无动于衷。”刚好那段时间王同学因病住院了。他性格相对内向，平时比较自卑，在“爱的教育”感染下，同学们行动起来，经常利用下午放学后的时间，三五成群地步行去医院看望他，还帮他抄课堂笔记。两个月后，王同学出院了，回到了我们的班集体。当他出现在教室门口时，我有意对大家说：“同学们一直惦记的王同学终于又回到了我们的集体，这真是一件值得庆祝的事！”大家听了我的暗示，立即对王同学报以热烈的掌声。就这么几秒钟的时间，王同学却获得了巨大的精神享受。回到班上的当天，他主动承担了教室扫除的劳动。

我想到 1990 年 10 月，我教高 90 级（1）班的时候，学校附近有一位 90 多岁的老太太，唯一的儿子及儿媳在几年前因车祸双双身亡，现在和她 9 岁的孙子相依为命。同学们知道后，不但为老太太捐献钱物，还把自己的学习用品和一些书籍送给那个可怜的孩子。而且，学生们还组织起来，每周都派一个小组去老太太家为她做家务事……

所以，我一直坚持认为，对学生来说，一定要有一个让他们持续表达爱的机会。我并不是说要学生无中生有、很做作地去“献爱心”，而是说，要引导孩子们发现自己身边和周围需要关心的人——只要有一颗细腻、柔软、敏锐的心，他们总会找到需要自己关心的人。

五

我之所以强调“持续不断地表达爱”，是因为那种短暂的、应景式的甚至一次性的“献爱心”活动，是很难真正培养学生关怀人的情感与责任的。

而我们现在有的教育者似乎正是如此。重阳节来了，便组织学生浩浩荡荡走进敬老院，给老人们梳头、揉肩、捶背、剪指甲……然后唱歌跳舞，其中手语舞《感恩的心》是必不可少的；三八妇女节来了，安排学生回家给母亲洗脚，或者直接把上百位母亲请到学校大操场，让孩子们给自己的母亲洗脚，场面蔚为壮观！

不是说不能去敬老院，也不是说不能给母亲洗脚，而是这种行为越来越成了一种“任务”，更多的越来越带有表演性。孩子们在养老院热热闹闹、叽叽喳喳，觉得好玩儿；他们给妈妈洗脚也觉得很新鲜，反正又不是每天都洗。做这一切的时候，一定得拍照，留下“过程性痕迹”，然后写微信公号、做美篇、发微信圈……就算是“成功”啦！

这样急功近利的表演，离苏霍姆林斯基所说的培养儿童“关怀人”的“情感修养”相差何止十万八千里？

苏霍姆林斯基希望每一位教育者，能够“使儿童当别人需要时总是表现出自己的同情心：对某人怜悯，对某人爱抚，对某人保护，对某人关心，为某种原因而焦急不安，为某件事而悲伤”[①]。

这种培养，显然应该是自然的、常态的、生活化的。

---

① 苏霍姆林斯基. 给教师的一百条建议[M]. 周蕖，王义高，等译. 天津：天津人民出版社，1981：136.

“儿童的情感修养就是这样培养起来的。能用心灵感觉出别人情绪的儿童就会关怀人。”苏霍姆林斯基这样总结道。

六

我抬起头来，阳光下的锦江如镜子一般明净。一只只白鹭掠过水面，激起点点水花，恰如我的心湖，被苏霍姆林斯基的思想激起一圈一圈的涟漪。白鹭们优雅地飞翔着，时而浮在水面，顺水漂流；时而又冲向天空，跃上江边参天大树的枝头。

真想找个人倾泻我心中抑制不住的感动！——教育，竟然应该是如此细腻啊！我们培养的人，本来就应该是拥有如此敏锐心灵的人，这样的人能够通过他人的眼神或脸上细微的表情，洞察其内心的情感。这才是真正富有人性的人！如此细腻的教育，才是真正的教育。

然而，我们现在的教育却有些粗糙。什么“同情心”，什么“用心灵去感受周围的人”，什么“感觉出别人的情绪”，什么“关怀人”……我们的教育，往往缺失了这些“虚”的东西而是关注“实实在在”的分数。

七

于是，在我们的校园里发生这样的事件就毫不奇怪了——

2011 年，某学校里一名男生被多名同学抓到厕所。几名同学逼迫该男生吃下厕所里的粪便。该男生犹豫了一下，便遭到他们的毒打。周围的同学都取笑他，羞辱他，还将该过程用手机录了下来发到网络上。

2012 年，某县某学校宿舍内，4 名女学生对一名新来的插班生进行殴打，不断地扇她耳光、扯她头发、将她踹倒在地。周围的学生都在旁取笑受害者。施暴者还把打人经过用手机录下来发到网络上。

2013 年，某县 9 名女大学生将一名女生抓到一块小空地上。9 名女生轮流殴打该女生，扇她耳光长达两个小时，还逼她下跪求饶。将她踹倒在地再拽起来再踹倒在地，反复数十次。最后将该过程录成视频发到网络上。

2013 年，一名小学男生被 4 名同学囚禁在一个黑屋子里。4 名同学对小男孩拳打脚踢，还用烧红的烟头烫他。还用绳子绑住他的手脚，将他囚禁了两天，并不断地虐待他，逼他求饶，大声取笑他，然后将虐待的经过录成视频，发到网络上。

……

写到这里，我很难受、很难受……

八

我当然知道，这些事件都是极端的，并没有每天发生；如此残忍的学生，也是个别的，并非人人如此。但是，就算是极端的事、个别的人，也是中国教育的耻辱！

何况，没有做出这些令人发指的举动却在日常生活中对身边的人表现出自私、冷漠、毫无爱心与责任感的人，恐怕就绝非个别了。

如果说上述霸凌者还可以以法律追究其责任并予以惩处的话，那么对于生活中种种自私与冷漠，法律却无能为力。

还记得 10 年前的“小悦悦事件”吗？

小悦悦（2009 年 6 月 8 日—2011 年 10 月 21 日），女，山东人。2011 年 10 月 13 日，2 岁的小悦悦（本名王悦）在广东省佛山市南海黄岐广佛五金城相继被两车碾压；7 分钟内，18 名路人路过，但都视而不见、漠然而去……最后一名拾荒阿姨陈贤妹上前施以援手，引发网友广泛热议。2011 年 10 月 21 日，小悦悦经医院全力抢救无效，在 10 月 22 日 0 时 32 分死亡。10 月 23 日，广东佛山 280 名市民聚集在事发地点悼念小悦悦，宣誓“不做冷漠佛山人”。2011 年 10 月 29 日，没有追悼会和告别仪式，小悦悦的尸体在广州市殡仪馆火化，骨灰将被家人带回山东老家。2012 年 9 月 5 日，肇事司机胡军因犯过失致人死亡罪，被判处有期徒刑 3 年 6 个月。

制止暴行可以靠法律，但从根上医治冷漠症，还得靠教育。然而，关于同情心的教育，关于关怀人的教育，关于“用心灵感觉别人情绪”的教育，关于“把小孩教得会感觉出他所遇到的人内心沉重、有某种悲痛”的教育……对当下中国教育来说，实在是太缺失了！

虽然我们有很多的“爱祖国、爱人民”的教育——征文比赛、演讲比赛、班会大赛……但我们的不少孩子学会了爱国，却不爱国人，不爱人。

对此，苏霍姆林斯基有一句精辟的论断：“爱国主义开始于对人的爱。”①

在《帕夫雷什中学》中，苏霍姆林斯基还这样写道——

> 没有对人的同情心，就不可能有仁爱精神。爱全人类容易，爱一个人难。去帮助一个人比宣称“我爱人民”要困难得多。
>
> 投入生活的每个人不仅应当是一个出色的劳动能手、巧匠，物质财富的生产者，而且也应当是一个真挚热情的、富有同情心的人。一百多年前，别林斯基就说过：“我们会成为木匠，会成为钳工，会成为工厂主，但会不会成为一个人还是个问题！”这些话永远都不会失去它的意义。要让我们的学生作为一个真正的人生活，这恰恰就是最重要和最困难的问题所在。生活在我国建设共产主义时代的人，不为他人做好事就不能生存。②

“不为他人做好事就不能生存。”这就是苏霍姆林斯基的人生观。

九

想起来是有些悲哀。还是捧读《给教师的一百条建议》吧！我暂时忘却了当下的教育现实，而进入了苏霍姆林斯基所展示的那诗一般的教育境界。因为苏霍姆林斯基思想的阳光，我的心还是感到了短暂的舒畅。也许这就叫沉醉吧！

因为这份沉醉，眼前的一切也显出了美好、柔和——身边不远处的草坪上，慵懒地躺着一位父亲，被两个女孩戏弄着。其中一个女孩趴在男子的头上，男子嘴里咕哝着什么，女孩子却咯咯咯咯地笑个不停。远处的台阶上，聚集着许多晒太阳的人。有放风筝的老人，有织毛衣的大妈，有奶孩子的少妇，有依偎着打瞌睡的情侣……在冬日的阳光下，到处散发着人性之美的芬

---

① 苏霍姆林斯基. 给教师的一百条建议[M]. 周蕖，王义高，等译. 天津：天津人民出版社，1981：185.

② 苏霍姆林斯基. 帕夫雷什中学[M]. 赵玮，等译. 北京：教育科学出版社，1983：240.

芳与温馨。

虽然是冬天，眼前却如童话——明澈、浪漫、迷人。

中国的教育需要童话，而苏霍姆林斯基的文字，此刻仿佛就让我置身于童话中。

教育，本应如童话般美丽。

我们培养的人，应该如童话一般纯洁。

善待顽童

永远不会去扑灭儿童心中那一点宝贵的火花——要成为一个好人的愿望。

——苏霍姆林斯基

苏霍姆林斯基说过“没有教不好的学生”吗？

一

长期以来，教师们一直很反感“没有教不好的学生，只有不会教的老师”这句话。

这话究竟是谁说的，我现在都没有找到准确的依据。很长一段时间，人们都说是陈鹤琴说的，但却说不出陈鹤琴究竟是在哪里说的，或在哪本书里写的。这显然不严谨。写文章一定要严谨，尤其是引用别人的话，不能“据说”，而要有依据。

我想，就算是陈鹤琴说的，也无可指责。凭我对陈鹤琴的了解，我相信如果他真的说了这个话，其用意也是在于强调教育者对孩子的一种责任与信念，和教育者基于这种责任与信念对自己的严格要求。这句话的真理性在于，不轻易对任何学生丧失信心。这是没有错的。

还有人说，这句话是被周总理称作“国宝”的已故著名小学数学特级教师霍懋征说的。我倒没见过她说过这句话的依据，但我知道霍老师的确表达过类似的观点，比如“每个孩子都是我的骄傲”。但就算霍老师直接说过“没有教不好的学生”，她强调的也是孩子的可塑性，所以她主张要细心观察每一个孩子，对学生做到细心、耐心，有爱心，有信心，取得他们的认可。这也是霍懋征老师成功的秘诀。霍懋征老师对自己的严格要求，的确是难能可贵的。

后来我又看见一篇文章，说“没有教不好的学生，只有不会教的老师”这句话是苏霍姆林斯基说的。我当时吃了一惊。因为我对苏霍姆林斯基的著作比较熟悉，没有印象在其著作中读到过这句话。

最近，我重读苏霍姆林斯基的著作，结果在其《和青年校长的谈话》一书中还真找到这句话了。苏霍姆林斯基这样写道："直到不久前，这样一种说法还是相当流行的：没有不好的学生，只有不好的教师。既然如此，那就应当没有难教的学生了。而所谓难教的学生，是无能的教师臆想出来而为自己的教育无能找借口。"①

看清楚没有？在这里，苏霍姆林斯基是把这句话作为批驳的靶子而引用的。紧接着，苏霍姆林斯基便用了大量篇幅来论证："难教的儿童总会是有的，无论如何也不能摆脱他们。"②

在《家长教育学》一书中，苏霍姆林斯基也这样写道："不久前，出现了一些最时髦的论点：没有坏学生，只有不称职的教师。所以为保险起见，'难管教'一词得永远加上引号，这样似乎就安全多了。试问：这样一来，父母、社会是否因为这种解释就变得轻松了？实际上，难管教的孩子是有的，这个词是避不开的。这种孩子，由于各种原因，在智慧、情感或精神上都出现了反常现象。"③

苏霍姆林斯基严肃而详尽地分析了这样的儿童产生的原因，提出了积极面对这些孩子的建议。可是，后来这话却被有人以为是苏霍姆林斯基说的，并以讹传讹。这是不是冤枉了苏霍姆林斯基？

当然，一线教师之所以反感"没有教不好的学生，只有不会教的老师"，是因为长期以来，一些领导——甚至一些教师出身的教育行政领导，经常以此"教育"教师，甚至把这作为考核教师的"评价标准"。于是，这句话便引起了教师们的反感，进而引起了争论。

暂且把出处争论先放一放，来谈谈这个话题：究竟有没有"教不好的学生"？

我的回答是："可以说没有，也可以说有。"

说"没有"，必须具备两个条件：第一，家庭教育和社会教育非常理想，只差学校教育这一环时；第二，"好"的标准不是一个标准，而是针对每一

---

① 苏霍姆林斯基. 和青年校长的谈话[M]. 赵玮，等译. 上海：上海教育出版社，1983：132.
② 同上。
③ 苏霍姆林斯基. 家长教育学[M]. 杜志英，等译. 北京：中国妇女出版社，1982：75.

个具体学生，让他在原有的基础上有所进步，这里的进步可能是综合的，也可能是某一方面的。说“有”，是因为在现在的评价背景下，即使老师“会教”，可“教不好的学生”仍然大批量地存在。道理很简单：无论高考还是中考，都是选拔性考试，其目的就是要让一部分学生被淘汰，即被“教不好”——都教“好”了，还怎么“选拔”？

即使抛开考试评价不说，就以思想品德教育而言，是不是所有的学生都能被“教好”呢？理论上好像是这样的。因为任何人一出生都是一张白纸，谁也不会从娘肚子里带来一身恶习。但问题是，我们的学校教育所面对的不是一张白纸，而是已经被家长、被社会涂抹过许多印迹的纸，要想在这张纸上重新画出美丽的画，不是绝对不可能，但无法保证百分之百地成功。家长是孩子的第一任老师，是教育这一链条上的第一环，我们面对的学生已经是被加工过的半成品；同时，孩子还潜移默化地受着社会的影响——这都决定了我们的教育不是从零开始。

如果绝对地说“没有教不好的学生，只有不会教的老师”，那为什么会出现学校之间的“生源大战”呢？既然“只有不会教的老师”，那还抢什么“优生”呢——而且是不择手段地抢？

几年前，我在武汉的一个教育论坛上与美国的著名小学教师雷夫同台对话。对话中，也谈到“后进生”转化的问题。他坦率地说他曾有过没有教育好的孩子：“我当然为他感到遗憾。但实际上，我并不认为这是我的失败。这是这个学生的失败。常有人说要拯救每一个孩子，事实上我们不可能拯救每一个孩子。医生不要病人吸烟，但这人不听，后来患癌症死掉了，我们能够指责医生吗？我觉得不应该把所有的事都拿来指责教师。这是不可以的，实在太可笑了！在我们教室里，孩子们都明白，个别学生失败的责任在他自己身上。当然，我可以给这个求助的孩子一些建议，也会以他为例教育其他孩子。当然了，我会告诉这孩子能够做哪些事，但我不会把自己的生命奉献给这样的学生，因为我要对我现在新班级的孩子负责。我不会因他而伤心。当然，我会很难过，但这是他造成的。”

我始终认为，学校教育的确不是万能的。在一个人的成长过程中，学校教育的作用最多占三分之一，另外两个三分之一分别是学生所受到的非学校教育（包括家庭教育、社会教育）以及学生自己的自我教育。我们不能做超出我们能力和责任范围的事，我们只能在我们力所能及的范围内，尽可能地把我们的工作做好——这样，即使个别学生最终也没有被“教好”，我们问心无愧。

但我也一直坚信，教育不是没有作为的。因此，在我的教育历程中，我总是问自己：对于具体的某一个“后进生”，我是否已经尽到了最大的努力？30多年的实践告诉我，如果我们不用一把尺子衡量学生，绝大多数“后进生”都会有进步的——不一定成为栋梁之材，但至少可以成为一个合格的公民，成为最好的自己。

相信每个“难教儿童”都有上进心

让我们回到苏霍姆林斯基的著作中。从刚才的引文看，苏霍姆林斯基并不赞成这句话，他将这句话提出来予以批评，目的恰恰是肯定“难教儿童总会是有的，无论如何也不能摆脱他们”。但苏霍姆林斯基并不因此而轻易放弃这些孩子，而是分析他们难教的原因，并尽力想办法转化他们。他说：“教育家的真正意义是使那些低能、落后的孩子不感到自己是个不够格的，且帮助他们能享受到高尚的人的快乐、求知的快乐、智力劳动的快乐、创造的快乐。”①

这就是苏霍姆林斯基的逻辑，是他的伟大之处，也是最值得今天的中国教师学习的地方。

苏霍姆林斯基将我们说的“后进生”称作“难教儿童”。注意，“后进”是对学生属性的表述，而“难教”指的是教师工作艰辛程度。也就是说，苏霍姆林斯基是从反思教师自身工作的角度来看待这些孩子的。苏霍姆林斯基这样定义“难教儿童”：“所谓‘难教的儿童’，是一些由于种种原因而在智力发展上有偏差的孩子。那些常用的教育方法和措施，在对一般儿童的教育工作中会取得良好的效果，但是用于难教儿童则会徒劳无益。这就需要探求某些特殊的教育方法和措施。”②

也就是说，不能因为否定“教育万能”就放弃哪怕是一丝转化这些孩子的努力。那么，苏霍姆林斯基是怎样做的呢？其实，说到底，他的教育原则依然是我们孔夫子所说的“因材施教”——显然不能说他读过《论语》，只能说，只要遵循教育的常识，中外教育家就会殊途同归。

苏霍姆林斯基说：“‘难教儿童’是一个复杂的概念。每一个难教儿童

---

① 苏霍姆林斯基. 家长教育学[M]. 杜志英，等译. 北京：中国妇女出版社，1982：77.

② 苏霍姆林斯基. 和青年校长的谈话[M]. 赵玮，等译. 上海：上海教育出版社，1983：132.

都具有自己特殊的、跟其他儿童不一样的个性，就是说，他们有各自的特点，有各自偏离常规的情况和原因以及各自受教育的经历。”[①]

苏霍姆林斯基究竟是如何对待“难教儿童”的呢？

首先，他对每一个孩子都有一种人道主义的爱和坚定的信念，即每一个儿童内心深处都有着强烈的上进心。他把医生和教师做了比较，“如同医生仔细地检查病人的身体，寻找和探究病源，以便着手治疗一样，教师也应深思熟虑地、细致耐心地调查、研究儿童在智力、情感和道德方面的发展情况，探索和研究难教儿童形成的原因，并且从每个儿童的困难和特点出发采取相应的教育措施。……我们很难想象，一个真正具有人道主义精神的医生（每个医生首先应该是一个人道主义者），会对病人说这样的话：‘你的病治不好了，你没有希望了……’这样的医生是一天也不容许留在医院里的！但是，在我们教师当中，却有不少人每天都在让儿童感觉到他没有希望了，或者就直截了当地对儿童这样说”[②]。我也曾对年轻教师说过类似的话，一个医生看见疑难杂症首先不是往外推，而是研究没见过的病例。这样的研究多了，他就成了名医。可是，许多老师一看见“后进生”就往外推。另外，很少有医生会直接对病人说一些让他绝望的话，而许多教师则习惯于直截了当地对“后进生”说许多让他丧气和自卑的话。

苏霍姆林斯基特别注意保护学生内心深处“想做好人”的愿望：“所谓对儿童的人道态度，就是教师要懂得这样一条简单而明智的真理：离开儿童内在的精神努力，离开儿童要成为一个好人的愿望，那么学校和教育就都成了不可思议的东西。真正的教育能手，对学生也是有督促、有强制、有逼迫的，但是他在做这一切的时候，永远不会去扑灭儿童心中那一点宝贵的火花——要成为一个好人的愿望。”[③]他还说：“学生有了做一个好人的志向，就容易领会教师对他的态度所包含的一切意义。”[④]

当然，有时候这种愿望在孩子心中处于沉睡状态，苏霍姆林斯基认为，

---

① 苏霍姆林斯基. 和青年校长的谈话[M]. 赵玮，等译. 上海：上海教育出版社，1983：133.
② 苏霍姆林斯基. 和青年校长的谈话[M]. 赵玮，等译. 上海：上海教育出版社，1983：138.
③ 苏霍姆林斯基. 和青年校长的谈话[M]. 赵玮，等译. 上海：上海教育出版社，1983：118.
④ 同上。

教育者自身的爱与信心，就能够点燃孩子内心的希望之火："对待事物的乐观愉快的心情，对自己力量的信心，用形象的话来说，就是照亮难教儿童前进道路的火光。如果扑灭这个火光，儿童就将陷入黑暗、孤独之中，感到无限的悲哀和绝望。"[①]苏霍姆林斯基一直有着这样的"心情"和"信心"，他的心中一直有着这样的"火光"。而且他也尽量点燃每一个"难教儿童"心中这样的"火光"——是的，孩子向上的欲望有时候是沉睡着的，需要教师将其点燃。

怎么"点燃"呢？苏霍姆林斯基的做法就是等待与鼓励。他告诉我们："要加强儿童对自己力量的信心，并且要耐心地等待儿童智力活动中哪怕只是微小进步的时刻的到来。这种进步，这种豁然开朗的局面，并不意味着这个儿童今后在学习上将会一帆风顺，会完全变成另一个人。事情远非如此简单。这个进步实际上非常微小，乍看起来它好像不过是偶然的成功。但是，这个进步使孩子体验到取得胜利的快乐，从胜利中汲取新的力量。你们要爱护难教儿童的这种快乐情绪。这种快乐情绪乃是教师施展教育技巧的基础。"[②]

一旦"难教儿童"有了哪怕是"微小进步"，苏霍姆林斯基都予以热情的鼓励，并期待着他有下一个"微小进步"的到来："由一个胜利到另一个胜利——这就是对难教儿童进行的智育过程。如果他今天有什么还没有掌握，你不要给他打'2分'，不要急于根据评分标准十分严格地评定他的学习成绩，使他受到打击。"[③]

遗憾的是，我们现在许多教师正是用分数去"激励"学生，结果许多"难教儿童"（我们说的"后进生"）永远感受不到成功，在自卑与挫败中，越来越差。

苏霍姆林斯基特别强调："娇嫩的、纤弱的幼苗需要特别的照料。我的

---

① 苏霍姆林斯基. 和青年校长的谈话[M]. 赵玮，等译. 上海：上海教育出版社，1983：136.
② 苏霍姆林斯基. 和青年校长的谈话[M]. 赵玮，等译. 上海：上海教育出版社，1983：135.
③ 同上。

看法是，教育问题不能用什么万能的方法一下子就加以解决。”① 问题是，我们的教师是否意识到了这些“幼苗”的“娇嫩”与“纤弱”？

坚定自己对孩子的信心，同时保护孩子内心深处对自己的信心，在苏霍姆林斯基看来是至关重要的，他同样以医生做类比：“我们必须珍惜我们神圣的职业荣誉，高举起人道主义的旗帜。医生长年累月地医治某个病人，他很可能比我们教育工作者有更充分的理由做出悲观的结论，但他还是相信科学的强大力量，相信患者本人的精神力量。教育上的人道主义精神就在于：当一个人无法做到大多数人都能做到的事情时，我们要使他并不感到自己是低人一等，而要使他感受到人间崇高的快乐——掌握知识的快乐、脑力劳动的快乐、创造的快乐。”在《家长教育学》中，他写道：“教师和校长最大的错误是，他们不尽力去找到孩子之所以变成难管教的原因。应当像医生那样细心地察看病人的身体，找出得病的原因，而后给予医治；假若教师也这样做，那他就是一位真正的教师！”②

这两段话值得今天中国的每一位教师仔细咀嚼，并想想，和医生相比，我们教师的专业特点和职业尊严在哪里？如何做一名“真正的教师”？

① 苏霍姆林斯基. 和青年校长的谈话[M]. 赵玮，等译. 上海：上海教育出版社，1983：136.
② 苏霍姆林斯基. 家长教育学[M]. 杜志英，等译. 北京：中国妇女出版社，1982：77.

潜心研究每一个“难教儿童”

当然，教师的爱和信心只是转化难教儿童的必备条件，却非充要条件。潜心研究孩子，是苏霍姆林斯基对待难教儿童的又一个策略。

在对难教儿童的成因进行大量的调查研究之后，苏霍姆林斯基发现：“童年时代缺乏真正的人的环境，这是一些孩子成为难教儿童的主要原因。”这里，他主要是指家庭教育的缺失或不完整。在《家长教育学》一书中，他直截了当地写道：“教育工作多年的实践以及对儿童智力劳动和五光十色的精神生活的研究，使我明白了，儿童成为难管教的、不及格的、落后的，主要是由其所受教育和早期童年的周围环境条件所引起的。这也就是说小孩子在一至七八岁时，思维物质没有得到为发育所需的极为重要的某种东西。”[①] 在《和青年校长的谈话》中，他也明确指出：“难教儿童的形成正是在一至七八岁这个年龄期。”[②] 而这个时期的孩子，主要接受的正是家庭教育。

所谓“人的环境”，苏霍姆林斯基指的是适合于人品质、智力、体质发展的环境。如果要细分，还包括家庭成员之间是否充满了善良、和睦、勤劳、坚韧，以及观察力、惊奇感、疑惑心等刺激大脑发育的要素。仅从智力发育的角度看，苏霍姆林斯基特别注重孩子的惊奇与发问。他认为：“人的思维是从提出‘为什么’的疑问开始的。”[③] 提不出问题，则是因为父母没有培养孩子的观察力，没有带到大自然去感知这个世界。

他特别指出，孩子的好奇心和求知欲也是需要培养的：“人的不可遏制的好奇心和求知欲，对大自然的奥秘或者对周围世界美的惊异和赞叹（请注意，这是非常重要的），所有这些都不是由大自然赋予的，而是从其他人那

① 苏霍姆林斯基. 家长教育学[M]. 杜志英，等译. 北京：中国妇女出版社，1982：77.
② 苏霍姆林斯基. 和青年校长的谈话[M]. 赵玮，等译. 上海：上海教育出版社，1983：139.
③ 苏霍姆林斯基. 和青年校长的谈话[M]. 赵玮，等译. 上海：上海教育出版社，1983：141.

里获得的。这正是人的正常发展必不可少的最重要的因素，即人的社会关系。如果儿童看到黄蜂钻进墙上的一个小洞里，感到惊奇，要问‘黄蜂为什么钻进小洞里’，那么，这并不是因为他生来就有好奇心，而是由于父亲、母亲、他周围的大人，已经教会他感到惊奇，教会他问‘为什么’了。”①

这就是苏霍姆林斯基所说的“人的环境”，而许多家庭缺乏这种有益于品格、智力和体质等发展的环境，正是难教儿童形成的主要原因。这当然也就给学校教师带来了巨大的教育任务：不但要花很多力气去弥补孩子们早期成长的缺失，还要花同样的力气去教育家长——不只是目前在校学生的家长，还包括未来几年将就读于巴甫雷什中学的孩子的家长。苏霍姆林斯基的家长学校就是因此而诞生的。

把握每一个难教儿童的个性特点，有针对性地教育转化，是苏霍姆林斯基对待“难教儿童”的第三个特点。

虽然“难教儿童”的成因大同小异，但每一个难教儿童却各具特色。“没有一条教育规律，没有一条真理是可以对一切儿童绝对同样适用的。”②他一直告诫教师们：“记住，没有也不可能有抽象的学生！为什么一年级就常有成绩不好、落后的学生，而到二、三年级有时还会遇到不可救药的落后生，教师对他已经不抱任何希望了？这是因为，在学校生活的最重要领域即脑力劳动领域中，对孩子们没有个别对待。”③

苏霍姆林斯基认为，儿童应该掌握学习的工具：“这是一种什么工具呢？这种工具装有 5 把‘刀’——即 5 种技能“读、写、算、观察（周围世界的现象）、表达（自己所见、所做、所想和所观察而得到的思想）。……五至七年级的许多学生的知识水平差和进行无效的努力，其主要原因正是缺乏运用这 5 把‘刀’的应有的能力，这 5 种最重要的技能合起来，就构成一个总

① 苏霍姆林斯基. 和青年校长的谈话[M]. 赵玮，等译. 上海：上海教育出版社，1983：142.

② 苏霍姆林斯基. 给教师的一百条建议[M]. 周蕖，王义高，等译. 天津：天津人民出版社，1981：5.

③ 苏霍姆林斯基. 给教师的一百条建议[M]. 周蕖，王义高，等译. 天津：天津人民出版社，1981：21-22.

的技能，即会不会学习。”①

不同的“难教儿童”对这5种技能的掌握程度是不一样的，有的缺乏阅读，有的缺乏写作，有的缺乏计算，有的缺乏观察，有的缺乏表达，有的是全部都缺乏。苏霍姆林斯基便引导教师们根据不同孩子的情况，有针对性地进行指导和训练。

在这过程中，苏霍姆林斯基特别请教师们注意，要有耐心，不可用简单粗暴的手段。

> 我们不可能用什么异乎寻常的办法，对难教儿童的意志施加影响，使他们的意志活动发生质变，不可能用强制的办法使一个人变聪明。谁要试图用强制的、“坚决的”手段来影响儿童，他就会犯难以纠正的错误。这种错误之所以难以纠正，或者一般地说无法纠正，是因为使用了这种手段之后，就使那些必须采用的、而且唯一可以采用的方法，也变得不起作用了。②

关于对难教儿童的耐心，苏霍姆林斯基有一段话特别语重心长。

> 教师应当对难教儿童特别关心，特别有耐心。教师不要用任何一句话、任何一个手势，让这些儿童感到教师对他们的前途丧失了信心。在每一节课上，都应当使难教儿童在认识的道路上前进那么一步——哪怕是十分微小的一步，获得某些成功——哪怕是一点点成功。如果一连几个星期，甚至一连几个月，让难教儿童完成的作业都比一般儿童做的容易得多，你也不要担心。要让难教儿童完成专门为他们选定的作业，而且一定要对完成的结果给以评定。只要你始终如一，坚持不懈，耐心细致（还要对难教儿童的头脑不灵活表现出充分的体谅），那么，难教儿童的思维就总有一天会豁然开朗。这将成为一种强烈的情感动力。真诚的同情，对儿童心理的了解，耐心和坚持——这一切都有助于使儿童的智力发展逐渐赶上来，使他们不再是难教的儿童。③

---

① 苏霍姆林斯基.给教师的建议：上[M].杜殿坤，译.北京：教育科学出版社，1980：135.

② 苏霍姆林斯基.和青年校长的谈话[M].赵玮，等译.上海：上海教育出版社，1983：135.

③ 苏霍姆林斯基.和青年校长的谈话[M].赵玮，等译.上海：上海教育出版社，1983：151.

让每一个孩子都有成功的体验

我注意到苏霍姆林斯基“让难教儿童完成专门为他们选定的作业”的说法，他的目的显然是让每一个孩子都能够体验到成功。我想到了 1995 年我带班的经历。

那一年我所带的班，是全年级“问题学生”（即苏霍姆林斯基所说的“难教儿童”）最多的班，学生之间各方面的差异都很大。为了让每一个孩子都有成功的体验，经过研究，我和科任老师达成共识，决定采用“分层递进教学”的方法，让每一个孩子都有成功的体验。

具体做法是，按学生不同的学习基础编成不同的教学组，采用鼓励性、激励性的“因材施教”方法，让每一个学生都能在自己原有的学习基础上有所提高。我们把学生分为四个教学组——“带头组”（学习能力最强、知识基础最好）、“提高组”（学习能力较强，知识基础较好）、“普通组”（学习能力中等、知识基础一般）、“基础组”（学习能力极弱、知识基础极差），语文、数学、外语三门主科教师在课堂教学、作业要求、测验考试等各个教学步骤中体现出 4 个层次，以体现出教学鲜明的针对性。每个学生所属的 4 个教学组不是固定不变的，随着学习的进步，每个学生都可能按“基础组→普通组→提高组→带头组”递进流动（当然，对个别学生而言，也可能出现与之相反方向的流动）。

实施“分层递进教学”，教师教学的艰巨性、复杂性大大增强——每上一堂课，须备 4 套教案，而且这 4 套教案又需在同一节课内“立体”操作完成；布置作业，需在质与量方面提出 4 种不同的要求；单元测验和半期、期末考试，教师要命制 4 套难度不等的试题……但是，对学生而言，这种“分层递进教学”极大地调动了他们的学习兴趣，并增强了他们——尤其是“后进生”的学习信心，从而激发起所有学生的学习热情；每个学生都有学习上的成功感，这种成功感又激励着他们向新的学习目标迈进。

就整个班级而言，“分层递进教学”促进了班级浓厚学习风气的形成，进而推动了整个班风的明显好转——连原来学习最差、最不想学习的学生都开始把兴趣转向了学习，课堂上调皮捣蛋的学生自然就少了。

今天重读苏霍姆林斯基的相关论述，格外亲切。

关于“难教儿童”的转化，苏霍姆林斯基提出了一个概念——“可受教育的能力”。他认为，无论不同的“难教儿童”各自有怎样的特点，也不管对不同的孩子应该采用怎样不同的方法，有一点是共同的，就是让孩子们形成“可受教育的能力”。他的原话是这样说的：“我认为，教育就是形成‘可受教育的能力’——使一个人对自己的成就和挫折非常关心。这一点，在我看来，乃是教育的核心，是教育的最宝贵之点：使一个人想成为好人，想竭尽自己的整个心灵的全部力量，在集体眼里把自己树立起来，显示出自己是一个优秀的、完全合格的公民，诚实的劳动者，勤奋好学的思想家，不断探索的研究者，为自己的人格的尊严而感到自豪的人。这就是我们必须细心准备的土壤”①。

这样的土壤，也是今天中国许多学校的“后进生”所需要的吗？我们为他们准备了这样的“土壤”吗？

尤其值得赞赏的是，苏霍姆林斯基对每一个“难教儿童”并没有提出同一个目标，事实上，并不是每一个“难教儿童”都能考上大学，将来都能成为工程师或科学家的，但他却希望每一个孩子都成为终身热爱学习的人。

> 我的理想是：要毫无例外地使所有的学生（所有的儿童，特别是所有的少年和男女青年）都能热烈地爱科学、爱学习和爱学校，使书籍、科学、学校和智力财富成为学生的主要爱好和主要兴趣，使少年和青年把追求智力充实的、丰富而完满的精神生活当作自己最重要的理想，使每一个学生在从学校毕业的时候都能带走渴求知识的火花，并使它终生不熄地燃烧下去。对我这个教育者来说，一件必需的、复杂的、极其困难的工作，就是使年轻人深信：知识对你来说之所以必不可少，并不单

---

① 苏霍姆林斯基. 和青年校长的谈话[M]. 赵玮，等译. 上海：上海教育出版社，1983：142.

单是为了你将来的职业，并不单单是为了你毕业以后考上大学，而首先是为了你能享受一个劳动者的丰富的精神生活；不管你是当教师还是当拖拉机手，你都必须是一个文明的人，是你的子女的明智的和精神上无比丰富的教育者[①]。

关于孩子的学业，苏霍姆林斯基是这样说的：

> 我们教师应当记住，对于难教儿童，不管他的学业已荒疏到什么程度，我们都要把他引上一个公民应有的劳动生活和精神生活的道路上去。我们的崇高使命就是，使我们的每个学生都能选择这样一条生活道路，使他感到他的职业不单是能给他一份糊口的面包，而且能给予他生活的欢乐和自身的尊严感。[②]

由此看出，苏霍姆林斯基转化“难教儿童”远远不是为了功利性地完成这个“率”，那个“率”，而是为使其将来成为一个拥有精神幸福的文明的人。

顺便一提，正是有感于有的中学毕业生并不能升上大学的现实，苏霍姆林斯基在巴甫雷什中学开设了和职业教育相结合的劳动教育课程，从 1947 年开始就给毕业生同时授予职业证书，让每一个学生都能带着自信与技能走上人生的道路。

① 苏霍姆林斯基.给教师的建议：上[M].杜殿坤，译.北京：教育科学出版社，1980：148.
② 苏霍姆林斯基.和青年校长的谈话[M].赵玮，等译.上海：上海教育出版社，1983：140.

阅读提供广阔的“智力背景”

帮助“难教儿童”最大限度地克服学习障碍，鼓励并加强“难教儿童”的课外阅读，是苏霍姆林斯基转化“难教儿童”的又一大特点。

对如何抓“难教儿童”的学习成绩，苏霍姆林斯基指出了当时一些教师的做法：“教师认为儿童跟不上班是由于不用心、不刻苦、懒惰，因此就在课上和课后尽量地加重这些学生的作业负担，并且叫他们留下来补课。可是这样做却收不到任何积极的效果。”①

现在我们中国许多学校的教师不也是这样的吗？只不过比当年苏霍姆林斯基说的还多一个“帮手”，就是社会上各类补习班。

那么，当年的苏霍姆林斯基是怎样做的呢？他的绝招是：阅读，大量的课外阅读。

遇到“难教儿童”，一些教师按“常理”会动员家长给孩子补习，增加大量的知识训练，多做一些作业，而这些作业又是“最基础”的，会“减轻”孩子的“额外负担”，让他集中精力完成“最基本”的学习任务，以“强化基础”。

苏霍姆林斯基当年也遇到这样的学生和这样的教师：“他们对所学教材的领会、理解和记忆都很困难、很迟缓；一项内容还没有理解，另一项内容又该学习了；一项内容背熟了，另一项内容又忘记了。有的教师认为，要减轻这类学生的学习负担，就必须最大限度地缩小他们脑力劳动的范围（如有时教师对学习困难的学生说：你只读教科书就行了，不要分散精力去读别的书）。这是一种完全错误的见解。”②

---

① 苏霍姆林斯基. 和青年校长的谈话[M]. 赵玮，等译. 上海：上海教育出版社，1983：136.

② 苏霍姆林斯基. 给教师的一百条建议[M]. 周蕖，王义高，等译. 天津：天津人民出版社，1981：63.

那么正确做法应该是什么呢？加强阅读。苏霍姆林斯基说："学生的学习越困难，他在脑力劳动中遇到的困难越多，他就越需要多阅读：就像感光力弱的胶卷需要更长的感光时间一样，成绩差的学生的智力也需要更明亮和更长时间的科学知识之光来照耀。不是补习，不是没完没了的'督促'，而是阅读、阅读、再阅读，能在学习困难的学生的脑力劳动中起决定性的作用。"①

为什么苏霍姆林斯基会有这样的主张和做法？因为他认为，要使学生掌握深刻而牢固的知识，就必须使学习有一个巩固的"大后方"，或者说要把知识建筑在一个广阔的"智力背景"上。因此，苏霍姆林斯基非常重视学生的课外阅读，注意培养学生自学的需要和自学能力，使他们通过自学为知识创造一个广阔的"智力背景"。

苏霍姆林斯基提出"两个教学大纲"的思想，他分析道："需要记住的材料愈复杂，需要记牢的概括、结论和规则愈多，学习过程中的'智力底子'就应该愈大。换句话说，为了牢固地记住公式、规则、结论和其他的概括，学生应该阅读和思考许多不需要记住的材料。阅读应当和学习紧密联系。如果阅读加深了对事实、现象和事物的认识，而这些事实、现象和事物是保存在记忆中的概括的基础，那么，这种阅读就能帮助记忆。这种阅读也可以称之为建立学习和记住材料所必需的智力底子。……考虑到这个非常重要的规律，我在实际工作中经常想到两个教学大纲：第一个是必须学会并记住的材料，第二个是课外阅读以及其他知识来源。"②

也就是说，所谓"两个教学大纲"，第一个是关于基本知识的大纲，第二个是课外阅读的大纲。对"难教儿童"来说，第二个大纲更重要，因为只有拥有了丰富的知识储备，他们理解教材知识才会更容易。

苏霍姆林斯基举了他担任物理教师时的例子。当时班上有些学生对课本上的基本概念非常难理解，苏霍姆林斯基便给他们找来相关的科普书让孩子

---

① 苏霍姆林斯基. 给教师的一百条建议[M]. 周蕖，王义高，等译. 天津：天津人民出版社，1981：63.

② 苏霍姆林斯基. 给教师的一百条建议[M]. 周蕖，王义高，等译. 天津：天津人民出版社，1981：34.

们读。学习电流定律时，苏霍姆林斯基提供了一套专门的小丛书，供学生个人课外阅读用。这套丛书包括了 55 本有关自然现象的小书，主要是介绍物质具有多种多样的电性能的。苏霍姆林斯基兴奋地发现，当学生有了广阔的课外阅读后，他给学生们讲一些以前很难理解的概念时，他们“一听就明白”。他说：“我给少年们讲过电流是自由电子流这个关于电流的第一个科学概念以后，发现他们提出的许多问题正是有关这个复杂的物理现象的。回答这些问题，好比是在世界图景的空白处放下砖块，而世界图景则是学生根据阅读和早先获得的其他知识在想象中已形成了的。”①

这个“世界图景”就是广阔的智力背景，形成这个“世界图景”的途径，正是课外阅读。

苏霍姆林斯基还讲了一个“难教儿童”费佳的故事。从三年级到七年级，苏霍姆林斯基整整教了费佳 5 年。最初这孩子成绩很差，尤其是算术和乘法表，他老算错，老记不住。和费佳相似的还有几个孩子，苏霍姆林斯基专门为他们编写了一本习题集，约有 200 道题，每道题都是一个有趣的故事。绝大多数题都不需要做运算，只需要思索和动脑筋。开始，苏霍姆林斯基仅仅是带着孩子们读习题，后来孩子们明白读懂这些故事就是在学习算术，慢慢地费佳迷上了这些故事，整天都离不开习题集。苏霍姆林斯基还为费佳专门配备了一套小丛书，有近 100 本小书和小册子。这些书陪伴着费佳从三年级一直读到七年级。苏霍姆林斯基把这些书看作一种脑力锻炼。到了五年级，费佳的成绩就赶上来了，到了六年级他迷上了物理，成了少年设计家小组的一名积极分子。七年级念完了，他考上了一所中专，成了一个高度熟练的好专家——调整车床的技师。

苏霍姆林斯基总结道：“他的每个困难都是通过阅读而得到减轻的。……我从来没有给费佳及其他这样的学生为了学会课堂上没有掌握的东西而补过一次课。我教儿童阅读和思考。阅读似乎起了诱导作用，唤醒了思想。请记住，愈是困难的儿童，在学习中遇到似乎不可克服的困难愈大，他就愈需要阅读。

① 苏霍姆林斯基. 给教师的一百条建议[M]. 周蕖，王义高，等译. 天津：天津人民出版社，1981：35.

阅读能教他思考，思考会刺激智力觉醒。”①

扩大阅读的意义，不仅仅是增加学生的知识储备，而且也是培养阅读能力。苏霍姆林斯基发现，“难教儿童”之所以学习困难，说到底是阅读能力弱。因此，他主张要指导孩子们通过大量的阅读，逐步形成“边读边想”和“边想边读”的能力。他说：“30 年的经验使我相信，学生的智力发展取决于是否会很好地阅读。会边读边想的学生，比起那些不会迅速地阅读的人来，处理任何事情要快些、顺利些。”②

阅读，阅读，阅读，这是苏霍姆林斯基促进难教儿童智力发展的一个“绝招”。

① 苏霍姆林斯基. 给教师的一百条建议[M]. 周蕖，王义高，等译. 天津：天津人民出版社，1981：38.

② 苏霍姆林斯基. 给教师的一百条建议[M]. 周蕖，王义高，等译. 天津：天津人民出版社，1981：29.

每一个孩子都有自己的优势

让“难教儿童”通过创造性劳动在其他领域表现出自己的独特优势，从而为自己自豪，获得人生的自信，这是苏霍姆林斯基转化教育“难教儿童”的又一个“法宝”。

由于种种原因，不可能所有的孩子都能够在学习成绩上达到同样的水平，但这不等于这些成绩糟糕的孩子都是一无是处的“笨蛋”。可是因为他们在分数上老比不过别人，强烈的自卑感抑制了他们天性上本来有的某种优势，于是，他们看上去便“越来越差”。

苏霍姆林斯基认为，教育说到底是给人以幸福和充实的精神生活。他说：“我们，尊敬的教育者们，时刻都不要忘记：有一样东西是任何教学大纲和教科书、任何教学方法和教学方式都没有做出规定的，这就是儿童的幸福和充实的精神生活。”①

但现实是，我们的教育往往只是让部分孩子通过优异成绩获得了幸福，而还有不少孩子无法在分数上展示自己，他们没有感到幸福。这是教育的不幸，也是教育者的失职。

> 我认为教育的理想就在于，使所有的儿童都成为幸福的人，使他们的心灵由于劳动的幸福而充满快乐。然而，如果在学习的领域里有着无法克服的（初看起来觉得是这样的）困难和障碍，那该怎么办呢？在这种情况下，就需要人在精神生活的其他领域里得到表现。一个人的认识活动（学习、掌握知识）越多，认识世界在越大的程度上成为一种专门的活动（遗憾的是，往往成了唯一的活动），那么我们就应当越多地关心使他也在其他活动领域中表现自己，以树立自己的道德尊严感，体验到一种无可比拟的人的自豪感：我从我所创造的东西中看到了自己，我

---

① 苏霍姆林斯基.给教师的建议：上[M].杜殿坤，译.北京：教育科学出版社，1980：149.

> 在某一件事上表现了自己的智力的、体力的、意志的、创造性的、道德的力量，我能够克服困难，我能够在最艰苦的斗争（为维护自己的尊严，维护自己的道德美、高尚和完美的精神的斗争）中成为胜利者等[①]。

这段话让我特别感动！我相信，苏霍姆林斯基伟大而纯洁的人道主义情怀也会打动每一位和他一样真心热爱孩子的教育者。

我想到了我与一群顽童打交道的经历。当年，我读到苏霍姆林斯基关于“教育要给儿童以幸福和充实的精神生活”的论述时不禁想到，要求所有学生必须在同一时间内，达到思想道德、文化学习的统一标准，这是许多“后进学生”根本没有“幸福和充实的精神生活”的主要原因之一。而转化“后进学生”，从某种意义上讲，就是还他们以本来应该拥有的“幸福和充实的精神生活”——这又必须从每一位“后进学生”独特的精神需要入手，进而让他们展示自己的某种天赋。平时上课老坐不住的陈元兵，有一次课堂上居然偷偷地在抽屉里“研制”炸药，结果引燃了书包，差点儿造成恶性事故。我严肃批评教育他后，主动给他介绍一位化学老师，让陈元兵“好好从基础学起”，结果他不但在课堂上老实多了，而且居然逐渐迷上了化学。伍锐课堂上玩蛇，吓得全班同学不敢进教室。我介绍他与生物老师交朋友，后来生物老师叫他当课代表，还让他参加了生物课外兴趣小组。文建国上课从来不听讲，说是“听不懂”，但他对小制作特别入迷，所有的零花钱几乎都用来买车模零配件。于是，我专门嘱咐物理老师，叫他指导文建国搞各种小制作，并让其参加各种小制作比赛……25年过去了，这些孩子都已参加工作，个个有出息。每次他们来看我，我都感慨万千。

> 共产主义教育的明智，就在于使每一个在他的天赋所及的一切领域中最充分地表现自己。人的充分表现，这既是社会的幸福，也是个人的幸福。[②]

苏霍姆林斯基转化“难教儿童”的思想和策略当然不只上面所说，但仅仅这些就让我们感受到他教育思想的伟大，他教育智慧的丰富。

---

① 苏霍姆林斯基. 给教师的建议：上[M]. 杜殿坤，译. 北京：教育科学出版社，1980：150.
② 苏霍姆林斯基. 给教师的建议：上[M]. 杜殿坤，译. 北京：教育科学出版社，1980：156.

需要特别强调的是，苏霍姆林斯基关于转化“难教儿童”的理论，绝不是纸上谈兵的“推演”，而是他亲身实践的结晶。身为校长，他曾试办6岁儿童的预备班，接着又从一年级到十年级，一直担任这个班的班主任，在10年内跟踪观察和研究了学生在童年、少年和青年期的各种表现。他先后曾为3 700名左右的学生做了观察记录；他能指名道姓地说出25年中178名“最难教育”的学生的曲折成长过程，其中107个“智力发展极端迟缓”的学生，被培养成了“完全合格的有教养的人”，而在这其中又有13个学生还接受了高等教育。

虽然苏霍姆林斯基反对“没有教不好的学生”这一说法，但他为尽可能教好每一个看上去“教不好的学生”（“难教儿童”）尽到自己最大的努力，这体现了他的教育良知和教育智慧。

半个世纪过去了，苏霍姆林斯基这份教育思想和教育智慧，依然闪烁着真理的光芒，照耀着中国的素质教育。

劳动之光

当我们讲到劳动的时候，也应当像讲述战场上的功绩那样充满高尚的激情。

——苏霍姆林斯基

通过劳动发现人的心灵

——苏霍姆林斯基的劳动教育思想简述（1）

2008年9月26日，我第一次来到巴甫雷什中学。

漫步校园，我感觉每走一步都可能踩在当年苏霍姆林斯基所留下的脚印上。红色教学楼旁边，是一大片茂盛的果园，里面有当年苏霍姆林斯基和孩子们亲自种下的核桃树。这些核桃树现在已经是参天大树了，粗壮的枝干和茂密的树叶，遮天蔽日。也有矮矮的桃树和苹果树，还有说不出名字的果实沉甸甸地挂在枝头，我们走过的时候不得不弯腰低头。阳光透过浓密的枝叶，射进果园的土地，斑驳耀眼，是苏霍姆林斯基生命的光泽。

虽然半个世纪过去了，但这片果园依然呈现着当年苏霍姆林斯基在巴甫雷什中学实践他劳动教育思想的累累硕果。

近年来，劳动教育引起了我国从中央到地方各级领导的重视。其实劳动教育并不是一个新课题，无论在我国还是在国外，劳动教育都一直是教育的一个重要领域。无论是马克思、恩格斯等革命导师，还是中外无数教育家，对劳动教育都有过非常精辟的论述，并有着丰硕的理论成果。

苏霍姆林斯基无疑是其中最杰出的思考者和实践者之一。

为什么要加强对学生的劳动教育？或者说，劳动教育的意义何在？

2020年3月20日颁布的《中共中央 国务院关于全面加强新时代大中小学劳动教育的意见》在谈到劳动教育的“重大意义”时，是这样表述的——

> 劳动教育是中国特色社会主义教育制度的重要内容，直接决定社会主义建设者和接班人的劳动精神面貌、劳动价值取向和劳动技能水平。长期以来，各地区和学校坚持教育与生产劳动相结合，在实践育人方面取得了一定成效。同时也要看到，近年来一些青少年中出现了不珍惜劳动成果、不想劳动、不会劳动的现象，劳动的独特育人价值

在一定程度上被忽视，劳动教育正被淡化、弱化。对此，全党全社会必须高度重视，采取有效措施切实加强劳动教育。

毫无疑问，中央这个说法是正确的。这里，劳动教育的意义，主要是从教育的社会功能出发，着眼于“社会主义建设者和接班人的劳动精神面貌、劳动价值取向和劳动技能水平”，同时，重提劳动教育，也是基于一些青少年劳动意识淡漠，而劳动教育正被淡化的现实。

苏霍姆林斯基也是赞成这个观点的。他认为，劳动教育是共产主义教育的当然内容，因为共产主义社会及其前身的社会主义社会消灭了人剥削人的制度，“按劳分配”“不劳动者不得食”成了基本的分配制度和道德观念，劳动光荣就是自然而然的了。所以，苏霍姆林斯基把劳动教育视为共产主义教育成功的前提：“要成功地进行共产主义教育，就必须使年轻一代认识到：他们不仅有享受社会主义物质福利的权利，而且必须为此向社会履行自己的义务。”①

但劳动教育的意义决不仅限于此。因为教育不仅仅有推动社会发展的功能，还有促进人本身全面发展的功能。在马克思、恩格斯那里，共产主义意味着人的自由与解放，所以，共产主义教育自然、当然、必然意味着促进人的心灵自由与个性解放，意味着马克思主义人道主义。在苏霍姆林斯基的著作中，不止一次用“共产主义教育与人道主义精神相结合”的表述。劳动教育正是不仅在观念上让学生认识到劳动在创造人类与人类财富方面的伟大与崇高，而且在发展自己方面的不可替代的作用：“一个人在学校里应当首先表现出他是一个劳动者、一个能工巧匠、一个独一无二的创造者，他能在某一件事上达到完美的程度，在某一项劳动中能主宰一切，远远地超过了自己的同学。”②

当然，劳动对发展儿童智力和提升他们智慧的意义，是显而易见的：“真正说起来，巧匠的才能就在指尖上。”③至于劳动的德育意义更是不言而喻的：

---

① 苏霍姆林斯基. 论劳动教育[M]. 萧勇，杜殿坤，译. 长沙：湖南教育出版社，1987：5.
② 苏霍姆林斯基. 给教师的建议：上[M]. 杜殿坤，译. 北京：教育科学出版社，1980：150.
③ 苏霍姆林斯基. 帕夫雷什中学[M]. 赵玮，等译. 北京：教育科学出版社，1983：410.

“劳动素养的实质，还包括劳动活动在一个人的精神生活中的作用和地位，以及劳动创造中的充实的智力内容、丰富的道德意义和明确的公民目的性。劳动素养，是指人在精神发展上达到这样的阶段，这时人不为公共福利而劳动就觉得无法生活，这时劳动使他的生活充满高尚道德的鼓舞力量，从精神上丰富着集体的生活。”①

但我还是想再引用苏霍姆林斯基一段话，以说明在他心目中劳动教育对培养高尚人格的作用：“无所用心可耻，热爱劳动光荣——这是世界上划分人的第一条标准，我们力求在我们的学生的意识中确立这种认识。在这里，劳动者的尊严感是一种原动力，这就是说：要使坐在书桌后面的人深信他是一个认识的劳动者。为了教育学生鄙视无所用心的现象，把懒惰和游手好闲看成可耻的事，有经验的教师总是诉诸青年劳动者的尊严感：个人不做出一点什么事情来是可耻的，不动脑筋思考是可耻的，无所用心虚度终日是可耻的。教育者要善于激发学生的荣誉感，教育他们端直正派，自己尊重自己。”②

注意，在这段话中，苏霍姆林斯基将“坐在书桌后面的人”（学生）称为“认识的劳动者”——是“劳动者”，但只是“认识的劳动者”。这涉及对学生的学习是否属于“劳动”的理解。在苏霍姆林斯基的论述中，他往往把学生的学习活动视为广义的脑力劳动。关于学生的学习是否属于脑力劳动，在学术界一直有争议。当然，苏霍姆林斯基在谈到学习这种脑力劳动时，对学习的劳动属性有特别的界定：“所谓脑力劳动并不单纯意味着‘思考’。思维只有在目的明确并力求达到一定结果的情况下，才具有劳动的性质。”③因此，他说的学习劳动，并非单纯的课堂学习或解题，而是充满创造性思考、体现出孩子的智慧并有相应的成果的脑力和体力相结合的学习实践。

苏霍姆林斯基始终将劳动教育的目光对准每一个人，而不是少数“天才”；但这种富有个性的劳动又不是孤立的，恰恰相反，这种劳动应该在与其他同伴的互学和互助的关系中。他说：“我们的任务就在于，在学校里不要使任

① 苏霍姆林斯基. 帕夫雷什中学[M]. 赵玮，等译. 北京：教育科学出版社，1983：410.
② 苏霍姆林斯基. 给教师的建议：上[M]. 杜殿坤，译. 北京：教育科学出版社，1980：212.
③ 苏霍姆林斯基. 论劳动教育[M]. 萧勇，杜殿坤，译. 长沙：湖南教育出版社，1987：67.

何一个学生成为毫无个性的、没有任何兴趣的人。每一个学生都应当从事一件他自己感兴趣的事，每个学生都应当有一个进行心爱的劳动的角落，都应当有个爱劳动的年长的同学作为自己的榜样。每一个人不仅应当自己学一样东西，而且要把自己的知识和技能教给同学，——这正是集体得以建立在上面的内部联系之一。”①

只有既看到其推动社会进步的作用，又看到它促进人本身全面发展的功能，同时又面对每一个人，才是完整的劳动教育。

① 苏霍姆林斯基. 给教师的建议：上[M]. 杜殿坤，译. 北京：教育科学出版社，1980：216.

培养对劳动和劳动者的情感

——苏霍姆林斯基的劳动教育思想简述（2）

一

劳动教育首先应该培养孩子对劳动的兴趣和对劳动者的感情。

苏霍姆林斯基说："学校的任务就在于，要使从事创造性的、内容深刻而丰富的劳动的思想，也像建立功绩、到远方去旅行的幻想一样占据学生的精神世界。要做到这一点，就必须善于对学生的思想施加影响，使劳动和劳动者在他们的心目中占有崇高的地位。"①"当我们讲到劳动的时候，也应当像讲述战场上的功绩那样充满高尚的激情。"②

为了达到这个目的，苏霍姆林斯基在巴甫雷什中学有三个有效的途径：

一是让教师们充满感情地给孩子们讲述关于劳动的故事。通过真实而感人的劳动故事打动孩子的心。这种讲述贯穿孩子进校直至毕业的 10 年学习过程："在 10 年间，教师的言语经常地、循序渐进地向学生揭示出劳动的各个方面，丰富了学生的精神生活。言语影响的力量来自它所包含的崇高思想，取决于言语跟学生的积极活动、个人兴趣、爱好和志向的紧密联系。"③

二是安排学生与优秀的劳动者见面。正如中国人常说的："榜样的力量是无穷的。"苏霍姆林斯基说："学生与那些热爱劳动而又善于鼓舞人心地谈论劳动的人们交往，会对孩子们产生巨大的影响。可以毫不夸张地说，学生的命运在很大程度上取决于他们在童年、少年、青年期间与怎样的人接触，在怎样的场合接触以及这些接触引起了他们哪些思想、情感和愿望。……在

① 苏霍姆林斯基. 论劳动教育[M]. 萧勇，杜殿坤，译. 长沙：湖南教育出版社，1987：21.
② 苏霍姆林斯基. 论劳动教育[M]. 萧勇，杜殿坤，译. 长沙：湖南教育出版社，1987：23.
③ 苏霍姆林斯基. 论劳动教育[M]. 萧勇，杜殿坤，译. 长沙：湖南教育出版社，1987：45.

10 年期间，一个班集体要会见许多劳动者，他们是各行各业的代表人物。这样做有助于发现和发展学生的爱好，使他们与劳动者建立密切的联系。通过这些会见，优秀的劳动者就成为生产教学的指导者。因此，与劳动者会见的目的之一，就是为了保证每个学生经常受到先进的工人、集体农庄庄员、机械化工作者、农业专家的影响。”①

二

在 1957 年 5 月 2 日的晚会上，巴甫雷什中学的礼堂布置得像过节一样。讲台上方挂着劳动模范伊尔克列的画像——这位伟大的劳动者在 30 年中，用自己的双手在 300 公顷（1 公顷 = 1 万平方米）土地上种上了 160 万株树。这些树苗长成了参天大树，防护林带像一道坚实的高墙屹立在集体农庄的田野里，阻挡着旱风的侵袭。画像旁边是学生们写的词句：“在我们国家里，劳动是荣誉、光荣、豪迈和英勇的事业！”

见面会上，孩子们被伊尔克列的讲话深深感动，尤其是最后几句话：“当我栽种橡树苗的时候，我知道它们在我活着的时候长不成参天大树，我不能在它们的树荫下歇息。孩子们，连你们也不能啊！我是为你们的孙子和曾孙栽种这些树的。我们林业工人是为着未来而劳动的。这是光荣而高尚的劳动。我们栽种的每一棵树，都会使我们的大地更加美丽，都会给人们带来幸福。孩子们，去开辟苗圃吧，去建立小橡树林吧！在我们这里，种树的地方有的是。你们会爱上这种劳动的，你们将会感到自己是美好而幸福的人。”②

读到这里，我不禁感慨，今天的中国，多么需要这样激动人心的语言进入孩子们的心灵。

当时苏联中小学是 10 年一贯制。在巴甫雷什中学，一个孩子在 10 年中，要见到三四十位优秀的劳动者。可以想象，这在孩子们的心中将矗立起怎样伟大的偶像，又会播下怎样的劳动光荣的种子？

① 苏霍姆林斯基. 论劳动教育[M]. 萧勇，杜殿坤，译. 长沙：湖南教育出版社，1987：48.
② 苏霍姆林斯基. 论劳动教育[M]. 萧勇，杜殿坤，译. 长沙：湖南教育出版社，1987：56.

三

三是用文艺作品中劳动者的艺术形象感染学生。“学生对于劳动和生活理想的观点的形成，取决于有关劳动的书籍在其所读书籍中占有怎样的地位，取决于他们通过阅读什么作品来认识苏联劳动者的精神世界。”① 本来苏霍姆林斯基就特别强调师生的阅读，而孩子们关于劳动的书籍阅读，苏霍姆林斯基尤为重视：“我们全校教师力求做到，在孩子课外阅读的书中，关于劳动和劳动者的书占有最重要的地位。”②

经常聆听关于劳动和劳动者的故事，经常和优秀的劳动者见面，经常阅读与劳动有关的书籍，以此培养孩子对劳动和劳动者的热爱，进而在心里播下成为光荣的劳动者的理想——苏霍姆林斯基当年的做法，至今没有过时，值得中国的教育者借鉴。

是的，我想到了当代中国的教育。

毋庸讳言，作为社会主义国家，我们有的教育工作者已经很长时间不讲“要热爱劳动人民”了。相反，我们经常听到有的教育者这样呵斥孩子：“你不好好学习，长大了只有去扫马路、蹬三轮！”而“吃得苦中苦，方为人上人”这样充满封建等级意识甚至人压迫人的腐朽的话语，居然成了一些教育者经常给孩子们灌输的“励志名言”。于是，轻视劳动，鄙视劳动者，不愿付出汗水，憧憬不劳而获……成了一些孩子的价值追求。

四

所以，《中共中央国务院关于全面加强新时代大中小学劳动教育的意见》指出：“近年来一些青少年中出现了不珍惜劳动成果、不想劳动、不会劳动的现象，劳动的独特育人价值在一定程度上被忽视，劳动教育正被淡化、弱化。”这绝不是无的放矢。

培养对劳动人民的感情，是劳动教育的重要内容。《中共中央国务院关

---

① 苏霍姆林斯基. 论劳动教育[M]. 萧勇，杜殿坤，译. 长沙：湖南教育出版社，1987：58.
② 同上。

于全面加强新时代大中小学劳动教育的意见》中，特别把“尊重劳动，增强对劳动人民的感情”写进了“基本原则”的第一条中。这是有鲜明的现实针对性的。

在这里，“劳动人民”主要是指从事体力劳动的广大普通的劳动者。这一点没有看不起科学家、艺术家、企业家等脑力劳动者的意思。当然，并不是所有脑力劳动者目前都得到了应有的尊重，尤其是广大科研人员、社会科学的研究者和人文学科的学者，还有普通的医生和教师，他们的经济待遇与他们所从事的劳动以及他们所做出的贡献，还远远不相称。

但就社会地位而言，目前最容易被瞧不起的，还是广大普通的体力劳动者。正是基于这样的现实，我们在当下更应侧重于强调尊重和热爱从事普通体力劳动的建筑工人、环卫师傅、快递小伙、送水工、出租车司机、餐厅服务员以及田野耕耘的农民……

所以，重读苏霍姆林斯基关于尊重劳动和热爱劳动人民的论述，实在是具有极强的现实意义。

通过劳动让“困难学生”突破自己

——苏霍姆林斯基的劳动教育思想简述（3）

我们一般认为，一个孩子如果成绩很差，就应该给他补习功课。比如，语文差就补语文，数学差就补数学，但往往收效甚微。

因为我们忽略了转化一个困难儿童的重要力量——劳动。

苏霍姆林斯基认为，如果一个孩子没有在劳动中感受到自身的尊严，任何教育都是无能为力的。他的原话是：“假如每一个学生没有在劳动中表现出自己，没有体验到自身的尊严感，那么我们就会成为无能为力的教育者，我们的话、我们的教导和劝告都不会被年轻人的心所接受。只有借助每一个学生心灵的这些极其细微的活动，只有依靠每一个学生在劳动中表现出自己，我们才有可能维持和保护住持久的学习愿望。”①

因此，苏霍姆林斯基发现了劳动教育在转化“后进学生”（“难教儿童”）方面的独特作用，那就是让一个自卑的儿童通过劳动成为一个自信而对社会有贡献的人。他认为，只有通过劳动，学习困难的儿童才能够突破自己：“儿童在掌握知识上越感困难，在他通往良好学习的道路上遇到的障碍越多，那么尽量设法让他在别的劳动创造的领域里突出自己这一点就越重要。”②

苏霍姆林斯基以自己的工作实践为例：

> 在学校里工作了二十五年以后，我可以指名道姓地说出一百七十八名中学毕业生，他们如果不是在童年时期和少年时期在劳动中表现了自己，发现了自己；如果不是经常体验到一种深刻的、无可比拟的道德满足感、自豪感和尊严感，那么他们就根本谈不上接受过中等教育（这一点，不仅教师们，而且包括他们自己，都是深信不疑的）。对这些学生

① 苏霍姆林斯基. 给教师的建议：上[M]. 杜殿坤，译. 北京：教育科学出版社，1980：151.

② 同上。

来说，以上这些感情就是一种刺激，它促使他们去从事紧张的脑力劳动，保护了他们对自己和自己力量的自信心。在劳动中表现自己，这一点千真万确地是把他们从灰心绝望中、从人类真正的痛苦中解救出来了。①

读到这些论述，我情不自禁想到了我的一些学生，正是在劳动中发现了自己，进而成为一个自信向上的人。

我参加工作带的第一个班［初84届（1）班］有个韩同学，曾让各科教师头疼：课堂纪律较差，常常说话打闹，当然也有安静的时候——打瞌睡时。学习上更是懒散，我多次留他补作业，给他辅导，陪他到天黑。他的成绩依然很差。我多次找他谈心，阐述学习的重要性，不厌其烦地家访，然而都收效甚微。但我发现他有个很可贵的品质：劳动极为踏实，从不耍滑头。于是我多次在班上表扬他这个优点，让劳动成为他在班上同学们中眼中的“亮点”，也是他自己最得意的优势。

更重要的是，我发现他爱好无线电——不只是爱好，简直是迷恋，自己安装半导体收音机，但他家里以“影响学习成绩”为由极力反对，不准他订阅《中学科技》。我却对他说：“我支持你爱好无线电，《中学科技》就订在我这里吧。我收到杂志后转交给你。当然，真正要学好无线电，还不能仅仅靠《中学科技》……”这一切，显然触动了韩同学的心灵，渐渐地，在学习上他明显地刻苦起来，早起晚睡地学习，课堂纪律也进步了，成绩更是突飞猛进。最后，在初中毕业时，他令人惊讶地考上了重点高中。

高中毕业后，他报名参军，成了海军陆战队的一员，从事的正是无线电通信工作，他的爱好成了他的专业。5年军旅生活结束后，他在交通运输部门工作，同时刻苦攻读，获得了大学文凭。现在他是四川省交通厅高速公路交通执法部门的一名执法大队长。

韩同学的成长足以证明苏霍姆林斯基论断的精辟：“在劳动中表现自己，这一点千真万确地是把他们从灰心绝望中、从人类真正的痛苦中解救出来了。”

---

① 苏霍姆林斯基. 给教师的建议：上[M]. 杜殿坤，译. 北京：教育科学出版社，1980：154.

苏霍姆林斯基甚至认为，如果一个学生成绩优秀却对劳动不感兴趣，这样的学生同样令人不安："我们的目标是，力求做到我们学校里不要有一个毫无个性的、对什么都不感兴趣的学生。一个全优学生，如果他对什么既不激动，也不爱好，可以同样毫不动情地学习数学公式和抒情诗、栽树和在机床上干活的话，——这样的学生就要引起我们的不安。他那里，事事都好像进行得顺顺当当，这种现象在我们看来是一种特殊的危险。我们认为，有必要唤起这个事事顺当的学生的兴趣，使他迷上某种事，使他离开学校时，能十分热爱这事，并以自己的技艺自豪。"①

说到劳动，在中国许多教育者（教师和家长）眼里，就意味着"吃苦"，意味着"磨砺"，意味着所谓"挫折教育"……当然，劳动过程本身有艰苦的一面，的确能够锻造一个人的体格与精神，这是毋庸置疑的。苏霍姆林斯基丝毫没有否认这一点，但他更看重劳动能够让一个人由生物人成长为社会人，即他所说的"真正的人"。

因此，苏霍姆林斯基将劳动与人的精神成长联系在一起，让劳动成为智慧的载体，进而通过劳动使学生产生高度的自信心和自豪感："要使学生热烈地爱上一种劳动，使他的心由于激动和自豪而快乐地战栗，使他在劳动中自己尊敬自己，使他由于珍爱自身的劳动而珍爱自己。我坚定地相信，只有那种在亲身的劳动中发现、显示和看到了自己的人，才能真正成为可教育的人，才能敏锐地感受到长辈（父亲、母亲、教师）的道德力量的影响，特别是敏锐地感受到集体的影响。应当通过劳动教育来发掘一个人的心灵，发掘每一个人身上所蕴藏的那个唯一的源泉，而这种源泉经常是被表面上的冷漠、无所谓和消极的态度所掩盖着。"②

是的，"应当通过劳动教育来发掘一个人的心灵，发掘每一个人身上所蕴藏的那个唯一的源泉"，这正是共产主义教育的英明所在——

共产主义教育的英明和真正的人道精神就在于，要在每一个人（毫无例外地是每一个人）的身上发现他那独一无二的创造性劳动的源泉，帮助每

① 苏霍姆林斯基.帕夫雷什中学[M].赵玮，等译.北京：教育科学出版社，1983：405.

② 苏霍姆林斯基.给教师的建议：上[M].杜殿坤，译.北京：教育科学出版社，1980：151.

一个人打开眼看到自己，使他看见、理解和感觉到自己身上的人类自豪感的火花，从而成为一个精神上坚强的人，成为维护自己尊严的不可战胜的战士。……人的充分的表现，这既是社会的幸福，也是个人的幸福。[①]

坦率地说，并不是所有的中国教育者都能充分认识到劳动教育对人本身成长为一个精神自豪的完整的人的意义。

① 苏霍姆林斯基. 给教师的建议：上[M]. 杜殿坤，译. 北京：教育科学出版社，1980：151.

将劳动教育课程化

——苏霍姆林斯基的劳动教育思想简述（4）

其实，在中国的学校并非没有劳动，比如我以前工作过的学校，不但平时有教室卫生扫除，而且每学期每个班还有一个“劳动周”——主要任务还是打扫校园清洁卫生。当然，即使是这样的“劳动周”，对初三和高三的毕业班来说，也理所当然地免除了。

但巴甫雷什中学学生的劳动比这丰富得多，也更富有创造性。而要做到这一点，关键是课程的设置。也就是说，苏霍姆林斯基将劳动教育课程化了——巴甫雷什中学不同年级的学生都有符合其年龄特点的课程，而且伴随整个在校学习的10年期间。

巴甫雷什中学全体学生都有必修的劳动课——一至四年级的孩子是手工劳动课，五至七年级的儿童是在教学工厂和教学实验园地的劳动课，八至十年级的学生则有掌握工农业生产基础的课业。

此外，还有根据学生个性特点设置的课外小组劳动（相当于我国学校的社团活动）。苏霍姆林斯基自豪地介绍说：“儿童一跨进校门，就进入了一种各式各样创造性劳动的气氛之中。每一个学生都毫无例外地在志愿选择的课外小组里劳动，同时，儿童和少年、少年和青年在一起劳动（少年设计师小组、建筑家小组、机械化工作者小组、车工小组、电工小组、植物栽培小组、园艺小组、养蜂小组、养蚕小组、养花小组、选种小组、土壤研究小组、自动化和遥控学小组等）。课外小组一般都是独自活动的，由年长的同学领导年幼的同学。各种技术小组和农业小组广泛地把儿童引进创造性的世界。”①

在巴甫雷什中学有这样的一个传统：所有读完七年级、即将升入八年

① 苏霍姆林斯基.给教师的建议：上[M].杜殿坤，译.北京：教育科学出版社，1980：214.

级的学生，都要完成一定的劳动定额。学生每一次单独劳动时，这个劳动定额是根据学生的年龄特点、体力和身体状况确定的。苏霍姆林斯基说：“许多年来，没有一个学生被关在八年级教室门外，因为没有一个学生不参加劳动。”①

苏霍姆林斯基反复强调，一定要让孩子在劳动中感到幸福，但这种幸福不是简单而浅薄的“有趣”，而是来自每一个儿童个人智慧的尊严和创造性的成就感，并展示他的独一无二的个性：“要给任何从事劳动的人以幸福，这就意味着，要帮助他在无数的生活道路中，找到那一条最能鲜明地发挥他个人的创造力和个性才能的生活道路。共产主义教育的实质，其中就包括要在每一个人的身上发现和找出能使他在为社会谋福利的劳动中给他带来创造的欢乐的那一条‘含金的矿脉’。每一个学生是否能够成功地、正确地决定自己在集体中的地位并且完成自己对人民的义务，这将影响到他的生活在道德上、智力上、审美上的完满与否。在把人摆在首要地位的社会里，任何劳动都可以提高到创造性的高度。”②

劳动的幸福感主要来自通过汗水和智慧看到自己的成果。读苏霍姆林斯基的著作，我常常被他描述的孩子们的创造性劳动成果所感染。

在《帕夫雷什中学》中，他这样展示孩子们的劳动：“在少年育种家小组里，孩子们培育粮食和技术作物，培植树苗。每个少年育种家都要为生物课提供一种分发材料。少年花卉家们为学校培植花卉，为家长培植花卉秧苗。在少年土壤学家小组里，孩子们研究土壤生命及其质量。少年植物爱好者，每逢夏天要去远足。目的是收集各种有趣的树种的种子及粮食作物和技术作物的种子。”③

在《论劳动教育》中，苏霍姆林斯基回忆孩子们的劳动成果：“从1954—1955学年到1956—1957学年这3年期间，果树蔬菜小组在种植其他作物的同时，还种了2公顷马铃薯。马铃薯的产量逐年增长：1955年

① 苏霍姆林斯基. 论劳动教育[M]. 萧勇，杜殿坤，译. 长沙：湖南教育出版社，1987：271-272.

② 苏霍姆林斯基. 给教师的建议：上[M]. 杜殿坤，译. 北京：教育科学出版社，1980：215.

③ 苏霍姆林斯基. 帕夫雷什中学[M]. 赵玮，等译. 北京：教育科学出版社，1983：392.

每公顷收了 82 公担[①]，1956 年收了 106 公担，1957 年收了 169 公担。学生管理的地段的产量，总是比农庄的中等产量还高 15～20 公担，这个事实具有很大的教育意义。”[②]

同样在这本书中，苏霍姆林斯基还讲了两个孩子修好内燃机的故事：“有个农庄的牧场上，有一台弃置不用的小型内燃机。尽管检查起来所有的零件似乎都没有毛病，但是马达总是无法启动。学校把 X. 瓦西里和 III. 尼古拉这两名学生派到农庄里去。他俩发现了在实践中很少见到的故障：小凸轮轴的轴心产生了极不显眼的一点偏斜。过了两天，这台内燃机就修好了。”[③]

当然，随着国家对劳动教育的越来越重视，我国不少学校在这方面也有不少有效的实践和生动的案例。比如，浙江省杭州市富阳区富春第七小学的农耕劳动课程。

该校汲取传统劳动教育的精华并进行拓展创新，提出“新劳动教育”理念，从回归自然的视角切入，将走进田野、体验劳作、分享爱心、快乐成长作为劳动教育的内涵，引导学生在真实生活、生产、生态中体验、学习、实践，实现了劳动教育综合育人的功能。

学校每个年级都有自己的劳动主题课程。一年级学生自选蚕豆种，然后播种，看种子发芽，一点点长叶、开花和结果，他们寻找豆耳朵，摘豆、剥豆、洗豆、煮豆，感受劳动的奇妙和收获的喜悦；二年级学生种土豆、挖土豆、吆喝着卖土豆，将所得款项捐赠给贫困山区，体会劳动创造的价值，感受爱心分享的快乐和自豪；三年级学生种桑养蚕，选取桑苗、扦插、管理，再到桑叶采摘和养蚕，从一颗卵开始观察蚕宝宝蜕皮成长到吐丝的全过程，感受生命的历程，提升综合素养；四年级学生种油菜，从花开到收割晾晒、敲籽榨油，还有油菜秆的各种创意小制作，充满汗水也饱含艺术气息；五年级学生种向日葵，开展小课题研究；六年级学生学养殖，在亲近小动物中慢慢涵养自己的耐心与爱心。

---

① 1公担=100千克。

② 苏霍姆林斯基. 论劳动教育[M]. 萧勇，杜殿坤，译. 长沙：湖南教育出版社，1987：221.

③ 苏霍姆林斯基. 论劳动教育[M]. 萧勇，杜殿坤，译. 长沙：湖南教育出版社，1987：242.

在中国，将劳动教育课程化的学校显然不止富春七小，我相信这样的生动有效的劳动教育学校，会越来越多。

客观地说，与当代中国许多学校的劳动教育相比，巴甫雷什中学的劳动教育似乎并不稀罕，但这是苏霍姆林斯基在 70 多年前没有任何上级支持的情况下所进行的“孤军奋战”啊！因为 1955 年以前，苏联学校完全取消了劳动课，但苏霍姆林斯基认为没有劳动教育就谈不上人的全面发展，另外，当时并不是所有中学毕业生都能上大学，这种现实促使他坚持进行劳动教育。从 1947 年起，巴甫雷什中学给毕业生授予毕业证书的同时，也授予职业证书，让每一个学生都有一个充实而自信的人生。

70 多年过去了，历史再次证明了苏霍姆林斯基的远见与不朽。

让劳动闪烁公益的光芒

——苏霍姆林斯基的劳动教育思想简述（5）

一

“劳动的崇高道德性及其明确的公益目的性”是苏霍姆林斯基的劳动教育原则之一：“我们不急于过早地让孩子去参与有报酬的劳动，因为这可能养成自私、贪婪的恶习。一个学生在用自己的劳动挣得第一次工资之前，应该大量经历为社会创造物质财富的无报酬劳动的精神体验。”①

他还说：“在为集体而进行的无酬劳动中，在最鲜明、最清晰、最容易为孩子们所理解的形式中，我们社会中人与人互相关系的社会主义性质在他们面前被揭示出来。”②

做好事，献爱心，也在苏霍姆林斯基所主张的对社会、对他人的无偿劳动范围里。他特别提倡并赞赏引导孩子们为老弱病残和孤儿做好事：“无论受教育者为老弱病残者和孤儿所做的好事显得多么烦琐、单调和微不足道，它们总是在学生心中唤起各种特殊的情感：对人的尊重，由于意识到自己的无私举动而产生的自豪感、同情心以及挺身保护弱者的气概。这种给老弱病残者和孤儿提供帮助的劳动，乃是培育学生的社会主义觉悟的有效方法之一。”③

他讲述了巴甫雷什中学二年级的孩子长期关心、照顾一位老人的故事。这位老人的独子在卫国战争前线牺牲了，老伴也离开人世，现在年老多病。孩子们持续不断地去看望他，并定期轮流到他家洗地板、擦窗子、劈柴、担

---

① 苏霍姆林斯基. 帕夫雷什中学[M]. 赵玮，等译. 北京：教育科学出版社，1983：363.

② 苏霍姆林斯基. 论劳动教育[M]. 萧勇，杜殿坤，译. 长沙：湖南教育出版社，1987：174.

③ 苏霍姆林斯基. 论劳动教育[M]. 萧勇，杜殿坤，译. 长沙：湖南教育出版社，1987：183.

水……还在老人院子里栽上果树。“在长达三年期间，每个学生都探望过老人一两百次，从来也没有谁不愿意做这个事。”①

在苏霍姆林斯基所提倡的无偿劳动中，在班级内部为集体服务是重要的内容之一，这些服务往往都是一些小事。比如在班上值日，就是为集体所做的小事之一。值日生不仅关心课前的准备情况，而且注意保护属于班上所有的物质财富（图书角、清洁扫除工具等）。

二

苏霍姆林斯基特别注重班内的物质财富对孩子的教育意义，因为这些物质财富对学生来说，意味着一种责任。他还是以值日生为例，说：“班集体拥有的物质财富越多，全班学生，尤其是值日生肩负的责任就越重大。譬如说，班上掌握的 5 架显微镜可以使用几个月，值日生便留意爱护仪器零件和切片标本。值日生还修理各种教具。由于值日生在课外时间（比如，当全班看电影时）整理教室，擦拭课桌椅，给花儿浇水，间或帮助清洁工打扫校园，学生们为集体所做的小事具有了更大的教育意义。”②

当然不仅仅是值日生，全班学生都有为集体做事的义务：“在班集体的生活中形成了一个传统：在一年时间里，每个学生都为班上做些好事。在钳工设计小组干活的孩子制作直观教具。在其他场合，制作一些平凡无奇的，但又是必不可少的小玩意，如墨水盒、墙报框子、小花盆架等。特别是当班集体准备组织旅游和旅行行军时，更是为学生从事这类劳动提供了大显身手的机会。班集体为学校创造物质财富，也成为一种传统。学生们中学毕业时，常向学校赠送他们花了很长时间才准备好的礼品。”③

读到这里，我感到特别亲切，我想到了我的教育。

我也一直主张，在班级内有意识地设置一部分属于大家的共同财物，交给学生自己管理与使用，是培养学生集体主义情操和劳动观念的一种行之有

① 苏霍姆林斯基. 论劳动教育[M]. 萧勇，杜殿坤，译. 长沙：湖南教育出版社，1987：184.
② 苏霍姆林斯基. 论劳动教育[M]. 萧勇，杜殿坤，译. 长沙：湖南教育出版社，1987：182.
③ 同上。

效的形式。这些财物是由师生们共同创造（以集体劳动、筹集、捐献等方式）、共同管理、共同享用的，因而它们既属于集体每一个成员，又同时属于大家，但谁也无权像支配私人财富一样来支配集体财物。这些公有财物可以是保温桶、小书柜、公用墨水、窗台花盆、班级报纸等。

就班集体的日常教育而言，班上长期拥有这些集体财物，无疑为班主任提供了大量“随机教育”的可能：每天争取往保温桶里灌开水，当开水不多时先让别人喝；尽可能多捐出图书，爱惜小书柜里的图书；课间休息时，关心一下讲桌上的公用墨水是不是该换了、窗台上花盆里的花是不是该浇水了……这些看起来微不足道的小事，无一不反映出学生集体主义情操的高下和为他人服务意识的强弱。在管理、使用的过程中不但强化了学生“我是班集体的主人”这一意识，还培养了他们主动劳动的品质。

三

20 世纪 80 年代我教初一时，我班学生自愿捐款买了一个开水保温桶。教室里多了一个保温桶，表面上看是解决了学生喝水的困难，但在我看来，它将时时刻刻发挥出对学生的集体主义精神培养和劳动教育的作用。

保温桶刚买回来的时候，考虑到学生年龄太小，我便每天为他们提开水往保温桶里灌。我整整提了一年，到了初二，我决定把这个任务交给学生自己做。本来我可以按学号排序让学生轮流服务，也可以安排班委干部或者小组长来做这件事情，但我认为，班级中应该有一些事情由学生自愿去做，这有利于培养学生自觉为他人奉献、为集体尽责的精神。于是，我在班上强调，每天往保温桶里灌开水的事完全由学生们自愿去做。

我一点都不担心没有规定提水的学生，保温桶会空空如也，因为我相信，肯定有不少学生会心甘情愿把提开水灌保温桶当作为集体出力的机会。事实也证明了这一点：每天总有一些同学早早来到学校，到开水房去提水把保温桶灌满。有时为了争着去提水，学生之间还吵架抢桶呢！

于是，我常常借保温桶里的水教育大家：“我们因为有了默默无闻为集体服务的同学而感到了幸福。”学生们也从一杯杯的热开水中体会到了班级的温暖。

由自觉为保温桶提水而产生的“保温桶效应”，时时刻刻在无声地感染着班里的每一位学生。

但是，是不是每一个学生都曾为集体提过水呢？凭着对学生的了解，我估计不是，相反，肯定也会有学生“不劳而获”“坐享其成”。这样，一部分人的无私客观上便纵容了另一部分人的自私。但是，怎么解决这个问题呢？

我仍然不动声色地发挥“保温桶效应”——

在一次班会课上，我对学生们说：“请喝过保温桶里水的人举手！”自然是全班同学都举起了手。

然后我又接着说：“请曾经为保温桶灌过水的人举手！”这次便只有大部分同学举手了。

“那么，这就说明还有一些同学从来没有为保温桶提过水，却又享受着别人提供的服务喽？”我就这么淡淡地问了一声，却让少数学生低下了头。

“请同学们记住卢梭的一句话——‘任何一个不做事的公民都是贼。’”我没有更多的批评，但这两次举手和我引用的卢梭名言，都自然使那一部分没有提过水的同学惭愧，并受到教育。

以后，为班上提水的人越来越多了。有时学校伙房没开水了，学生们还争着自己掏钱到街上茶馆去提回开水。更有意思的是，还有一些同学常常从家里带来菊花晶、果珍之类的饮料冲在保温桶里让大伙儿喝。

我为自己的这些实践能够成为苏霍姆林斯基劳动教育思想的小小注释而自豪：“即劳动要成为一种巨大的教育力量，就是必须成为我们的学生精神生活的需要：能给他们带来团结友爱的快乐；能促进钻研精神和求知欲的发展；能在克服困难之后，产生激动人心的快乐；能在周围世界里不断发现新的美好事物；能唤起初步的公民义务感——人类生活必不可缺的物质财富的创造者的感情。”①

① 苏霍姆林斯基. 苏霍姆林斯基选集：第3卷[M]. 毕淑芝，等译. 北京：教育科学出版社，2001：331.

苏霍姆林斯基总结道："在为集体而进行的无酬劳动中，受教育者体验到一种深刻的道德满足感；在这种劳动之中，还培育着献身于共产主义建设，信赖包含在共同事业的成就中的个人利益的情感。"[①]

这就是学生无偿劳动的意义。

① 苏霍姆林斯基.论劳动教育[M].萧勇，杜殿坤，译.长沙：湖南教育出版社，1987：182.

用诚实的劳动换来面包

——苏霍姆林斯基的劳动教育思想简述（6）

一

苏霍姆林斯基并没有一概否认学生的有偿劳动："学生应当理解和珍视他们从社会免费得到福利的劳动来源。为此，必须首先吸引青年一代参加为社会谋福利的无报酬的劳动。但是，付给个人的报酬、列入家庭预算的个人工资，也具有重大的教育意义。"①"学生早在求学期间就能吃到用自己的双手赚得的面包，穿上用自己挣来的钱买的衣服，这件事具有重大的教育意义。"②"学生年龄愈大，在对他进行的教育工作中有酬劳动的意义便愈加重要。"③

为什么苏霍姆林斯基会赞同学生的有偿劳动呢？

在总结巴甫雷什中学的劳动教育时，苏霍姆林斯基说："所有这些事实都使我们确信，如果孩子们为增进家庭的物质福利做了力所能及的事情，如果这种物质福利是用诚实的劳动换来的，如果所有家庭成员都懂得物质财富一点一滴来之不易，那么，高水平的物质消费只会有利于培养爱劳动的感情。"④

他还说："虽然随着庄员家庭物质生活水平的提高，给孩子报酬在许多场合已无必要，但是在这种报酬中的教育必要性还是要有所加强。生活本身提出了一个要求：尽可能缩短青年一代对物质财富的消费与他们对社会生产

---

① 苏霍姆林斯基. 给教师的建议：上[M]. 杜殿坤，译. 北京：教育科学出版社，1980：211.
② 苏霍姆林斯基. 论劳动教育[M]. 萧勇，杜殿坤，译. 长沙：湖南教育出版社，1987：15.
③ 苏霍姆林斯基. 论劳动教育[M]. 萧勇，杜殿坤，译. 长沙：湖南教育出版社，1987：252.
④ 苏霍姆林斯基. 论劳动教育[M]. 萧勇，杜殿坤，译. 长沙：湖南教育出版社，1987：255.

所做的贡献这两者之间的差距。只有在那种条件下，即受教育者确信一个人只有靠自己的辛勤劳动才有权享受物质与精神文明成果时，对于劳动的自觉态度才能培养起来。……在23年期间，我们对数百名受教育者从一年级到七年级或中学毕业，直到成年、壮年的生活和劳动情况进行过观察。这些观察使我们得到一个结论：对他们道德面貌的形成起着决定性作用的，是两种生产劳动的结合，即以为社会创造物质财富为目的的无酬劳动，和为满足个人需要而领取报酬的劳动的结合。”①

在巴甫雷什中学，许多高年级学生的学习费用和生活费用，都是靠有偿劳动挣得的。比如，八至十年级学生便得到了马达工、联合收割机手和拖拉机手的专业知识，这些学生通过劳动得到报酬，不仅可以交纳课本费，而且能够购买衣服和鞋子。“高年级学生的劳动报酬十分可观。他们中有些人不仅给自己，而且给一家人赚得全年的口粮。”②

二

我再次想到了我的教育。20世纪80年代，我也曾多次组织学生搞有偿劳动。

记得1982年11月中旬的一天，我给孩子们读完了长篇小说《红岩》。我对还沉浸在感动中的孩子们说：“为了纪念这些先烈，重庆歌乐山烈士陵园正在筹建渣滓洞、白公馆《烈士群雕》的塑像。”

孩子们纷纷说：“我们为建造《烈士群雕》也捐点款吧！”“对，向先烈表示一点我们的心意！”

学生们说出了我本来准备提出的建议，我非常高兴，说：“同学们自愿捐款当然很好，可钱从哪儿来呢？回家向爸爸、妈妈要吗？”

“不，我们利用星期天去拾废品卖！”学生提议道。

“好！”我同意了大家的要求，并补充说：“只有通过自己劳动所得来的钱，才最能表达真诚的心意！”

---

① 苏霍姆林斯基.论劳动教育[M].萧勇，杜殿坤，译.长沙：湖南教育出版社，1987：253.
② 苏霍姆林斯基.论劳动教育[M].萧勇，杜殿坤，译.长沙：湖南教育出版社，1987：272.

那个周末，我和孩子们一起去拾废品：橘子皮、牙膏皮、塑料制品、废金属……包括在家里清理出旧书、旧报纸、旧杂志……大家的劳动共换回50多元钱——今天看来不多，可当年是我一个月的工资了。

我把这笔凝集着孩子们劳动汗水和对先烈真诚敬仰之情的钱寄出去了。汇款单的寄款人姓名写的是："献给先烈的五十三颗爱心和童心。"

我还曾组织学生搞"勤工俭学"。那是1986年快放暑假的时候，班上文学社的同学打算搞一次"峨眉山夏令营"。我建议："为了减轻爸爸妈妈的经济负担，也为了锻炼能力，能不能想办法找点活干，自己挣点钱？"

这些初二的孩子当然愿意，而且很兴奋。可是，干什么呢？

社员们琢磨起"生财之道"来：卖冰棍，还是卖大碗茶？到印刷厂，还是到纸箱社？……

我对孩子们说："找工作当然不容易，但你们必须勇敢地去试一试、闯一闯，即使没有成功，也锻炼了自己的胆量和能力嘛！"

于是，他们开始去"试"去"闯"了——

赵刚等同学胆怯地推开了新华书店经理办公室的大门："叔叔，我们能不能帮你们干点活？"

"这儿没什么可干的。"经理冷冷地答道。

"比如，帮着包书……"赵刚还不死心。

"这儿又不是图书馆！"经理不耐烦了。

对赵刚他们来说，这已经是第三次碰壁了。可他们毫不泄气，从新华书店出来，走了几条街，又走进了邮政局办公室："请问阿姨，我们能不能帮忙卖点杂志？"

"可以，"那位阿姨十分和气地说，"不过，需要开个介绍信。"

同学们这次看到点希望，便不愿轻易放过。他们兴冲冲地奔到学校。可是学校放假了，到哪儿开介绍信？

怎么办？"找市长去！"同学们想起了前次的采访，他们也是独"闯"市长办公室，就本市未来的发展规划采访市长。那次市长不但热情地接待了同学们，临走时，还说"欢迎再来"。

经过一番周折，彭艳阳同学居然带来了市长的亲笔介绍信。于是，邮政局的同志同意让同学们零售期刊。

大家欣喜若狂："我们有工作啦！""我们能挣钱啦！"

那一周的每天黄昏，在市内几处繁华的地方，同学们分为三个小组设下书摊。他们把各类期刊一一摆好，甚至还把油印的"凌云"文学社社刊《凌云》也亮了出来。然后，他们用稚嫩的嗓音吆喝了起来："卖书啊——卖书啊——"

行人好奇地看着这些娃娃，围了上来。

"你们是学生吧？"有人问。

"是的。我们是搞'勤工俭学'活动。"同学们自豪地回答。

"不错！真能干！"行人赞叹道。

"这本杂志多少钱一本？"有人问。

"请看杂志背面的定价，我们一律按定价出售。"同学们热情而诚恳地回答。

于是，前来买书的人渐渐多了起来……

卖书活动结束后，同学们数着那并不是很多的钱，心中却充满了喜悦。

30 多年过去了，今天已经年近 50 岁的赵刚回忆当年的"摆地摊"还感慨万千："当年我们当然为自己第一次能挣钱而自豪，但我们更懂得了挣钱的不容易。整个过程都充满了艰辛和智慧，我们的能力得到锻炼，也变聪明了许多，敢闯、敢试的胆子也越来越大了，为后来我们踏上社会，打下了全方位的基础。"

苏霍姆林斯基认为，有偿劳动的意义在于："当男女青年吃着用自己的双手挣来的面包，穿着用自己的劳动报酬换来的衣服的时候，他们一定会懂得人的劳动的价值，一定会尊重劳动和劳动的人们，一定会理解个人对家庭和集体应负的责任。"①

---

① 苏霍姆林斯基. 论劳动教育[M]. 萧勇，杜殿坤，译. 长沙：湖南教育出版社，1987：286.

三

我之所以不厌其烦也不厌其细地回忆我的这些经历，是想斗胆地为苏霍姆林斯基的观点做点补充——

学生这样的有偿劳动，不仅仅是用汗水换回诚实的报酬，也不仅仅是懂得了劳动的价值，更加尊重劳动人民，而且还是他们认识社会的有效途径。孩子们在亲自参加劳动实践的过程中，还培养了多方面的能力——这是比金钱更重要的收获啊！

（注：本文中学生名字均为化名）

劳动是一部壮丽的诗史

——苏霍姆林斯基的劳动教育思想简述（7）

在重读苏霍姆林斯基关于劳动教育的论述时，我感受到的不仅仅是令人信服的理论力量，更有令人震撼的情感撞击。在苏霍姆林斯基那里，劳动，无论是细微的行为，还是宏大的工程，都是激动人心的、令人鼓舞的，是美丽的诗篇和浪漫的乐章。

在《我把整个心灵献给孩子》一书中，苏霍姆林斯基记录了和孩子们一起种小麦的过程。那是一个秋天，苏霍姆林斯基和高年级学生把一块几十平方米的土地翻了一遍。他对孩子们说："我们在这儿种上冬小麦，把麦粒收上来，磨成粉，这将是我们第一次收获的粮食。"

孩子们非常兴奋，因为他们意识到自己将亲手种出粮食，因此像他们的父母一样拼命地干活；但苏霍姆林斯基考虑的不仅仅是粮食，还有教育——这项活动中包含有某种浪漫主义因素，即游戏因素。

注意，一开始苏霍姆林斯基就把和孩子们的劳动当作一首浪漫的诗来书写。

对收获第一批粮食的向往鼓舞着苏霍姆林斯基和他的孩子们。播种前，孩子们用小筐搬运肥料，把它与土掺和在一起，还给一行行的小麦挖沟渠，一粒粒地挑选种子。

苏霍姆林斯基回忆道："播种那天变成了真正的节日。劳动鼓舞着每一个孩子。地种好了，可是谁也不愿意回家。大家想做一番遐想，我们坐在了一棵大树下。我讲起了金色麦粒的故事。"①

透过这几行文字想象当年那美好的画面——孩子们带着幸福的疲倦，坐在大树下，惬意地听着他们的校长讲动人的故事。

---

① 苏霍姆林斯基. 育人三部曲[M]. 毕淑芝，等译. 北京：人民教育出版社，1998：260.

真正的劳动教育，就应该让孩子们有这样的疲倦与惬意！

但对苏霍姆林斯基来说，他不仅仅是在讲故事：“我在思考故事，也在考虑如何使劳动在我的学生们的童年时代不仅能引起一种稚气的快乐，同时也能初次引起一种公民的快乐。使孩子们通过劳动，就像通过一条宽阔的道路，走进社会生活，认识别人也认识自己，第一次体验到作为一个公民的自豪感。我从未忘记过，劳动不应该是一件轻松的事情。通常称之为成熟的那个非常重要的过程，就是用孩子们在体力和精神上的努力程度来衡量的。劳动使孩子不断成长。应该确定难度，定得既使劳动带有孩子气，同时又使孩子逐渐感到自己已经不是个孩子了。多年的经验证明，只有当孩子的劳动包含有成年人生产效果的极重要因素，即获得物质成果，并把成果纳入集体成员的关系之中的情况下，才能达到这种教育目的。”①

因为有这些思考，苏霍姆林斯基的劳动教育就将许多“意义”注入了孩子们的人生。

麦苗种下了，可在麦子出苗之前，孩子们都很焦虑：我们的麦田会很快变绿吗？这是一种焦灼不安而又充满希望的等待。所以，那段时间，当麦苗出来以后，孩子们每天早晨都要跑去看一看：绿色的小麦苗长得快不快？看到这些麦苗渐渐绿茵如毯，覆盖大地，看着小麦怎样长出茎叶，怎样抽穗，孩子们都非常高兴。他们把每一株麦穗的命运都紧紧挂在心上。

真正的劳动教育，就应该让孩子们有这样的渴望与牵挂。

麦子终于成熟了。收割变成了比播种更加愉快的节日。孩子们穿着节日的盛装来到学校：每个学生都小心翼翼地把麦子割下来，捆成捆。脱粒是又一个劳动的节日。孩子们把麦子收集起来，装进口袋，做到颗粒归仓。然后麦子将被磨成雪白的面粉，又被烤成香喷喷的面包。想象着又大又白的圆面包摆在面前，而这就是自己的劳动所得，一种自豪的情感激动着孩子们的心。

真正的劳动教育，就应该让孩子们有这样的满足与激动。

盼望已久的一天——新麦登场的大喜日子来到了。孩子们邀请了磨面的安德烈爷爷和全体家长来欢度这个节日。桌子上铺上了绣花白桌布，女孩子

① 苏霍姆林斯基. 育人三部曲[M]. 毕淑芝，等译. 北京：人民教育出版社，1998：260.

们摆好了香喷喷的面包块，安德烈爷爷摆上了盛着蜂蜜的盘子。家长们吃着面包，夸奖孩子们，感谢他们的劳动。

这一天永远留在孩子们的记忆里，成了他们人生最动人的诗篇和最壮丽的传奇。

真正的劳动教育，就应该让孩子们有这样的诗篇和传奇。

苏霍姆林斯基回忆到这里，情不自禁地写道："在这大喜的日子里，我们没有讲关于劳动和人格的豪言壮语。节日使孩子们感到激动的最主要的是他们的自豪感：我们种出了粮食，我们给父母带来了欢乐。一个人以自己的劳动而自豪——这是道德纯洁高尚的重要来源。"①

真正的劳动教育就应该让孩子们有这样的激动与高尚。

在《论劳动教育》一书中，苏霍姆林斯基还饱含深情地描述了巴甫雷什中学全校学生曾亲自动手建造了一幢教室房屋的经过！这是一项伟大的工程——

1952 年夏天，建造有两间教室的房屋的建筑材料就运到学校了。学生们听到学校新房子即将动工的消息，心情十分激动。一想到他们亲手建造的房屋将在校园里保存许多年，一种自豪感便油然而生，人人摩拳擦掌，跃跃欲试。

为了掌握必要的技能和技巧，高年级学生事先在农庄的农场和谷仓建筑工地上干了一段时间，学会了打基脚，砌砖墙和砌掺和麦秸的泥土墙，铺地板，制作门窗框架，起炉灶，盖屋顶，等等。正式动工前请了 28 个泥瓦工、26 个木工和 18 个砌炉工来当师傅，专门教学生们的相关技术。后来，八至十年级的所有学生都学会了砌掺和麦秸的泥土墙。高年级女生学会了抹灰泥和刷墙。

团委会制订了一年（从 1953 年 8 月到 1954 年 8 月）的工作计划。规定了每个共青团员和少先队员的劳动岗位。1953 年 8 月 9 日，这项全校人人参与的伟大工程开始动工。九至十年级学生平整场地，放线画样，为下基脚挖出地槽。他们一天干 6~8 小时，3 天内便下好了基脚，7 天内砌起了墙壁。

① 苏霍姆林斯基. 育人三部曲[M]. 毕淑芝，等译. 北京：人民教育出版社，1998：261.

在10天之内就完成了原计划年内结束的任务。

参加直接修建劳动的有360人——几乎是五至十年级的全体学生，及时进行筹备，恰当划分工种，合理安排人力，明确每项工作的责任，随着工作进展而变动一些学生的作业点。大部分低年级学生从事辅助性工作，他们在劳动集体中的作业点也是事先就规定好了的。全部工作由有经验、有技术专长的人（泥瓦工及其他人）负责安排。全体教师也跟学生一起参加了劳动。

离最后完工还远得很，但是学生们已经以爱慕的心情说起“我们的屋子”了。他们带着为自己的劳动而自豪的心情谈论着，他们是如何依靠劳动集体的团结一致顺利克服各种困难的。这种劳动的自豪感，只有在这样的劳动中才能最充分地体现出来。

到了1954年8月25日，房屋已经正式竣工，预备接纳学生了。在这幢房子里，有两间各为58平方米宽敞而明亮的教室。学校决定，新房子交给建房时表现特别突出的班级使用。

历时一年的劳动，全校学生为学校直接创造了物质价值，也为自己创造了精神价值。苏霍姆林斯基写道——

> 村苏维埃委员会估价再造一幢这样的房子需要60 000卢布。我们预拨资金2 150卢布，各类材料值9 230卢布，支付工匠工资3 500卢布。这样看来，学生劳动的价值为45 120卢布。参加过这项劳动的毕业生说，他们内心将终生保留建房的日子里所体验到的情感。为自己的劳动而产生的自豪感，同集体密不可分的感受以及对可爱的村子的热爱和眷恋之情。①

这样的劳动，将作为一部壮丽的诗史，不仅载入学校的历史，而且必将刻入未来让孩子们热泪盈眶的记忆里。

在类似建造房子的过程中，学习与劳动、知识与实践、个人与集体、汗水与智慧、艰辛与自豪、实用与浪漫……得到了完美的统一。而这正是苏霍姆林斯基所主张的劳动和劳动教育。

---

① 苏霍姆林斯基. 论劳动教育[M]. 萧勇，杜殿坤，译. 长沙：湖南教育出版社，1987：181.

爱情教育

爱的情感是衡量道德的最灵敏、最精确的天平，这绝非言过其实。

——苏霍姆林斯基

“爱情，是对人道主义的最严峻考试”

一

1960 年 9 月 29 日，一位名叫奥丽佳的少女满 14 岁了。生日那天，小姑娘问了她父亲一个问题：“爸爸，什么叫爱情？”

如果是在中国，孩子这样的问题可能会让父母惊慌，然后要么搪塞，要么斥责。但这个女儿很幸运，因为她有一个杰出的爸爸，叫苏霍姆林斯基。

面对女儿的提问，作为父亲的苏霍姆林斯基给女儿写了一封回信——

亲爱的女儿：

你的问题使我心情非常激动。

今天你整整十四岁了。你正跨越一个界限，越过它你就是一名成年女性了。你问我：“爸爸，什么是爱情？”

一想到我今天已不是跟一个幼稚的孩子在说话，我的心就跳得益发欢快。你在跨越这个界限，愿你幸福。但做一个幸福的人，只能是在你成为有智慧的人的时候。

千百万女性，尤其那些十四岁少女，怀着一颗忐忑的心在思考着：什么是爱情？每个人对它的理解各不相同。每个男青年，当他们已萌发成年男人的气质时，也都在思考着这个问题。现在，亲爱的女儿，我给你的信再不是从前那种信了。我的夙愿是把生活中的智慧，也可称之为生活的本事传授给你。但愿父辈的每一句话如同一颗小小的种子，从中萌发出你自己的观点和信念的幼芽。

…………

接下来，苏霍姆林斯基以诗一般美好的语言，给女儿讲述了一个关于爱情的童话故事，告诉女儿：“爱情是人类永恒的美与力量！”在这封信的结尾，这位杰出的父亲写道——

> 这就是爱情，亲爱的女儿。万物生存、繁殖、传宗接代，但只有人才能够爱。同样，从人本身来说，只有能以人的方式去爱的人，才成为真正的人。如果不善待爱情，便不能提高到人类美这一高度，就是说它仅仅是能够成为人、但尚未成为真正的人的一种生物罢了。

44 年以后的 2004 年 11 月，我在江苏再次见到了这位已经 58 岁的“女儿”——奥丽佳·苏霍姆林斯卡娅。

我和卡娅（中国的教育同行习惯于亲切地简称她的姓“卡娅”）聊起了这封信。我问她：“当时您父亲为什么不直接当面回答您，而要给您写这封信呢？”

她回答说：“一方面当时我住校，父亲经常给我写信，另一方面，也是更重要的一方面，就是我父亲这封信不只是写给我的，而是写给更多的青少年的。他是想通过这封信，表达他对爱情和爱情教育的观点。”

我好奇地问她：“那您后来是什么时候谈的恋爱呢？”

卡娅笑了，幽默地说：“我是到了该谈恋爱的时候就谈恋爱了。”

二

我是从苏霍姆林斯基的《爱情的教育》一书中读到以上这封信的。当时，我非常羡慕苏霍姆林斯基的女儿拥有如此优秀的父亲；同时，对照当时我遇到的学生中出现的所谓“朦胧情感”问题，我感到自己仿佛找到了“灵丹妙药”。

是的，与我们传统教育中视“爱情教育”为禁区截然不同，苏霍姆林斯基把爱情问题同人的道德进步，同整个社会进步问题联系在一起，认为人的全部道德观念集中地表现在爱的情感里，表现在爱的内容和形式里。他进而提出，正如从一开始就要教导学生怎样劳动一样，也需要在他们刚刚懂得爱情的时候就教育他们怎样去爱。

苏霍姆林斯基认为，爱情能够使一个人变得高尚：“爱情的道义力量能够使人变得高尚，养成最高贵的品质，如人道主义、同情心、敏感、对损害人的尊严的行为持不调和态度以及为建立共同幸福（我的幸福和我心爱的人的幸福）而贡献出自己的精神力量的决心。……爱的情感是衡量道德的最灵敏、最精确的天平，这绝非言过其实。”①

当然，承认爱情的高尚以及对爱情的歌颂，这对绝大多数教育者来说，可能不存在分歧。关键在于，是否应该对青春期的孩子进行爱情教育？对此，可能就说法不一了。对于许多父母来说，是生怕孩子“过早”地接触“爱情”这个话题，许多老师也是如此，以“影响学习”为由回避或不许学生谈论“爱情”，更不会主动给孩子们进行爱情教育了。

对此，苏霍姆林斯基是怎么看的呢？他旗帜鲜明地主张：应该主动地积极地对学生进行爱情教育，而且应该在孩子还没“谈恋爱”之前就告诉他们什么叫真正的爱情。

> 我坚信不疑的是，高尚的爱情种子需要在年轻人产生性欲之前好久的时候，即在他们的童年、少年时期播在他们的心田里。……真正的爱情主要指男人和女人的精神生活、精神心理交往的领域；在爱情中，生物的本能因素应服从于道德审美因素，后者要使前者趋于高尚：使精神生活变得充实完美、丰富多彩的前提条件，需要在少年时期，即在人的精神力量形成初期建立起来；在人产生性欲之前，就需要在他们的心灵里培植道德力量。这种力量能把精神交往中的道德审美因素摆在首位，并使性欲趋于高尚，被置于次要地位。②

三

但苏霍姆林斯基同时郑重说明：“我们所说的爱情种子，当然不是指关于爱情的说教，而是指培养道德尊严和人格的过程，指在每一行动中树立起真正的人道主义观点；指培养对人道美的理解能力和创造（这一点尤其重要）人道美的能力。爱情的念头一旦在年轻人的思想和感情上撩拨和引起不安，教育者就应当给他们讲爱情是什么。这种讲解将会在年轻人的心灵中培养出高尚的思想和情感，首先是培养出能够给人以巨大幸福的对美的责任感。但

① 苏霍姆林斯基. 爱情的教育[M]. 世敏，寒薇，译. 北京：教育科学出版社，1985：2.
② 苏霍姆林斯基. 爱情的教育[M]. 世敏，寒薇，译. 北京：教育科学出版社，1985：13.

是这种美对善于爱美的人才是幸福的。”①

也就是说，苏霍姆林斯基的爱情教育，是人格教育不可分割的一部分；或者说，他认为，爱情教育是人格教育的重要途径之一。人性美、幸福观、责任感……都在其中了。

他说：“我们应当把爱的情感即人的最美、最高尚的情感作为推动道德进步的武器。”②

苏霍姆林斯基没有孤立地看待爱情，他是把爱情同人的道德进步，乃至整个社会进步问题联系在一起的，这是他作为教育家的认识高度。

也正因为他是杰出的教育家，苏霍姆林斯基甚至将爱情同自我教育联系在一起：“爱一个人，这首先意味着能对他进行正确评价；在他面前，同时也是在自己的面前，不仅提出审美要求，而且提出道德要求。真正的爱情会发展成为自我教育、坚持不懈地追求自我完善。在这一过程中，人将变得更纯洁、高尚、无畏，变得更忠实于人道主义的崇高理想。了解爱情的这些特点，对教育者的创造性工作将起着特别重要的作用。”③

四

所以苏霍姆林斯基特别强调教师进行爱情教育的责任和意义：“社会把孩子们的命运托付给我们教师了。我们不仅有责任教育他们认识世界以及自己在新社会建设中的作用，而且要把他们培养成为正直、高尚、勇敢无畏的人。无论在为祖国服务方面，还是在同其他人的交往方面，我们都应当把他们培养成为真正的人。人的心要能容下全世界的欢乐和悲伤。如果能往忠贞不渝、温情脉脉的爱情中倾注心灵中的全部巨大力量，那会对最心爱的人的生活产生多么巨大的影响啊！”④

苏霍姆林斯基甚至把爱情教育与培养未来的父母亲相联系，他告诉每天都面对孩子的教师：“站在我们面前的学生，不仅是孩子，也是未来的父亲

① 苏霍姆林斯基. 爱情的教育[M]. 世敏，寒薇，译. 北京：教育科学出版社，1985：13.
② 苏霍姆林斯基. 爱情的教育[M]. 世敏，寒薇，译. 北京：教育科学出版社，1985：19.
③ 苏霍姆林斯基. 爱情的教育[M]. 世敏，寒薇，译. 北京：教育科学出版社，1985：14.
④ 同上。

和母亲。7~8 岁的孩子由母亲送人学校，可是在 14~15 年后，他们很有可能要把自己的孩子送入学校，我们的学生将怀着一种什么样的心情进入成年期呢？他们对自己，对别人，特别是对将要同自己生活一辈子的人提出哪些道德要求呢？”①

这就是教育家的高瞻远瞩的眼光和面向未来的胸襟。

在巴甫雷什中学 1964 年的毕业典礼上，即将离开学校的少男少女们听到的毕业致辞中有这样一段：“你们也将生儿育女，将在他们身上重现你们自己。要把人类创造的纯洁道德、美和智慧都传给你们的子女。小伙子们，要把姑娘当作未来的母亲尊重，对爱情要忠贞不渝，要永远记住，爱——就是给你所爱的人以幸福。姑娘们，要高度珍惜女性的自豪。当你们带着自己的孩子来上学时，我们教师中许多人还将在学校工作。要知道我们将在你们的孩子身上看到你们优良品格的反映。但愿这种反映将是纯洁无瑕的。”②

这就是苏霍姆林斯基说的：“教育——这首先是人学。”③

五

苏霍姆林斯基还对教育者如何对学生进行爱情教育提出了建议。他认为，教师一开始就不应该嘲笑学生中出现的爱情，更不能粗暴干涉少年的情感世界。他说：“在培养高尚的爱的情感中所取得的成绩，是衡量一位教师的教育艺术的尺度。理解爱情，就意味着理解一个人的心。相反，对待青年男女的爱情抱轻蔑乃至嘲讽的态度，恰恰说明教师的教养水平低。”④

“理解爱情，就意味着理解一个人的心。”说得多好！

他直言不讳地批评一些教育者：“有些教师对年轻人的情感常常缺乏尊重，对它抱一种冷漠、轻蔑、不关心的态度，这是教育工作中的一个极其严重的缺点。假如青少年产生了诸如怨恨、嫉妒等不健康感情，教师对此绝不能听之任之，更不能简单地压制。应当理解这些情感，并在一定程度上予以体谅。

① 苏霍姆林斯基. 爱情的教育[M]. 世敏，寒薇，译. 北京：教育科学出版社，1985：36.
② 苏霍姆林斯基. 帕夫雷什中学[M]. 赵玮，等译. 北京：教育科学出版社，1983：94.
③ 苏霍姆林斯基. 育人三部曲[M]. 毕淑芝，等译. 北京：人民教育出版社，1998：11.
④ 苏霍姆林斯基. 爱情的教育[M]. 世敏，寒薇，译. 北京：教育科学出版社，1985：14.

年轻人常常把不尊重他们感情的人视为仇敌，因为按其本性来说，他们是追求理想事物的。对爱情更不应该采取不尊重、轻蔑和漠不关心的态度。一个人在内心深处产生了这种喜悦情感，如果发现有人体谅他，更多的人是嘲笑他，那么他就会感到极端痛苦，甚至对他的道德面貌产生影响。”①

如果处理不当，会对学生的“道德面貌产生影响”。教育者不能不慎！

六

有一个最具中国特色的词——“早恋”。我曾经和一些国外同行谈论过这个话题，他们对“早恋”这个词很不理解。在他们看来，爱情如同花儿一样，到了该绽放的时候自然就绽放了，何为“早”？何为“迟”？也许有人会以中西方文化差异来解释这种不同的认识。但我认为，在爱情的表达上，确有不同民族的文化之别，但爱情本身不分中西，只有人性。

所以，我认为应该将“早恋”一词从中国的“教育词典”中删除。我们不应该纠缠于学生的“恋”是否“早”，而应该在理解、尊重，甚至祝福的前提下，让孩子们对爱情的理解更加成熟，帮助孩子们把忠诚与责任注入他们纯真的爱情！

一些教师干涉学生爱情的主要理由是：“他们懂什么呀！还不成熟，所谓‘爱情’是靠不住的。”

相比起成人的“爱情”，孩子们似乎什么都不懂。但正因为“不懂”，他们的爱情才比有些成人的“爱情”纯洁一万倍！因为在初恋的少男少女之间，他们不会想对方有没有存款，有没有房子，父母是干什么的……爱本身就是他们的全部目的。就算最终两人没有走到婚姻的那一步，但学生时代的这段经历，将成为他们人生最纯洁、最美好、最温馨的记忆。相反，那些“什么都懂”的成人，正因为太“懂”，所以他们其实谈的不是爱情，而是物质，这样的“爱情”难道真的就“靠得住”吗？对此，已经有不少家庭悲剧作出了回答。

---

① 苏霍姆林斯基. 爱情的教育[M]. 世敏，寒薇，译. 北京：教育科学出版社，1985：15.

面对孩子的情窦初开，我们需要的不是掐死，而是给稚嫩的爱情更多的空气、阳光和水。是的，孩子还小，但是正如刚才我所引用的苏霍姆林斯基的话："我坚信不疑的是，高尚的爱情种子需要在年轻人产生性欲之前好久的时候，即在他们的童年、少年时期播在他们的心田里。"这不比粗暴干涉更为明智吗？

还有教师提出了干涉学生谈情说爱的更雄辩的理由："学生时代的主要任务是学习，谈情说爱必然会分散精力，影响学习。"

所谓"爱情会影响学习"，我一直认为这是个伪命题。从教近 40 年，在我的教育生涯中，还没有发现一个因为谈恋爱而影响学习甚至影响考大学的例子——一个都没有！当然，肯定也会有教师列举相反的例子，说明"确有"因为谈恋爱而耽误学习的学生。可我要说，谈恋爱与成绩下降没有必然联系。成绩好的学生，谈恋爱一样考大学；成绩不好的学生，不会因为没谈恋爱成绩就上升了。我们不能毫无科学依据地把爱情与学习对立起来。

事实上，爱情不会必然影响学习，但对爱情的干涉则往往会影响孩子的学习。不是因为对爱情的遐想，而是因为来自教师和家长对自己情感世界的干涉产生的担心、惊恐、焦灼、烦躁而影响学习——我有无数例子证明这个论断。

七

我这样说，当然不是说要提倡甚至鼓励学生谈恋爱。成长中的孩子无论在身体还是心智上毕竟都不成熟，需要教师和家长对他们进行引导——包括爱情教育。所以我绝没有面对孩子的情感而放任自流的意思。

我只是主张应该自然而然地对待孩子自然而然产生的感情，应该把孩子互相爱慕视为正常健康地成长："少男少女、青年男女情窦初开，他们产生许多与人的最隐秘感情——爱情有关的问题。这是没有什么奇怪的。一个集体的生活越是丰富多彩，这类问题就越多。"[①]

① 苏霍姆林斯基. 爱情的教育[M]. 世敏，寒薇，译. 北京：教育科学出版社，1985：4.

面对这种像花儿一样自然开放的“精神花朵”，教师绝对不能简单阻止或粗暴干涉，也不能妖魔化孩子纯洁的情感。苏霍姆林斯基曾经警告：“对学生的精神生活和他们的隐秘角落采取粗暴态度，最容易从男女青年的相互关系中驱逐出一切高尚的、有道德的、明快的审美情感，并把爱情的生物本能的一面推到了首位，激起不健康的好奇心，使男女同学更加疏远，对交往产生一种难忍的恐惧症。”①

我主张如苏霍姆林斯基所建议的那样，在学生产生爱情之前就对他们进行与审美、忠诚、责任、未来相联系的爱情教育。要告诉还没有开始谈情说爱的孩子们：“一个人决心把自己的全部高尚激情献给自己心爱的人，这时他就把心灵美、纯洁与高尚的道德情操提到了首位。”②让孩子们牢牢记着：“终生对爱情忠贞不渝，这首先意味着在社会面前，在本人面前，他是一个正直、诚实的人。”③“对有明确的道德理想的人来说，爱情从一开始就不仅是种感情，同时是一种道德义务。这种人越是公开地、坦率地表露自己的爱情，越是希望得到恋人的理解，他自己也就越多地承担道德义务。”④

在苏霍姆林斯基所有关于爱情教育的论述中，最打动我心灵的是这样一句话：“爱情，是对人道主义的最严峻考试。我们应当从一个人的童年和少年时期起就培养他去迎接这场考试。”⑤

1986 年，我阅读了苏霍姆林斯基的《爱情的教育》一书后——也就是在聆听苏霍姆林斯基的这些充满了智慧并洋溢着真情的教诲之后，我真正开始带着我的学生去迎接这场“考试”。

我在自己的教育中尝试对学生进行包括爱情教育在内的青春期教育，通过集体讲座、当面谈心和私人书信，我走进了一个又一个少男少女的心灵；我的第一本教育专著《青春期悄悄话——致中学生的 100 封信》，则既是我献给中学生朋友的一颗真诚的心，也是我交给苏霍姆林斯基的一份

---

① 苏霍姆林斯基. 爱情的教育[M]. 世敏，寒薇，译. 北京：教育科学出版社，1985：15.
② 苏霍姆林斯基. 爱情的教育[M]. 世敏，寒薇，译. 北京：教育科学出版社，1985：50.
③ 苏霍姆林斯基. 爱情的教育[M]. 世敏，寒薇，译. 北京：教育科学出版社，1985：36.
④ 苏霍姆林斯基. 爱情的教育[M]. 世敏，寒薇，译. 北京：教育科学出版社，1985：51.
⑤ 苏霍姆林斯基. 爱情的教育[M]. 世敏，寒薇，译. 北京：教育科学出版社，1985：44.

"考试答卷"。

我衷心希望，今天中国的所有教育者——教师和家长——都来帮助孩子们迎接这场"人道主义的最严峻考试"。

“以人的方式去爱”

——《致女儿的信》课堂实录[1]

时间：2016 年 5 月 10 日

地点：四川师范大学学术厅

学生：四川师大附属第一实验中学初二（8）班

“我为母校献堂课”是我的母校四川师范大学 70 周年校庆系列活动之一。我接到邀请后犹豫了一下，因为我一直不喜欢“借班上课”，很反感那种表演式的“公开课”。可一想到这是母校的邀请，我不应该拒绝，至于是否“表演”，全在于我怎么上课。于是，我最后还是答应了。

课文选定的是苏霍姆林斯基的《致女儿的信》。因为和课文中的“女儿”苏霍姆林斯卡娅有过交往，我上这篇课文有着得天独厚的资源。不过，执教这篇课文也给我带来不小的挑战：我以前多次上过这篇课文，课堂实录还做成了光碟在全国发行，不少教师都看过我上这篇课文的视频。如果我还是“轻车熟路”地上这堂课，就一点意思都没有了。

过去我上课还是尽量尊重学生，尽量调动学生的学习主动性，避免“满堂灌”，但我更多的还是从教师的角度设计教学的。现在我越来越认为，真正的尊重学生应该是从他们的角度来设计课堂，尊重学生的需求，帮助学生解决阅读困难。这里的“学生”不是抽象的，而是具体到那一节课上坐着的几十个孩子——我们备课就是要针对那几十个孩子的心灵需求而设计教学，而不能够拿一份“精心打造”的教案到处上课，“以不变应万变”。再说直白些，我希望我这堂课就是为这个班的孩子“量身定制”的。我愿意挑战自

---

① 选用时有删减。

己，并期待能够超越自己。

开课前一周，我给学生写了一封信——

亲爱的同学们：

我叫李镇西，是5月10日将给你们上课的老师。38年前的春天，我考上了四川师范大学中文系；34年前的春天，我大学毕业踏上了中学语文的讲台。这次，我之所以答应参加母校的讲课活动，一来，我想以此行动作为对母校培养之恩的小小报答；二来，我特别喜欢上课，喜欢孩子们在课堂上叽叽喳喳地讨论和争论，对我来说，这种机会不多了，因此，有一次机会就得抓住不放。所以呀，呵呵，我们是不是有缘啊？

这次，我们上的课文是一位享誉世界的教育家写给女儿的一封信。因为我最近一直在外出差，太忙太忙，无法提前和你们见面，因此今天通过这封信想征求同学们的意见：如何来上这堂课？请同学们先把这篇文章看看，然后书面告诉我。

第一，你希望李老师以什么方式来上这堂课比较好？一定要提具体的建议。

第二，你在读这篇文章的时候，查了哪些不懂的字词？也请写出来。

第三，你特别喜欢、欣赏这篇文章的哪一点或哪一部分、哪一段、哪一句，甚至哪一个字？也请写下来告诉我。当然，不必全文抄写，可以以“第几自然段”或“从……到……”的形式告诉我，如果能简单说说理由就更好啦！如果没有特别欣赏喜欢的地方，不要紧，不写就是了。

第四，特别重要的是，你读这篇文章的过程中，一定要提出问题！我这里说的“问题”分两类：第一类是你提出来考同学和老师的问题，但你必须知道答案，也就是说，这样的问题是你读的时候遇到的，经过思考，你觉得自己弄清楚了，然后将这个问题拿去考别人；第二类问题是你想了很久也无法解答，便只是提出来，待课堂上其他同学和老师解答。不知我说清楚没有？

以上四点，算是我布置的预习作业，除了第二条可以不写（但要思考），其余三条，我希望同学们能够认真做。

另外，我发给同学们的课文后面有思考练习题，不要求书面做，但大家可以看一看，想一想，会对你们有帮助的。

亲爱的同学们，你们以前可能也上过公开课，知道一些“套路”和“规矩”，但李老师的公开课可能没有这些“套路”和“规矩”。比如，我不要求同学们坐得端端正正，自然、放松最好；又比如，我不希望同学们非“踊跃发言”不可，同学们积极发言当然很好，但没话可讲，“冷场”也不要紧，如果你们不讲，我讲就是了，哪怕“满堂灌”也不一定就不好；再比如，我最不喜欢答案高度统一，或者老师说上句同学们接下句的那种异口同声的整齐划一，如果有争论甚至和李老师争论，那是最好不过的了，当然，没有争论也不要紧。总之，“真实”“自然”“有收获”，就是这堂课的最高标准。

好了，我要说的就这些。读到这里，可能有同学在心里猜测了，这个李老师长什么样？什么样的性格？又会给我们带来怎样的一堂课？等等。别急，再过几天，到 5 月 10 日那天就见面了。

祝好！

2016 年 5 月 3 日晚

这封信既是我对学生们教学意愿的征询，也是我给他们布置的预习作业，还是我的课堂教学提纲。

几天后，我收到全班孩子给我的回信。我开始备课了。所谓“备课”，就是仔细阅读分析每一封信，了解他们的想法和困惑，将孩子们的各种意见分门别类地整理归纳。然后考虑如何将孩子们的要求和想法，与教材的教学要求、教师的教育意愿相融合——这是我备课最关键的一点。

等我把全班同学总共两万多字的回信一一看完，这堂课怎么上，我就心里有数了。

5 月 10 日上午，我走上讲台的时候，孩子们已经坐好了，但上课时间还没到。于是，我走到学生面前和他们闲聊起来。

我先问他们，第一次见面，他们对我是什么感受，待他们你一言我一语地说开，我便以轻松、幽默的话语回应他们，引来一阵阵笑声。课堂氛围一下子活跃起来了，以至于我已经忘记台下有成百上千的观众了，我估计孩子们也忘记是在上公开课了。

接下来，我向他们展示了我当年在四川师范大学（当年叫四川师范学院）读书时的校徽（当时戴在左胸前）和学生证，引来一片掌声和惊讶感叹声。我跟他们说："当时我的愿望就是有一天我毕业的时候，这个校徽由白底红字变成白字红底，就是留校。结果没有，我当时在学校是很普通的一名学生。但是今天能够在这里给大家上课，还是很激动的。"我还给他们展示了我学生证上的照片、刚参加工作时的照片和现在的照片。这时学生们跟我的心理距离又拉近了一步。

最后我感慨道："38 年、34 年一晃就过了（38 年前我考上大学，34 年前我大学毕业参加工作）。这就是青春的燃烧，生命的流淌。刚刚四川师范大学发给我一本书，内容就是回忆母校的学生们当时在这儿读书时的一些故事，其中有一篇是我写的。我就想，不管岁月如何流逝，生命如何一点点地消失，但有一点不会变——一颗童心！纯真、纯洁、纯正，就像你们这个年龄。"

此刻，气氛渐渐显得庄严起来。

我说："好，我们今天来一起学习一篇课文。在学课文之前，哦，先给大家说明一下，我平时上课从来不拖时的，一分钟都不拖！但这次母校让我上课时，我就提了一个小小的请求，说这堂课请给我一个小时。我先把话说在前面，为什么要一个小时？因为这堂课我要讲一些课内的东西，还要讲一些与课文有联系但不是课文里的东西。所以，必须延长时间，好不好？"

同学们说："好！"

"这次给大家上这堂课呀，"我继续说，"因为之前我没办法见大家，所以就写了一封信。（我拿起打印的信）在信当中，我提了些要求，一个就是'希望李老师以什么方式来上这堂课比较好，给点不同的建议'。说实话，这堂课我上了很多遍了，但是今天这堂课对你们来说是'私人定制'，是为你们准备的。依据什么？依据你们给我提的很多建议。我准备了很多素材，但不一定都用，相当于我拿了很多佐料、食材，那么，做怎样的一道菜？我们一起来做。那些素材可能用，可能不用。”

“好，我们看第一个问题，以什么样的方式来上课？这是同学们的建议，我把它打出来了……”

我打出 PPT，上面呈现出多数同学的建议——

自由开放、畅所欲言、自由对话、互动分享、讨论争辩、众说纷纭。

我说：“这是同学们最多的建议，大家希望自由、分享、讨论、互动……‘众说纷纭’是一位同学的原话，他说‘大家有话就说，畅所欲言’。非常好，这是我没想到的。如果你们在课堂上不说也不要紧，那就我说吧。我不认为‘满堂灌’就不好。你们想让李老师讲，我就讲；你们想自己讲就你们讲，让这堂课真实自然。那么，提这个建议的是哪些同学呢？”

我再点击了一下 PPT，亮出了这些名字——

何木炜、游曾轲、黄欣雨、唐易、周昱肖、杨润泽、向维薇、林馨仪、陈乐、李睿祺、刘昕怡、郎钰芃、刘雯鑫、胡思危、周雨婷、钟茗媛、刘雨婷、肖潇、周雪曦、您的大朋友

我说:“提这些建议的同学，举个手让我认识一下。(这些同学们纷纷举手) 好，既然多数同学认为这种方式比较好，那我们就采用这种方式吧，讨论、互动、争辩、对话。”

“那么，讨论什么？同学们提了很多问题，我看了一下，总共提了 49 个问题。其中最最重要的问题提得比较多的，是这个——”我一边说，一边打出 PPT，并念道——

如何理解“从人本身来说，只有能以人的方式去爱的人，才能成为真正的人”？

我又说：“围绕这个问题，或者提出和这个问题有关的，直接的、间接的，其他问题的，都是这些同学提的——”

我打出名单——

刘雨婷、周昱肖、杨润泽、向维薇、刘欣仪、大朋友、陈乐、蒲柄升……

“什么叫作‘以人的方式去爱’？什么叫‘真正的人’？很多人提这个问题。这个问题提得很棒。”我说。

“其中，还有同学试着回答了这个问题。我们能不能请 3 个同学，再讲讲你们的理解呢？”我看了看我的备课记录，“哪位是胡思危啊？（一个男生举手）哦，你是胡思危，来，谈谈你的理解好不好？”

胡思危同学说：“我认为，只有当你以一个人的方式去爱人的话，你才能懂得如何爱人，你才能享受怎么被爱，所以你才能成为真正的人。”

我并不满意这个回答，便追问道：“你还没说什么叫‘以人的方式’？”

“就是……”他被问住了。

我问大家：“其他同学有没有插话的？”

蒲柄升举手了，我把话筒递给他。他说：“我觉得如果是一个真正的人，他去爱别人，他不仅仅是因为身体上的需要，更重要的是心灵的追念，因为这里提到了，爱情是包含了忠诚，还有心灵的追念。这样以人的方式去爱，是超越了其他一切生物的。我觉得这才叫作以人的方式去爱。”

我笑了，说：“他这个研究成果，非常好！”

全班大笑。我说：“给他点掌声——嗯，此处应该有掌声。”大家鼓掌。

我接着评论道：“他谈到一个观点，就是说，人的方式区别于动物的方式，他不纯粹基于生理，或者生物性，还有社会性，精神、灵魂、情感——人的方式。”

在备课看学生的回信时，我记得一个叫刘雯鑫的同学对这句话有自己的理解，于是我问：“刘雯鑫同学有没有新的看法？哪位是刘雯鑫？（一个男生举手）哦，你叫刘雯鑫啊，我以为是个女孩儿。”大家笑了。

刘雯鑫站了起来：“我觉得既然我是以自己的思想来爱别人的人，就不同于其他普通生物，不只是生理上的需求，更是心灵上、思想上更升华了一步，就是不同于其他生物。这样才算真正的人。”

“很好，很好！”我鼓励道。

我想到杨鑫鉴同学对此也有他的理解，便问：“杨鑫鉴有补充吗？是哪位？”

一个男生站起来，我估计是杨鑫鉴，但他说我把他的名字写错了。我说：“我看到你给我写的回信上就是这样的。我们下来对证一下，谁的责任要分清楚。”同学们又大笑起来。“没事儿！好，那杨同学，你说。”

杨同学说：“我觉得人是因为有爱情，才成为万物灵长，和其他生物不一样。如果不爱别人，他就与外面飞的禽、跑的兽没有区别，就不能称之为人。”

我说：“好，请坐。他说的观点跟刚才蒲柄升的接近——不是动物，是人。那么关于这个问题，本来我今天讲这堂课也是根据同学们的提问开始讨论。我也没按套路来。按道理是朗读一遍，分段，复述一下。我觉得大家对课文很熟悉了，没必要的，就提问题。关于这个问题呢，我把它分解一下，分成3个问题。其实这3个问题，也是我们同学在提问中直接或间接涉及的。很多同学直接或间接提了一些问题，都和这3个问题有关的。”

我在PPT上出示了这3个问题——结果发现，由于为了便于摄像，打在我和屏幕上的灯光太强，PPT上的字不清晰。于是我转身对工作人员说：“能不能把第一排灯光关一下，我们的孩子都看不见屏幕。摄像不是第一位的，第一位的应该是让孩子能看清楚。不要为了摄像方便，给孩子造成不便。”

PPT的字幕——

结尾两段，奶奶和父亲都是在谈论“这就是爱情”，但两人所说的侧重点有什么不同？

“只有人才能够爱。同样，从人本身来说，只有能以人的方式去爱的人，才成为真正的人。”这句话同前面哪一句话照应？

如何理解：“做一个幸福的人，只能是在你成为有智慧的人的时候。”

（提问者：钟茗媛、何木炜、游曾轲、黄欣雨、唐易、周昱肖、杨润泽、叶璐、刘欣仪、陈乐、您的大朋友……）

学生们看着屏幕，我把3个问题口头重复了一遍，并让同学们思考之后再回答。

同学们在思考。我看了看屏幕，光线依然强烈。我再次提醒：“请把灯关一些。”灯光渐渐变弱。

我继续引导：“我们先看第一个问题。他们都在谈爱情，侧重点不一样。

当年的奶奶给父亲讲什么叫爱情，现在父亲又给女儿讲什么是爱情，但是，他们是怎么讲的？”

我点击出示一张PPT——

探究第一个问题：

结尾两段，奶奶和父亲都是在谈论“这就是爱情”，但两人所说的侧重点有什么不同？

究竟什么是爱情？课文是如何表达的？

学生们纷纷回答：“讲故事。”“童话。”

“嗯，童话故事。那这问题就出来了，他们怎么要讲童话，不是直接说就可以了吗？为什么要用童话来讲呢？”我问大家。

学生们一时没有声音，都在沉思。

我说：“我看到这次同学们交的反馈里面，有同学是有见解的哦，请一个同学来说一下。我看哪个同学说得比较好。”

一位女生举手了。“哎，这位同学，你叫什么名字啊？刘昕怡，好，你说。”

刘昕怡说：“我认为童话能让人物形象鲜明，而且道理更浅显易懂，同时作者的奶奶用童话给小孙子讲述了什么是爱情，从中也能避免谈论这个话题的尴尬。”

我归纳她的回答：“一个是通俗，第二呢，又避免了尴尬。是吧？很好！”我问大家：“还有其他同学补充吗？”

蒲柄升举手站了起来：“如果奶奶是讲童话的话，她是更想告诉小孙子，爱情是像童话一样，是纯洁、美好的，奶奶的侧重点是说爱情力量的美和爱情的纽带。然后呢，父亲更多的是在告诉女儿应该以什么方式去爱，什么样的人才配得上拥有这样的爱情。”

这孩子思路清晰，表达准确。我说：“我发现蒲柄升的智商很高，（众大笑）这几次回答都很精准。好像他就是这封信的作者一样，（众笑）说得非常好。你们听清楚了是吧？我就不重复了。给他点掌声。”

同学们鼓掌。

这时候，坐在蒲柄升旁边的女孩好像有话要说。于是，我把话筒递给她：

“来，这个同学谈一谈。”

女孩站起来，说：“我觉得还有一点就是，父亲的侧重点是在只有人才能够爱，他的侧重点在人；而奶奶告诉小孙子，说的是爱情具有的美好、含义，以及能给人类带来什么好处。”

我归纳道：“对，他们的侧重点不一样，两个同学说得非常好。奶奶和父亲都在说爱情，父亲的侧重点是只有人才能够爱，才能够真的享受爱。有同学在反馈中说，他不同意这个观点，说，怎么人才能爱呢？动物也可以爱啊，小猫小狗也可以爱啊。这怎么回事呢？”

后面一个女生举手答道：“我觉得因为人类是高级动物，可能人生来就有一种孤独感，他觉得自己是一个个体，但是没有别的个体来温暖他，需要爱情来关爱个体。动物的最终目的是个体生存和种族繁衍，为了生存而生存，没有感情上的需要。而人类需要两个人互相扶持，互相走下去，才能走完这孤独的一生。”

她话音刚落，全场响起了掌声。

尽管这女生回答得还不错，还赢得了自发的掌声，但我感觉她的回答还不够准确，或者说她的思维还不够严密，因为她只是从依恋、陪伴的情感角度看这个问题的，她认为动物结合只是一种繁衍，而没有依恋的情感，而人才有孤独感，需要陪伴，显然是片面的。在我看来，人类的爱不仅仅有情感。她应该得到的鼓励，已经由同学和下面的听课者用掌声给她了，我不妨直言。于是，我说：“我倒没有给你鼓掌，说实话。你的侧重点在于结合，动物是一种繁衍，人则需要陪伴。但是，这个问题在于，爱本身——当然它有生理基础，但我们这里讨论纯精神的爱，有同学说动物也有爱，不光是人的爱，我发现对这个问题的回答还不够准确。”

下面同学开始议论。

“这里有争论了。来，你说。”我边说边把话筒给了一位举手的女生。

她说：“我在想，因为动物和人之间，只有人才有思考的功能，所以人在爱的时候就会想，我如何让我爱的这一方受到更好的关怀、更好的照顾，他会去思考。所以我说，只有人才能够爱。”

我接着她的话说："我能不能这样理解？动物之间它是有一种依恋——举个例啊，母狗生了一只小狗，那种抚慰，是出于一种生物的本能，我们很难想象，一只狗会去爱另一只狗；而我们人却可以这样，千里相会，虽然相隔那么远但是有爱情啊。人的爱呢，不仅仅是基于本能，当然也有生理基础，用苏霍姆林斯基的话说，是更有智慧、有更多精神的东西。从这个角度讲，苏霍姆林斯基这里的'只有人才能爱'特指的是人类之爱。这样才能讲清楚。"

我已经意识到，随着学生的讨论，话题似乎已经有点"飘逸"：本来是要研讨奶奶和父亲各自谈爱情的重点以及"为什么要用童话来表达"，但现在却在谈动物的"爱"和人类的"爱"有什么不同；而且在谈这个问题的时候，自然而然又已经涉及刚才列出的第二个问题中的"以人的方式去爱"，但学生刚刚开始讨论的"童话表达"的作用和意义被岔开了。

真实的课堂就是这样，学生的思维有时候就是这么行云流水，自然而然，不会完全跟着教师教案上的"教学步骤"走。如果我刚才打断这自然的讨论，"条理"似乎倒是"清晰"了，但学生的"思维流"则被阻断了，鲜活的思想观点也被扼杀了。何况，在这自然而然的讨论中，孩子们的思想之水已经不知不觉地渗透到了后面的问题中。这对我来说，是一种不动声色的"铺垫"。所以，我没有必要为了自己的"预想"而中止学生讨论。

不过，当然也不能任课堂信马由缰。当大家明确了"只有人才能够爱"的真正含义后，讨论就应该回到刚才的"轨道"，接着讨论：为什么奶奶和父亲要用童话来解说爱情？

于是，我很自然地接着刚才的话说："这还有个问题，讲童话，那么童话有什么特点呢？为什么不用小说？或者……"

我发现蒲柄升又举手了。我笑了："我鼓励你，给你点阳光，你就灿烂。我话都还没说完，你就举手了。那你说！"

他不好意思地笑了："那你先说完吧！"

"哦，让我说完？你很尊重我。"我笑了。

同学们也笑了。

……

我问：“喜欢和爱有什么不同呢？”

一个女孩说：“喜欢就是泰坦尼克号那种，情不自禁地一往情深……”

她语速很快，再加上有大家的笑声，我没听清她说的几个字，于是我说：“别忙，我没听清楚，请你再重复一遍，好不好？”

她稍微放慢了语速，说：“喜欢是放肆，爱情是克制。”

“哦，喜欢是放肆，爱情是克制。非常好！好像你经历过一样。”

全场再次爆笑。女孩赶紧声明：“没有没有。”

大家笑得更厉害了。

我说：“爱情的特点就是含蓄。你们说得都非常好，刚才你们的发言升华了我对爱情的认识。”

孩子们又开心地笑了起来。

“刚才蒲柄升说到了两个词，喜欢和占有。”我说，“他说喜欢呢是占有。这个道理啊，比如说这个文具盒，（我顺手拿起面前学生课桌上的一个文具盒）喜欢就是想方设法把它变成自己的，哦哟，如果到文具店去——这文具盒多好啊，我太喜欢了，（学生笑）于是把它买下来。哦哟，这支笔也不错耶！（学生大笑）我喜欢它，怎么办？买呀！这个书也不错，太喜欢了，买下来！哎哟，这个小孩儿也不错！（我摸摸前排一个男孩的脑袋，全班大笑），怎么办？买下来？（爆笑）那不行，那成了人贩子了！”

孩子们还在大笑。

我停顿了片刻，放慢速度，很郑重地说：“但是！爱是付出。有一个俄国作家车尔尼雪夫斯基，他说，所谓爱，就是给你爱的人一切。就是付出啊。”

再次停顿片刻，让孩子们回味这句话。

然后我缓缓说：“我今天有个故事，不管时间多紧，我都要讲：喜欢是占有，爱是付出。”我一边说一边打出 PPT。屏幕上出现了一条长长的长满青草和苔藓的石阶路，一级一级，由下而上，一直延伸到山巅的天尽头。

看到 PPT 上的图片，孩子们议论起来。

我指着画面，问：“知道这个故事吗？谁能够讲一讲这个故事？”

好几个同学举手。我请其中一位：“你讲。”

一位女生站起来说："这条路叫'爱情天梯'。一对夫妇在山上生活，这个老爷爷为了方便他的妻子每天上下山，就为他妻子一阶一阶打出了这个台阶。"

我问："多少级？知道吗？"

女生说："6 000 多级。"

我说："对，6 000 多级！这就是付出，几十年的付出。这件事发生在离这儿不远，江津的中山古镇。男主人公叫刘国江，在他 6 岁的时候，村子里一个叫徐朝英的姐姐 16 岁了，结婚了。那时候刘国江的牙，磕坏了。当地的风俗是，如果新娘摸一下他的嘴巴，牙就会长得快一些。那天是他们第一次见面，这个姐姐就摸了一下这个小弟弟的嘴巴。后来，徐朝英 23 岁的时候，丈夫因患脑膜炎离开了她，留下了 4 个孩子。她 26 岁那一年，有一次徐朝英和孩子不小心落水了，刘国江奋不顾身把他们救起来。那一刻，他们互相看了对方一眼，就有了羞涩的，发自内心的一种——这叫什么？"

学生们说："爱情。"

我说："对，爱情，倾慕嘛！对不对？ 1956 年，徐朝英 29 岁，小伙子 19 岁。是小伙子，后来徐朝英就一直把她的老公叫作'小伙子'，叫到生命的最后一刻。她是个寡妇，带着 4 个孩子，他们俩肯定受到世俗的不容，于是他们毅然出走，1956 年到了深山老林。为了她出行方便，他给她筑了爱情天梯。这一筑就是半个世纪。2007 年，小伙子不幸猝死，徐朝英非常难受，家里的人要把她接下来住，她说不，我就要守着小伙子。她经常唱一首当地的民歌，就在她老公的病床前唱……"

全场一片肃静，孩子们都被打动了。

我吟诵那首民歌——

> 初一早起去望郎，
> 我郎得病睡牙床。
> 衣兜兜米去望郎，
> 左手牵郎郎不应，
> 右手喂郎郎不尝。

我问郎想吃哪样，

郎答应：

百般美味都不想，

只想握手到天亮……

宁静。孩子们一双双眼睛凝视着我，脸上呈现出感动。

“非常感人！后来他们的故事感动了很多人。”我打开 PPT，“来看看他们的照片。”

一张一张的照片，展示着两人从年轻到晚年的情感与生活。“看，这是年轻时的照片，这是他们在山上的时候……几十年的相守没有变，这叫什么？”我问。

大家情不自禁地齐答：“忠诚。”

“对，忠诚。后来‘小伙子’离开人世了，老婆婆在山上守着他，这叫什么？”

“心灵的追念。”孩子们说。

“这就是爱情！”我说道，并继续展示着一张一张的照片，“你们看。再后来，他们的故事感动了很多人，拍成了电影，名字就叫作——你们有时间可以到网上去搜，名字就叫《爱情天梯》，是一部电影，可以看一看。再后来，这里成了旅游景点。”

大家笑了。

“但是，”我很认真地说，“我个人觉得，现在的年轻人只把它当作旅游景点，这对老夫妇用一生的时间在用朴素的生活印证什么是爱情。可爱情本身不是看风景。”

没有笑声，没有议论。孩子们在沉思。

我说：“今天这课堂的内容就讲到这儿，我给大家讲一些课堂以外的东西。”我通过 PPT 打出了苏霍姆林斯基的肖像。

我充满感情地说：“苏霍姆林斯基是乌克兰一位非常了不起的教育家。”我继续翻着 PPT，展示出一张张照片，并解说道，“这是他的全家福，这是他女儿卡娅。多幸福的女儿，多优秀的父亲！苏霍姆林斯基是对中国中小学教师影响最大的一位国外教育家，我相信你们的老师肯定读过他的书。我一直很仰慕苏霍姆林斯基。1998 年我到北京出席纪念苏霍姆林斯基八十华诞的会议，我见到了苏霍姆林斯基的女儿，那年她 52 岁。我发了言以后，讲了我们班的故事，她很感动，还给我写了一封信。当时我看不懂，因为全是乌克兰语，后来北京师范大学的赵玮教授给我做了翻译。”

我在屏幕上打出了卡娅写的那封信的中文版——

亲爱的李：

听了您刚才充满激情和爱心的发言，我很感动。您是一位真正的教师！

您把您的热情传播给您的事业，您把您的爱心传播给您的学生。我相信，您是很幸福的人。

您是中国的苏霍姆林斯基式的教师。虽然您与我父亲苏霍姆林斯基年龄相差很大，中国和乌克兰相距遥远，但您是苏霍姆林斯基的亲人，是他最亲近的人！

我代表我的亲属向您表示敬意，我代表乌克兰人民向您表示敬意，我向您深深的鞠躬！

奥丽佳·苏霍姆林斯卡娅

1998 年 11 月 27 日

我说：“我很感动，感动的不是她给我评价很高，而是我得到了苏霍姆林斯基亲人的认可。从此以后，我和卡娅开始了友谊的交往，我们结成了朋友。”

我继续展示老照片：“这是我们第一次见面拍的照，1998 年的照片。这是我们一起登长城。后来她送了我一本书，就是苏霍姆林斯基为他的学生写的，上千部童话小说的合集。她说，送给你的女儿作为生日礼物，因为她从聊天中得知我女儿生日快到了。第二次见卡娅是在 2004 年。去之前，我还在我班上对高一学生上了这堂课，同学们听说我一周后要去见苏霍姆林斯基的女儿，就给她写了封信，请李老师带给卡娅。”

屏幕上打出了这封信的片段——

敬爱的苏霍姆林斯卡娅女士：

您好！

我们是中国四川成都市的中学生，我们从班主任李镇西老师的口中知道了您的父亲苏霍姆林斯基，他对我们有很大的影响，特别是他给您写的那封关于爱情的信，给我们留下了十分深刻的印象。我们还将那封信改编成了话剧，表演获得了成功。

我们虽然生活在不同的国度，但我们读到了您父亲的文章，我们仿佛成长在同一片天空下，接受着同样的爱心教育。我们很感谢您的父亲，是他教会了我们什么是人性美。我们因能得到您父亲的教育而感到荣幸。我们相信您不仅是个幸福的女儿，同样也是一个伟大的母亲，因为您曾受到了这世上最好的教育。今天我们因能结识您而感到荣幸。

李老师曾对我们说过这样一句话："让人们因我的存在而感到幸福！"您的父亲就是这样的一个人，在他担任校长的时候，他的身旁总是围绕着一大群孩子，孩子们之所以喜爱他，是因为他是用一颗童心与孩子们交流。这点从他给您写的信中得到了充分的证明。……他一直都倡导要保持一颗童心，这是我们最敬佩他的地方。

……

我说："这信比较长，我就不读了……其中有这样一句话，'让人们因我的存在而感到幸福'。这是我给我历届学生的见面礼，今天把它作为见面礼送给你们。我们一起把这句话说一遍，好不好？"

全班同学齐说："让人们因我的存在而感到幸福！"

"现在这句话，成了我们学校的校训。"我说。

"后来我把这封信带给卡娅，这是 2004 年在江阴。"我继续展示图片，"这是她在下面听我演讲。我问卡娅，你是什么时候谈的恋爱。她说，我是该谈恋爱的时候谈的恋爱。我说，为什么你父亲要给你写这封信呢？她说，当时我住校，离家很远，所以父亲给我写信，但更重要的是，当时我父亲是个教育家，他借给我写这封信表明他爱情教育的一些观点。就是说，这不是一封普通的家书，不是父亲给女儿写的普通的信，而是在表达一种爱情观，一种爱情教育观。所以他这封信穿越时空，穿越国度，影响了今天的孩子。”

我继续展示并解说照片：“后来，2008 年我到乌克兰，到了苏霍姆林斯基的学校巴甫雷什中学，我和卡娅在种树。又过几年，第四次再见到卡娅，大概是 2012 年，我们在浙江。有一件事很巧，苏霍姆林斯基的生日是 9 月 28 日，和孔子同一天。我的生日和卡娅是同一天。”

大家笑了。

“而且按中国的说法，”我说，“我们都是属狗的，但她比我大 12 岁。”

我展示出一张卡娅给我的信的照片：“那天（注：这里的时间我没交代清楚，其实是 2004 年在江阴的时候，而不是 2012 年在浙江），我要走的时候，卡娅给我一封信，说，我给你的学生写了封信。”

我展示并全文朗读这封信——

亲爱的孩子们，你们好！

（刚读个开头，我便忍不住评论道：“我觉得这封信是写给所有中国学生的，不只是写给我的学生的。”）

十分感谢你们给我的来信，你们在信中言辞关切，充满温情，并谈及了苏霍姆林斯基和李镇西。我想在复信中给你们写几句话，谈谈我对生活、学习、学校和老师的看法。谈到生活，我想引用苏霍姆林斯基对此用过的词“需要—困难—美好”。

生活总是给我们提出任务、问题和课题，我们需要完成和解决它们，那就不会那么容易，就会遇到困难，必定要锤炼意志，开动脑筋，耗费心血。而当这些问题被解决的时候，那就会感到克服困难取得成功和胜利的欢乐与美好。生活能如此展开，日复一日，月复一月，年复一年，直至一生，那就是充满希望、胜利和成就的一生，无悔无愧的一生。

（我暂停了朗读，评论道：“就是人的一生，就是一个个困难的克服与战胜，和一个个成功与喜悦的伴随。”）

当然，上述胜利和成就对于他人来说也许会是微不足道的，但它们对于你们每个人自己却是至关重要的。学习和学校就能帮助人们正确地生活。在我看来，应当在学习中找到愉快，应当有一门喜爱的学科，（我又忍不住插入感想：“你们想想，我们有没有学习的愉快？我们有没有自己喜爱的学科？”）即学习这门学科使你会因取得成功而欢乐。其实，没有什么比求得新知更幸福的了！苏霍姆林斯基正是这样认为的，他说，我相信取得新知的欢乐。当一个人开动脑筋，善于思维，积极探求时，他一定是一个幸福的人。（我提醒道：“半夜做出了一道题，攻克了一道难关，你会觉得自己很了不起！”）

在上述生活道路上，老师会对你们提供帮助。任何人也不会像老师那样信任你们，任何人也不会像老师那样努力把自己的知识和心灵贡献给你们！

我坚信，你们将会成长为真正的人，（联想今天的课文，我说：“我们来回忆一下，‘真正的人’是什么意思？有智慧，有责任。”）成为忠于祖国的爱国者，成为世界公民，（我特别提醒：“注意，我们不要闭关自锁，一定要有开阔的视野！”）成为很好的朋友，成为充满爱心的父母双亲！

祝你们万事顺意！

奥丽佳·苏霍姆林斯卡娅

2004 年 11 月 11 日于中国华西村

“我想，这段话也是写给每个中国学生的。”我以这句话结束了我的朗读。

其实这封信我读得并不好。我心里有点担心时间不够，所以语速较快，影响了这封信本身的感染力。如果我读得从容一些、舒缓一些，自然会让孩子们一边听一边思考，那效果会非常好。但很遗憾，我没做到。

读完了信，我对孩子们说：“我今年从教 34 周年了，进入第 35 年。当我第一次教我的学生的时候，他们就像你们这么大；但现在，他们的孩子都像你们这么大了。他们经常带孩子来看我，他们的婚礼也曾邀请我参加。我就想到了苏霍姆林斯基曾经给他的毕业学生说过这样的话：‘当你们带着孩子来上学时，我们教师中的许多人还是在学校工作，要知道我们将在你们孩子的身上，看到你们优良品格的反映，但愿这种反映将是纯洁无瑕的。’这就是教育，这就是人类真善美的传递，包括爱情的传递。”

最后，我对孩子们深情地说，“我们今天在这儿上这堂课，它会成为历史。再过 10 年、20 年、30 年，你们长大以后会想到，当你谈恋爱的时候，当你成为爸爸妈妈的时候，你会想道：‘哦，在那一年，有个李老师给我们上过一篇课文，告诉我什么是爱情！’”

安静——孩子们好像正沉浸于遐想。但我不想这堂课结束得这么严肃，于是调侃了一句：“当然，可能那时候这个李老师已经去世好多年了。”

孩子们笑了。

“然而我相信，”我说，“人类的一些品质、精神、灵魂，会永远延续下去！——下课！”

台下响起了热烈的掌声。

附：

致女儿的信

［苏联］苏霍姆林斯基

亲爱的女儿：

你的问题使我心情非常激动。

今天你整整 14 岁了。你正跨越一个界限，越过它你就是一名成年女性了。你问我：“爸爸，什么是爱情？”

一想到我今天已不是跟一个稚幼的孩子在说话，我的心就跳得越发欢快。你在跨越这个界限，愿你幸福。但做一个幸福的人，只能是在你成为有智慧的人的时候。

千百万妇女，尤其那些14岁的少女，怀着一颗忐忑的心在思考着：什么是爱情？对此各有各的理解。每个男青年，当他们已萌发成年男人的气质时，也都在思考着这个问题。现在，亲爱的女儿，我给你的信再不是从前那种信了。我的夙愿是把生活的智慧，也可称为生活的本事传授给你。但愿父辈的每一句话如同一颗小小的种子，从中萌发出你自己的观点和信念的幼芽。

从前，这个问题也同样使我不能平静。在我少年和进入青年早期的时候，祖母玛丽娅是我最亲近的人。她真了不起。我心灵中所获取的一切美好的、智慧的、诚实的东西都应该归功于她。她在战前去世了。是她在我面前打开了童话、祖国语言和人类美德的世界。有一次，在初秋宁静的傍晚，我和她坐在一棵枝叶繁茂的苹果树下，望着向温带飞去的鹤群，我问道："奶奶，什么是爱情？"

奶奶善于用童话解释极其复杂的难题。她那双乌黑的眼睛显露出沉思和不安的神情，不知为什么她用一种特别的、从未有过的目光看了我一眼。

"什么是爱情？……在上帝创造世界时，他就把一切生物分散安置在地上并且教会他们传宗接代，繁衍自己的子孙。给男人和女人都分土地，教给他们如何筑造窝棚，又给男人一把铲子，女人一把谷粒。'生活下去，繁衍你们的后代吧。'上帝对他们说，'我去忙自己的事了。一年以后我再来看看你们这里的情形。'

"刚刚过一年，上帝带着大天使加夫里拉来了。那正是清晨，太阳升起的时候。他看到，窝棚旁坐着一个男人和女人。他们面前的田地里是一片成熟的谷物。而在他们旁边放着一只摇篮，摇篮里躺个熟睡着的婴儿。那男人和女人一会儿望望天空，一会儿你看看我，我看看你，相互传情。在他们目光接触的刹那间，上帝从那目光中发现了一种他所不理解的美和某种从未见过的力量。这种美胜过天空和太阳、大地的麦田——胜过上帝所创造的一切。这种美使上帝迷惑不解，惊慌不已。

"'这是什么呀?'他向大天使加夫里拉问道。

"'这是爱情。'

"'爱情'是什么意思?

大天使无可奈何地耸耸肩头。上帝走到男人和女人面前追问他们,什么是爱情。可是,他们也无法向他解释。于是上帝勃然大怒。

"'好呀!看我不惩罚你们才怪!从现在起你们就要变老。一生中的每时每刻都将消磨你们的青春和力量直到化为乌有!50年后我再来,看看你们眼睛里还留存着什么东西,该死的人……'"

"上帝为什么要发怒呢?"我问了奶奶一句。

"是因为没有经过请示就创造了一种他自己闻所未闻、见所未见的东西。你还是往下听吧!50年后,上帝同大天使加夫里拉又来了。这次他看到,原来有窝棚的地方已盖起一幢圆木造的房子,荒地变成了果园,地里一片金黄色的麦穗,几个儿子在耕地,女儿在收麦子,孙子们在草地上嬉戏。老头儿和老太婆坐在屋前,时而望望红艳艳的朝霞,时而你看看我,我看看你,以目传情。上帝在这对男女的眼中看到了无与伦比的美和更大的力量,其中还含有一种新的东西。

"'这是什么?'他问大天使。

"'忠诚。'大天使答道,但还是解释不清楚。

上帝怒不可遏。

"'你老得还不够快吗,该死的人?你活不多久了。我还要来,看看你的爱情还能变成什么样!'

"3年以后,上帝带着大天使加夫里拉又来到这里。一看,有位男人坐在小土丘上。他一双眼睛充满忧郁悲伤的神情,但目光中却仍然使人感到一种不可理解的美和那种同过去一样的力量。这已经不仅仅是爱情和忠诚了,还含有别的东西。

"'这又是什么?'他问大天使。

"'心灵的追念。'

“上帝手抚胡须，离开了小土丘上的老头，举目向麦田、向火红色的曙光望去：金黄色的麦穗中站着许多青年男女，他们一会儿望望火红的天空，一会儿你看看我，我看看你，相互传情……上帝久久地伫立凝视着，随后深沉地思索着离去了。从那时起，人就成了大地上的上帝。

“这就是爱情，小孙子。爱情，它高于上帝。这是人类永恒的美和力量。人们世代交替，我们每个人都不免变成一抔黄土，但爱情却成为人类种族的生命力永不衰败的纽带。”

这就是爱情，亲爱的女儿。万物生存、繁殖、传宗接代，但只有人才能够爱。同样，从人本身来说，只有能以人的方式去爱的人，才成为真正的人。如果不善于对待爱情，便不能提高到人类美这一高度，就是说它还仅仅是能够成为人，但尚未成为真正的人的一种生物罢了。

（注：本文中学生名字均为化名）

提升教师

要读书，要如饥似渴地读书，把读书作为精神的第一需要。

——苏霍姆林斯基

你愿意去苏霍姆林斯基的学校教书吗？

一

我读苏霍姆林斯基的著作，常常被教育家宽广的胸襟、温和的性格、渊博的学识等人格魅力所打动，并不止一次傻傻地想，如果我能在巴甫雷什中学当一名老师，该多好！

我想，和我一样的中国读者也许不少吧？

但是，在巴甫雷什中学教书，需要怎样的条件呢？虽然我没有看到过巴甫雷什中学的招聘教师启事，但我从苏霍姆林斯基的《和青年校长的谈话》一书中找到了答案。

《和青年校长的谈话》是苏霍姆林斯基的代表作之一。但比起《给教师的建议》，该书的读者不是太多。这和书名有关，一般的教师一看到《和青年校长谈话》，可能就会想，我又不是校长，干吗要读这本书呢？其实，《和青年校长的谈话》虽然是写给校长的，但主要内容是指导校长如何培养教师——用今天的话来说，就是"提升教师的专业水平"，因此，《和青年校长的谈话》完全适合青年教师阅读。

苏霍姆林斯基对教师有怎样的要求？在《和青年校长的谈话》中，专门有一节"教师的教育素养"，我把这节的内容理解为巴甫雷什中学教师的"任职资格"。虽然时间已经过去 50 多年，但苏霍姆林斯基当年对教师教育素养的论述，依然适合于今天中国的教师。

二

"教育素养是由什么组成的呢？这首先就是教师精通自己所教的学科。"苏霍姆林斯基这样写道："我们认为务必使教师清楚地了解他在学校里讲授其基础知识的那门科学中最复杂的问题，了解这门科学的学术思想的尖端性问题。……也许有人反驳说，教师为什么要了解课堂上不教的而且和中学教材没有直接关系的那些东西呢？这是因为要让通晓学校教学大纲成为教师学识中最起码的东西。只有当教师的学识比教学大纲的范围广泛得多时，他才能成为教育工作的真正巧匠、艺术家和诗人。”①

在这里，苏霍姆林斯基所说的，当然有中国人所说的“你要给学生一碗水，自己就得有一桶水”的意思。但远不止于此，他还强调“了解这门科学的学术思想的尖端性问题”，即教师应该随时关注自己所教学科的前沿研究动态，把握最新的学术成果。

有一位朋友曾告诉我，多年前他在做一个手术的头天晚上，手术医生给他电话说，手术时间暂时往后延几天，因为医生刚刚阅读了一个相关的最新医学成果，他打算调整手术方案。当时我就想到了教育。我们一些教师教了几轮毕业班，就觉得教材知识“不过就是小菜一碟”，然后循环吃老本，再不关注所教学科的学术发展。在信息时代，这是一个老师致命的问题。你不但很快会被新的知识淘汰，也会被你新的学生所淘汰。

用一句通俗的话来说，就是作为一个教师首先得有学识，而且是渊博的学识。学富五车，而又有见识，在课堂上必然举重若轻，游刃有余。苏霍姆林斯基的原话是：“教育工作的能手对本门学科的基础知识十分精通，以致他们在课堂上、在讲授教材过程中，可以不把注意力的中心放在所教的知识上，而是放在学生身上，放在学生的脑力劳动、思维活动以及他们在脑力劳动中所遇到的困难上。”②

三

20 多年前第一次读到这段话时，我非常震撼，因为我想到了自己。刚工作时上课，的确就是随时提醒自己别讲错了，课堂上总是小心翼翼地想到知识本身的正确与讲授的清晰，完全没有精力去关注孩子们的“脑力劳动、

① 苏霍姆林斯基. 和青年校长的谈话[M]. 赵玮，等译. 上海：上海教育出版社，1983：62.
② 苏霍姆林斯基. 和青年校长的谈话[M]. 赵玮，等译. 上海：上海教育出版社，1983：63.

思维活动”。如果说我也关注学生，也最多是看他们是否遵守听课纪律而已。但随着时间的推移，我在课堂上越来越不在意自己讲什么，而是在乎学生的状态——他们的表情、他们的眼神、他们的豁然开朗、他们的迷惑不解……我这样说，并非意味着我不注重知识的准确性，而是因为知识已经进入了我的血液，讲述这些知识成了我的一种“不假思索”和“情不自禁”，就像我骑自行车一样，不是我不关注前面的龙头和脚下的踏板，而是这一切动作都已经成了连贯性的本能，我无须考虑都不会有任何操作失误，我只需要关注方向和随时可能出现的意外情况。

所以，就课堂教学而言，是关注自己所讲的知识呢，还是眼前的学生？这是一个新手和成熟教师的重要区别之一。

四

那么，如何才能让教师拥有深厚的学科素养呢？苏霍姆林斯基的答案很简单：“这就要读书，读书，再读书！——这是教师的教育素养这个品质所要求的。要读书，要如饥似渴地读书，把读书作为精神的第一需要。对书本要有浓厚的兴趣，要乐于博览群书，要善于钻研书本，养成思考的习惯。”①

关于阅读对教师的重要性，无须论证。钱梦龙老师 26 岁就被打成“右派”，20 多年后复出，凭一堂《愚公移山》的教学而轰动全国语文教育界。我曾问他：“那 20 多年您是怎样度过的呢？”钱老师回答：“我就做了一件事：读书。”可见，《愚公移山》教学“轰动”的背后是 20 多年阅读的厚积薄发。我曾请第一季《中国诗词大会》上大放异彩的金牌擂主、四川省成都市新都一中的语文教师夏昆来为我团队里的年轻教师做讲座。他的题目是：“教师真正的‘绝活’——读书”。无论是著名的钱梦龙老师还是不那么著名的夏昆老师，他们的阅读经历告诉我，所谓“教师的专业成长”，其实主要途径就是苏霍姆林斯基所反复强调的：“读书，读书，再读书！”

在给教师们的读书建议中，苏霍姆林斯基除了强调本学科的知识外，还

---

① 苏霍姆林斯基. 和青年校长的谈话[M]. 赵玮，等译. 上海：上海教育出版社，1983：65.

特别注重与研究儿童有关的书籍。他说："解剖学、生理学、心理学和缺陷学等方面的书籍，应当是一个善于思考、进行创造性工作的教师的案头必备的书籍。"①

五

苏霍姆林斯基把有关研究学生生理和心理的著作提到如此重要的高度，可能会让一些教师感到意外，比如我，当年读到这里就有些吃惊。在我看来，有关儿童心理和生理的研究书籍当然是应该读的，但为什么苏霍姆林斯基将它们列为教师"案头必备"的书籍呢？后来和苏霍姆林斯基的女儿苏霍姆林斯卡娅接触后，她告诉我，由于正是长身体的时候遇上了乌克兰大饥荒，苏霍姆林斯基从小体质比较弱。他由自己的成长经历得出结论，孩子的生理、心理的健康，是教育者首先应该关注和研究的。通过对大量"困难学生"的研究，他发现，许多孩子之所以学习吃力，不一定是老师所想象的"懒惰""怕吃苦"，而很多时候是孩子在生理、心理方面有缺陷。所以，苏霍姆林斯基提倡的阅读是和教育实践、和每一个儿童的成长密切相关甚至相连的。

比如，关于心理学和缺陷学，苏霍姆林斯基这样写道："心理学的实际应用是跟缺陷学密切配合的。缺陷学不单是有关智力落后儿童的一门科学。缺陷学的知识有助于分析某些儿童在进行脑力劳动过程中所碰到的困难。我们把在心理学和缺陷学理论方面最有基础的教师组织成一个教学法小组，它的任务之一就是提出如何对能力较差的儿童进行教学的咨询性的建议。这个小组根据医学检查的客观资料进行分析，竭力去查明导致儿童学习困难的原因。同时，特别注意研究儿童感知周围世界各种事物和现象的特点，分析他们的思维、言语、记忆和注意的特点。我们称这个小组为心理学小组。个别儿童连续几年处于这个小组的监护之下，没有小组的意见，不允许采取任何可能影响儿童今后命运的措施。"②

---

① 苏霍姆林斯基. 和青年校长的谈话[M]. 赵玮，等译. 上海：上海教育出版社，1983：67.

② 苏霍姆林斯基. 和青年校长的谈话[M]. 赵玮，等译. 上海：上海教育出版社，1983：68.

六

今天再读这段话，我很自然地想到了，现在不少教师依然把“后进生”成绩差的原因仅仅归为“态度问题”，还有不少教师把一些孩子的异常行为，理解为“品质问题”。当然，的确有的学生之所以差，的确是因为这方面的原因，但只要我们真正深入研究——而且是专业地研究，就会发现在很多时候对不少“后进生”来说，他们的“差”源于某种生理或心理的疾病。现在越来越多的孩子被查出有自闭症、多动症、感统失调症、抑郁症等疾病，还有由生理缺陷所带来的学习障碍等。南京市芳草园小学有一位叫郭文红的优秀的数学教师和班主任，因为她自己有听力残疾，便特别理解那些学习困难和表现不佳的孩子。她为了研究和转化他们，甚至专门看了一些医学方面的专业书，然后有针对性地进行引导、矫正和转化，不少“特殊儿童”在她的班上都得到了不同程度的转变。今天，我们回头看 50 多年前，苏霍姆林斯基对心理学和缺陷学书籍的重视，多么超前！

如果一个孩子身体健康，那么他学习成绩不好是否就是因为“不刻苦”呢？苏霍姆林斯基也没有这样简单地认为，他从孩子心理的角度分析，认为“兴趣”“愿望”“成就”之间有着密切的联系。他这样写道：“学习成绩不好，远非都是因为孩子不刻苦学习造成的。……要知道，儿童就其天性来说，是爱学好问，有很强烈的求知欲的。刚入学的时候，他那双眼睛总是流露出求知的渴望。”①

七

那么为什么后来这些孩子“不爱学习”了呢？

苏霍姆林斯基说：“学生首先是一个人，是一个劳动者。一个人只有当他能在劳动成果中看到自已所付出的精力时，才能顺利地完成任何一项长时期的劳动（而学习这项劳动，其时间之长简直使孩子看不到尽头）。换句话说，在学习中取得成绩，这是产生学习愿望的源泉。学习毫无成果则会扼杀

① 苏霍姆林斯基. 和青年校长的谈话[M]. 赵玮，等译. 上海：上海教育出版社，1983：74.

一个人学习知识的兴趣。”[①]

我的亲身经历，可以作为苏霍姆林斯基这段话的佐证。

几年前的一个寒假，表妹来我家玩。她的女儿特别伶俐可爱，上小学一年级——刚读了一学期。问及学习，侄女儿天真烂漫地告诉我：“我语文考了 99.75 分！”我一惊：还有这种分数？小学一年级的期末考试分数居然精确到了小数点后面两位数！

“这 0.25 分是怎么扣的呢？”我问侄女儿。她说：“因为我错了一个字。”

表妹说起女儿的学习便叹息道：“作业太多太多，数学还好一些，语文作业每晚上要做到 10 点半。最后实在做不完，我和她爸只好帮她做。苦啊！”

简直是骇人听闻！才一年级啊，哪有那么多作业呢？我问都是些什么作业，表妹说：“抄汉字笔画，比如一横，就要抄好几页；一竖也要抄好几页，还有撇，还有捺……这么一下来，有 20 多页！每天的作业除了老师在教材上勾画的题，还有统一订购的辅导资料上面的题。”

我的天啊，才小学一年级的孩子啊，就跌进了“题海”。

我终于明白孩子的学习兴趣是怎么被败坏的了。

八

我又想到我一个广东的朋友，他的孩子也是刚读小学。有一天回来对爸爸说：“爸爸，我们今天上数学课，上了一半，老师说让我们出去玩，我们都好高兴哦！”又一天中午回家吃饭时很开心地对爸爸说：“爸爸，今天下午老师都要开会，我们不上课，好爽哦！”

孩子之不喜欢学习，溢于言表，毫不掩饰。

而苏霍姆林斯正是努力保护孩子的学习兴趣和学习愿望，努力让他们有学习上的成就感。他说，“真正的教育智慧在于教师从来不给学生打‘2’分，而是经常激发他要做一个好学生的愿望。有经验的教师就是这样做的：当一个学生还做不好作业时，教师就不给他打任何分数，永远不堵塞他争取好成

① 苏霍姆林斯基. 和青年校长的谈话[M]. 赵玮，等译. 上海：上海教育出版社，1983：74.

绩的道路”。①

这样的忠告，对今天中国许多教师来说，是多么的重要啊！

我经常看到一些类似“如何培养学生学习兴趣”的论文，每当看到标题，我就想，应该研究的是：“学生的学习兴趣是如何丧失的？”

如果没有对儿童心理细致入微的了解、理解与分析，教师就只能简单肤浅地责怪学生“懒惰”“不刻苦”。这也是苏霍姆林斯基特别注重巴甫雷什中学教师阅读心理学著作的原因。他说：“没有扎实的心理学基础，就谈不上教育素养。”②

九

苏霍姆林斯基对巴甫雷什中学的老师还有一个非常重要的要求，就是语言修养。他说：“语言修养，这是教育素养的又一个方面。”③

这里，苏霍姆林斯基主要是指教师的课堂语言修养。对这个问题的发现和重视来自作为校长的苏霍姆林斯基听课的感受。他回忆说：“20 年前我听一位教师的课，观察孩子们是怎样感知新教材的。我注意到学生们听课时很费劲，下课时简直是精疲力竭了。我开始细心听教师（他教生物）的言语，结果使我大为吃惊。他讲的话是那么混乱而又缺乏逻辑性，讲的意思是那么模糊不清，一直使那些第一次感知某个概念的孩子，必须费很大的劲才能领会到一点点东西。所以孩子们才这样疲倦。”④

苏霍姆林斯基花了大量的精力解决教师的语言修养问题。用他的话说：“教师的语言修养问题，也同其他一些重要问题一样，成了我们全体教师十分关心的问题。我们致力于解决这个问题已达 25 年之久。”⑤

作为教学语言，苏霍姆林斯基对教师们的要求是：鲜明、确切、简洁。“我们分析了各科教学大纲和教科书，共同思考了如何找到最鲜明、确切而

① 苏霍姆林斯基. 和青年校长的谈话[M]. 赵玮，等译. 上海：上海教育出版社，1983：75.
② 苏霍姆林斯基. 和青年校长的谈话[M]. 赵玮，等译. 上海：上海教育出版社，1983：67.
③ 苏霍姆林斯基. 和青年校长的谈话[M]. 赵玮，等译. 上海：上海教育出版社，1983：75.
④ 苏霍姆林斯基. 和青年校长的谈话[M]. 赵玮，等译. 上海：上海教育出版社，1983：76.
⑤ 苏霍姆林斯基. 和青年校长的谈话[M]. 赵玮，等译. 上海：上海教育出版社，1983：77.

又简洁的语言外壳，使儿童形成关于一些事物和现象的表象，例如天空、田野、草原、灌木丛、沙漠、火山、初寒、土壤肥力、收成等。所有这些似乎都是很普通的东西，但是当我们试图为其中每个事物创造一个能让儿童容易明白的鲜明的语言形象时，才感觉到这件事并不那么简单。”①

十

的确“不那么简单”。我想到了自己的年轻时代，刚工作时我就发现自己的口头表达有严重的缺陷：枯燥、啰唆、语速太快，有时候还有些结巴……常有学生直率地对我说，他们“听不清楚”我讲的课。一度我很是自卑。正是读了苏霍姆林斯基关于语言修养的忠告，我决心努力克服自己的口头表达弱点。我从学校电教室搬来笨重的录音机，将我每堂课的实况录下来，晚上认真听我课堂上的每一句话，常常听得我羞愧万分。但正是这样的努力，我的教学语言有了很大的提高，我的语文课也越来越受学生的欢迎。

后来我当了校长，我也特别重视教师的课堂教学语言。我经常给老师们说，教师除了有丰厚的知识储备，还应该有一副好口才。课堂语言首先要准确而清晰，让学生听明白。在此基础上，还要能吸引学生，即抓住他们的心，让他们情不自禁地凝神谛听：或丝丝入扣，或诙谐幽默，或慷慨激昂，或娓娓道来，或发人深省，或令人开怀……总之，语言一定要有感染力。

我和我校教师的教学实践不断证明着苏霍姆林斯基的话：“教师的语言修养对学生在课堂上的脑力劳动起着决定性的作用。”②

苏霍姆林斯基那个时代还没有互联网，也没有笔记本电脑，所以现在教师所必需的信息技术能力，还不在苏霍姆林斯基说的“教师教育素养”中；而且教师的教育素养还包括对职业的高度认同、对儿童的爱、对人的研究能力、健康的人格心理品质、强壮的身体，等等。这些在苏霍姆林斯基著作中都有充分的论述。但是，当苏霍姆林斯基作为校长在思考教师的教育素养提升时，他首先想到的就是精深的专业知识、广博的专业阅读和高超的专业语

① 苏霍姆林斯基. 和青年校长的谈话[M]. 赵玮，等译. 上海：上海教育出版社，1983：77.
② 苏霍姆林斯基. 和青年校长的谈话[M]. 赵玮，等译. 上海：上海教育出版社，1983：78.

言。其实，这三条并不高深的常识却容易被人忘记，所以苏霍姆林斯基特别强调："这里所谈的都是早为人们所知的一些最基本的道理……然而，说来奇怪，在一些学校的生活里，有时连最基本的、最普通的真理都被忘记了。"[①]

这对今天的中国教师，不依然也有着强烈的针对性和指导意义吗？

对照苏霍姆林斯基对教师的教育素养要求，你愿意去苏霍姆林斯基的学校教书吗？

① 苏霍姆林斯基. 和青年校长的谈话[M]. 赵玮，等译. 上海：上海教育出版社，1983：62.

苏霍姆林斯基是如何给教师“减负”的？

一

目前中国的教师们特别烦心的可能首先不是来自学生的问题，而是各种任务——检查、验收、展示、汇报、评估，还有填表、打卡、拍照……这些事严重干扰了教师正常的教育教学工作，甚至影响到了教师们对职业的情感。

我想，如果中国教师读到苏霍姆林斯基《和青年校长的谈话》中的这些话，将会怎样地感慨——

> 人们经常听到关于教师应该这样那样的许多要求。比如说：教师应该好好备课；教师在走进教室时应该把一切个人的和家庭的苦恼和不幸丢在门外，面带笑容站在孩子们面前；教师应该善于找到通往每个孩子心灵的门径；等等。但是我们常常忽略了一点，就是我们（校长、党组织、社会各界）应该给教师一些什么。例如，为丰富教师的精神生活创造环境和条件，使他不要白白地耗费精力和宝贵的时间，去做那些琐碎无用和妨碍他的创造性努力的事。①

“为丰富教师的精神生活创造环境和条件，使他不要白白地耗费精力和宝贵的时间，去做那些琐碎无用和妨碍他的创造性努力的事。”这话可真是说在今天教师的心坎里啦！

苏霍姆林斯基继续写道：

> 这里的问题首先在于如何保证教师自由支配的时间，它对于不断丰富教师的精神世界，像空气对于人的健康一样必不可少。教师没有自由支配的时间，这对于学校是真正的威胁。②

---

① 苏霍姆林斯基. 和青年校长的谈话[M]. 赵玮，等译. 上海：上海教育出版社，1983：80.
② 同上。

“教师没有自由支配的时间，这对于学校是真正的威胁。”击中了今天某些学校的要害。

从苏霍姆林斯基的这些话，我估计当时苏联的中小学教师负担也不轻。所以，作为校长的苏霍姆林斯基也面临一项工作：为教师“减负”，即让教师拥有“自由支配的时间”。

二

苏霍姆林斯基是怎么做的呢？

他首先分析原因：“为什么教师没有自由支配的时间呢？原因很多。我认为，最主要的是，由于家长的教育素养很低和缺乏责任心，教师就往往不得不承担本来应该由父母担负的义务。”①

看来当时苏联教师的负担主要还是来自家长的不作为。因为他们不作为，教师的负担自然很重了，也就没有了自己“自由支配的时间”。

针对这个问题，苏霍姆林斯基非常重视家长工作，花了大量的精力来提高家长素质，增强他们的责任心，并进行教育技能培训。为此他专门办了家长学校，教育和培训了一届又一届的学生家长，甚至孩子还没上学，巴甫雷什中学便要求即将就读的孩子父母参加家长学校。这个学校都是晚上上课，苏霍姆林斯基本人和他的同事给家长们开设相关课程，这些课程涉及教育学、心理学、营养学，甚至病理学方面的常识。他还专门写了一本《父母教育学》，指导年轻的爸爸妈妈如何教育孩子。这些做法都收到了明显的效果：“家长关心自己子女的教育，就可以给教师空出时间来。”②

三

另外，苏霍姆林斯基发现：“教师还不得不花大半的业余时间，去给学习落后的学生补上以前荒疏的功课。”③他认为：“要使教师有自由支配的时

---

① 苏霍姆林斯基. 和青年校长的谈话[M]. 赵玮，等译. 上海：上海教育出版社，1983：80.
② 苏霍姆林斯基. 和青年校长的谈话[M]. 赵玮，等译. 上海：上海教育出版社，1983：81.
③ 同上。

间，就必须使学生按时完成他们应该完成的事情，及时而牢固地掌握知识，特别是掌握实际的技能，因为没有这些技能他们就无法学习。”①

为此，他又和教师们一起研究“后进生”，用了大量力气帮助学习困难的学生，包括能力的培养、作业量的把握，以及对学生责任心和自信心的培养。当然，还有一点很重要，就是创造条件鼓励学习吃力、成绩暂时落后的学生加强阅读。苏霍姆林斯基有一个很重要的观点：“阅读是‘困难’学生智力教育的重要手段。”他说：“问题不仅在于，阅读可以使学生摆脱成绩不良的状况，而在于，阅读可以发展学生的智力。‘困难’学生阅读的东西越多，他的思想就越清楚，他的智力也就越积极。”②

在《和青年校长的谈话》中，苏霍姆林斯基说：“我越来越认识到，一个人如果缺少真正的阅读，缺少那种震撼他的理智和心灵、激发他去深思生活和考虑自己前途的阅读，那将是很大的不幸。我们应当尽量让好书成为青少年的朋友，并使他们每天都跟这个朋友单独相处，哪怕一天只有一小时也好。”③

“困难”学生当然不可能一劳永逸地被全部转化，因为一届一届的学生中总会出现新的“困难”学生，但经过苏霍姆林斯基和同事们的努力，学校的“困难”学生减少到了最低程度。这是有数据和事实为证明的：“经过几十年的实践检验，他所领导的巴甫雷什中学，从一个普普通通的农村中学变成了一个人才辈出的模范学校。这所学校历年的及格率都达到 99.6% 以上，升入高等学校深造的人数也很多。但是，他并不以及格率和升学率来衡量自己教育工作的成败。他感到满意的是：他的每一个学生都成了全面发展的人，‘合格的公民’，每一个人都在生活中找到了他的条件许可的合适的地位，即能够成为科学家的成了科学家，能够成为集体庄员的成了有道德、有知识的普通劳动者。”④

---

① 苏霍姆林斯基. 和青年校长的谈话[M]. 赵玮，等译. 上海：上海教育出版社，1983：81.
② 苏霍姆林斯基. 给教师的建议：上[M]. 杜殿坤，译. 北京：教育科学出版社，1980：64.
③ 苏霍姆林斯基. 和青年校长的谈话[M]. 赵玮，等译. 上海：上海教育出版社，1983：97.
④ 苏霍姆林斯基. 给教师的建议：上[M]. 杜殿坤，译. 北京：教育科学出版社，1980：203.

四

苏霍姆林斯基发现，夺去教师们自由支配时间的还有各种各样的“公文写作”。他说：“领导学校工作的多年经验证明，必须保护教师，使他们从文牍主义中摆脱出来。”①

他明确规定：“当需要学校做出统计报表时，可以查阅班级日志；当需要学校做书面报告时，可以利用校长和教导主任的日常观察纪录。学校工作计划要由校长来拟订，而不是由各个教师写的东西拼凑出来。教师可以帮助校长考虑但不能替校长代写。教师在一学年里只写两份计划：一份是教育工作计划，一份是授课进度计划（这是一种从教学论方面对教材进行创造性加工的规划，其中包括发展学生的思维和言语，学生对教材的独立学习，学生的课外阅读，对个别学生的辅导等。这些都是教学大纲中没有的东西，因为大纲不可能考虑到每个具体班级和具体学生的特点）。这两份计划都是教师的很有意义的创造，它们不是为写而写的，而是进行创造性劳动所必不可少的工具。②”

他甚至说：“我们全校教师有一项规定，教师在上课以外参加其他活动（包括教学法研究会、校务委员会的会议、课外辅导工作）的时间，每周不得超过两次。”③

遇到了这样的校长，巴甫雷什中学的教师们多么幸福啊！

当然，前提是苏霍姆林斯基有权做出这些规定，也就是说他拥有校长应有的办学自主权。

五

苏霍姆林斯基让教师们有了“自由支配的时间”后，教师们除了正常的生活娱乐之外，最重要的事就是阅读。

苏霍姆林斯基说：“应当尽可能给教师留出更多的时间用于自学，让他

---

① 苏霍姆林斯基. 和青年校长的谈话[M]. 赵玮，等译. 上海：上海教育出版社，1983：82.
② 同上。
③ 同上。

们从书籍这个最重要的文化源泉中尽量地充实自己。这是全体教师精神生活的基础。”①

我想，苏霍姆林斯基对阅读重要性的论述大家已经很熟悉了，我这里不用多说，只引述他一段话。

> 真正的教师必须是读书爱好者：这是我校集体生活的一条金科玉律，而且已经成为传统。一种热爱书、尊重书、崇拜书的气氛，乃是学校和教育工作的实质所在。一所学校可能什么都齐全，但如果没有为了人的全面发展和丰富精神生活而必备的书，或者如果大家不喜爱书籍，对书籍冷淡，那么就不能称其为学校。一所学校也可能缺少很多东西，可能在许多方面都很简陋贫乏，但只要有书，有能为我们经常敞开世界之窗的书，那么，这就足以称得上是学校了。②

保证让教师们有“自由支配的时间”，用于读书，这就是苏霍姆林斯基为教师们“减负”的目的。

写到这里，我突然想，如果——我说的是“如果”——现在有中国的教师到苏霍姆林斯基的学校当老师，会不会也喊“累”呢？因为他对教师的阅读那么重视——2004 年 11 月，我和苏霍姆林斯基的学生和同事伦达克女士（从巴甫雷什中学考上大学，毕业后回到母校工作）聊天时，她告诉我：“苏霍姆林斯基在校园碰见老师最爱问的问题是你最近读了什么书呀？”（顺便“炫耀”一下，我当校长时也爱这样问老师）对于不爱读书的教师，这不是很重的“负担”吗？

所以，这也正是我的担心：我们现在呼吁给教师们“减负”，那么如果真的“减负”成功，教师们拥有了苏霍姆林斯基所说的“自由支配的时间”，会做什么呢？

六

我相信，绝大多数教师除了用于正常的娱乐、健身、旅游或自己特殊爱

① 苏霍姆林斯基. 和青年校长的谈话[M]. 赵玮，等译. 上海：上海教育出版社，1983：82.
② 苏霍姆林斯基. 帕夫雷什中学[M]. 赵玮，等译. 北京：教育科学出版社，1983：28.

好，比如画画、弹琴、钓鱼——这是理所当然的——之外，还会同样理所当然地用于阅读与写作、思考与研究，尤其是阅读。

恐怕有些教师不会这样，他们会把业余时间全部用于自己的爱好，有的教师甚至可能将“自由支配的时间”全部用于打麻将！

我这样的担忧是有依据的，的确有教师连正常的教育教学工作都不愿完成——苏霍姆林斯基还要求教师一年写两份计划呢——一份是教育工作计划，一份是授课进度计划。可见应该反对的是过量且没有实际意义的公文写作，而不是排斥一切应该有的写作，但有的教师一听学校要求交材料，便大叫“负担重”，对他们来说，就连备课写教案都是不应该的。不是曾经还有人呼吁废除手写教案吗？

要命的是，这样的教师虽然不是大多数（大多数教师的确还是敬业，而且非常渴望用“自由支配的时间”提升自己的专业素养），但是也绝非个别！

七

《给教师的一百条建议》中的第六条建议是：“从哪儿找时间？一昼夜只有 24 小时。”这是一个女教师给苏霍姆林斯基写信时提的问题。苏霍姆林斯基说：“是的，没有时间，这是教育工作的灾难。它不仅打击着学校工作，也打击着教师的家庭生活。教师同其他人一样，需要有时间照顾家庭和教育自己的孩子。”①

可见苏霍姆林斯基是非常注重教师的个人生活质量的，绝非要教师们都“无私奉献”。苏霍姆林斯基分析，教师之所以没有时间，除了我前面说的那些原因（家长不配合、“困难”学生过多、文牍主义盛行）之外，还因为有的教师花在备课上的时间太多，以致占用了太多“自由支配的时间”。

因此，解决备课时间太多也是苏霍姆林斯基“减负”的一个重要内容。那么怎么解决这个问题呢？他的答案很奇妙：用一生的时间来准备每一

① 苏霍姆林斯基. 给教师的一百条建议[M]. 周蕖，王义高，等译. 天津：天津人民出版社，1981：26.

堂课！

> 这种准备究竟是什么呢？这就是阅读。要天天看书，终生以书籍为友，这是一天也不断流的潺潺小溪，它充实着思想的“江河”。阅读不是为了明天上课，而是出自本性的需要、出自对知识的渴求。如果你想有更多的空闲时间，想使备课不成为单调乏味地坐着看教科书，那就请读科学作品，要使你所教的那门科学原理课的教科书成为你看来是最浅显的课本。要使教科书成为你的科学知识海洋中的一滴水，而你教给学生的只是这门知识的原理。到这个时候，备课就不需要花几小时了。[①]

没有自由支配的时间，还在于用于备课的时间太多，但为了让花在备课上的时间尽可能少，就需要花更多的时间读书。这就是苏霍姆林斯基“减负”的逻辑。

当然，这一切都是对真心热爱教育的教师说的。否则，就是对牛弹琴。

“教师没有自由支配的时间，这对于学校是真正的威胁。”这是苏霍姆林斯基说的；“教师有了自由支配的时间而不学习，这对于个人（教师本人和他教的孩子）是真正的威胁。”这是我说的。

① 苏霍姆林斯基. 给教师的一百条建议[M]. 周蕖，王义高，等译. 天津：天津人民出版社，1981：27.

引领家长

孩子的首席教养者、第一位教师，这就是母亲和父亲。

——苏霍姆林斯基

做孩子的“首席教养者”

我曾在有关家庭教育的报告中说过一句话：“学校教育非常重要，但无论多么重要，都只是家庭教育的重要补充。”

这显然不是我“首创”的观点，也不是谁“发明”的理论。我说的只是常识。

因为是常识，所以我原本没想过要专门撰文阐述——大家公认的常识，哪需要专门“阐述”呢？

但不久前，我的一位朋友对此表示不理解。当时我想，也许不理解这个常识的朋友还不止一个。说家庭教育重要，估计不会有人反对；但说重要到远在学校教育之上，有朋友就想不通了。所以还是有稍微说说的必要。

我们常常不切实际地夸大学校教育的作用、夸大教师对学生的影响。其实，一个孩子能否成才，和父母有直接的关联。最起码孩子的智力就取决于其父母的遗传基因，这点我们始终不愿意公开承认（虽然几乎所有人都这样想的）。一个孩子优秀与否，首先（我说的是“首先”而不是唯一）是其父母决定的。以品行而言，孩子做人的高下，最重要的是取决于其父母的家庭教育。

我曾在一次演讲中说过——

所谓“优生”不全是教师教育出来的，所谓“后进生”也不全是学校没教好——注意，我说的是“不全是”。提到傅聪，我们会想到这位钢琴大师的父亲傅雷，而不会去想：他的小学老师是谁？中学老师是谁？傅聪当然是他父母家庭教育的杰作。还有莫扎特，我就不细说了。

可能有人会反驳我：“傅聪、莫扎特这样的杰出名人有几个？拿这些个案说事，没说服力。”好，那我们就说说一般的孩子吧！如果一个孩子举止文雅、善良有礼、文质彬彬、富有教养，我们会很自然地想，这孩子的家庭教养真好！而不会问：“这孩子的班主任是谁呀？”同样，一个孩子举止粗俗、言行不一、满口脏话、不讲卫生、懈怠、懒惰……不能说和学校一点关系都没有，但关系实在不太大，而和他的家庭教养太糟糕倒有着重要的关系。

许多教育家也都论述过家庭教育的重要性远胜过学校教育这个观点。比如，意大利著名儿童教育家蒙台梭利说过："儿童的教育始于诞生时。"①

在我有限的视野内，苏霍姆林斯基的相关论述也很充分。

在《家长教育学》一书中，苏霍姆林斯基写道——

> 有种老生常谈的说法：说什么在所有破坏道德的事件中，学校应首先负责。这种说法混淆了社会舆论，并且首先混淆了父母的视听。比如有许多父母认为学校什么都错了，认为学校拥有某种教学工具，借助于它，教师可以解决所有道德教育方面的问题，假若教师能使用这些教学器材或真正负起责任来，那么一切都会很好的；认为学校可以解决全部或几乎全部的问题，故家庭在教育中就不起重要作用了。②

从这段话看出，认为学校教育比家庭教育更重要的观点，在当时的苏联就存在于一些家长的头脑里，而且已成"老生常谈"。

苏霍姆林斯基分析这种糊涂认识的后果——

> 不难想象，这样的意见会带来何等可悲的后果，现在部分后果已经带来了。许多父母，尤其是年轻的父母，认为他们的事就是生孩子，只管把孩子降生到世间，而教育孩子则由社会负责。现在人们只把学校列入社会教育的概念中，许多人认为对少年一代的社会教育可以不包括家庭对孩子的关心。③

由于认为对孩子的教育主要是学校的事儿，所以不少年轻的父母只管生孩子，而不管教育。当年苏联一些孩子家长的荒唐认识，至今还在中国一些家长头脑中顽固地存在着。

苏霍姆林斯基紧接着说——

> 实际上，家庭的巩固是最重要的社会问题之一。青少年一代的道德

---

① 蒙台梭利. 童年的秘密[M]. 马荣根，译. 北京：人民教育出版社，2015：43.
② 苏霍姆林斯基. 家长教育学[M]. 杜志英，等译. 北京：中国妇女出版社，1982：72.
③ 同上。

> 面貌如何，取决于此问题的解决与否。应当使每个人懂得：在社会面前，他的责任和对社会最重要的义务就是教育自己的孩子。孩子的首席教养者、第一位教师，这就是母亲和父亲。①

听见没有？“孩子的首席教养者、第一位教师，这就是母亲和父亲。”谁能担当这个“首席”和“第一”？当然只能是孩子的母亲和父亲。

苏霍姆林斯基还写到他学校的一次家长会上的一个插曲——

> 在我们学校的一次家长会议上，一个五年级学生的父亲说，由于他的社会工作负担过重，简直没有空管教自己的孩子。其他家长一针见血地给他指出：如果你找不出时间教育自己的孩子，你这个社会活动家就分文不值。没有时间教育儿子——就意味着没有时间做人。②

这最后一句话说得够尖锐的了！细想也是这么个道理，本应是“首席教养者”和“第一位教师”的人居然说什么“找不出时间教育自己的孩子”（这样的家长在今天的中国倒是不少见），实在是令人匪夷所思。

那么这个“首席教养者”和“第一位教师”最重要的素养是什么呢？苏霍姆林斯基说——

> 应当在中学时代就给未来的父亲和母亲以教育学的知识。教育学应当成为对一切人都有用的学科。……我认为，没有研究过教育学基本知识的青年公民不应当有成立家庭的权利。③

在这里，苏霍姆林斯基提到父母应该有教育学知识，否则，他们根本“不应当有成立家庭的权利”！今天已经有中国学者提出：“父母也应该有家庭教育资格证，否则就不应该生孩子，就像没有驾照就不能开车一样。”当然，如果有人要较真，说生孩子是“天赋人权”，谁也无法剥夺，那当然是很雄辩的。但苏霍姆林斯基是从教育学的角度看这个问题的，他的本意显然不是剥夺谁生孩子的权利，而是强调做父母的社会责任。

合格的父母应该怎么做？苏霍姆林斯基继续写道——

---

① 苏霍姆林斯基. 家长教育学[M]. 杜志英，等译. 北京：中国妇女出版社，1982：72.
② 苏霍姆林斯基. 家长教育学[M]. 杜志英，等译. 北京：中国妇女出版社，1982：138.
③ 同上。

社会教育，就是家庭——学校教育。人的精神世界的形成，自己在下一代身上的再现，使儿子和女儿成为比自己更完善的化身，这就是一个公民高尚的创作。①

“使儿子和女儿成为比自己更完善的化身”，就是说，让所有人类的美德通过自己被儿女更完美地继承和重现，这就是做父母最重要的工作，也是他们最得意的作品。

但如果有父母放弃自己对儿女的教育责任怎么办？苏霍姆林斯基提出一个大胆的建议——

应当通过一项这样的法律，父母根据它来负责对子女进行教育。应当确立严格的制度，根据它，父母无权把自己的子女转托给无论任何人去教养，我是说他们在各方面都很健康的话。假若父母放弃教育子女的道义上的权利，那就是说明自己在道德上是个不够格的人，孩子应由社会教养，为此应设立儿童之家。②

依靠法律来强制父母必须施行对子女的教育权，苏霍姆林斯的设想不可谓不大胆，但我认为并不是不可行的。尤其在今天的中国。

在谈到学校“难教儿童”的成因时，苏霍姆林斯基说：“儿童变得难教，学习跟不上，功课不及格，在绝大多数情况下，其原因在于他们在童年早期受到的教育和所处的环境。……难教儿童的形成正是在一至七八岁这个年龄期。”③

他反复强调——

我们的基本认识是：父母、亲属是儿童的最早的教育者；正是在学龄前的几年间，也就是在儿童接受教师的影响开始以前很久，就在他的身上种下了人的一些基本特征的根子。④

你看，在儿童接受学校教育之前，儿童的“人的一些基本特征的根子”已经被其父母决定了。

---

① 苏霍姆林斯基. 家长教育学[M]. 杜志英，等译. 北京：中国妇女出版社，1982：72.
② 苏霍姆林斯基. 家长教育学[M]. 杜志英，等译. 北京：中国妇女出版社，1982：73.
③ 苏霍姆林斯基. 和青年校长的谈话[M]. 赵玮，等译. 上海：上海教育出版社，1983：139.
④ 苏霍姆林斯基. 给教师的建议：上[M]. 杜殿坤，译. 北京：教育科学出版社，1980：526.

也许有朋友说："你说的是学前嘛，孩子没接触老师，其父母当然很重要了，但进入学校之后呢？"好，苏霍姆林斯基认为，孩子进入学校之后，父母的教育作用依然至关重要——

> 我认为极其重要的一点，就是要使'设计人'的工作不仅成为教师的事业，也要成为家长的事业。我们在分析教育过程时，用一些实际事例来说明：学生从家长那里得到些什么，从教师那里得到些什么，以及从他度过的闲暇时间的那个环境里得到些什么。家长们认识到：儿子或女儿首先是向他们学习的，包括学习好的品质和坏的品质。[①]

你们看，哪怕孩子进了学校，可依然"首先"是向他们的父母学习。

苏霍姆林斯基在谈到"谁在教育儿童，什么在教育儿童"这个问题时，提到有"六大力量"对儿童成长起作用，第一种力量便来自家庭。其他五种力量分别来自教师、学生集体、本人（自我教育）、书籍和街头结交。在这里，苏霍姆林斯把家庭教育对儿童的影响力排在诸多教育之首。

他甚至认为——

> 学校教育的效果取决于与家庭教育的一致性，如果没有这种一致性，那么学校的教学和教育过程就会像纸做的房子一样倒塌下来。[②]

这话通俗地说，就是如果家庭教育不行，那学校教师的教育简直就是"瞎子点灯——白费蜡"！

法国一项社会学研究成果表明，一个人的成长过程中，学校的影响只有15%的作用。也就是说，学校教育与孩子的成长、成功，只有相关性，而没有直接的因果关系。唯一和孩子成功成长有因果关系的是家庭。这也得到了无数案例的证实——什么样的父母和家庭教育就会塑造什么样的孩子。

著名教育专家严文蕃也曾做过一项调查：在学生成长中，学生自身背景因素占80%，教师的作用占13.34%，学校的作用占6.66%。其中学生背景中家庭收入、父母教育水平、父母职业等占60%，学生原来的知识和兴趣等占40%。

---

① 苏霍姆林斯基. 给教师的建议：上[M]. 杜殿坤，译. 北京：教育科学出版社，1980：530.
② 苏霍姆林斯基. 给教师的建议：上[M]. 杜殿坤，译. 北京：教育科学出版社，1980：526.

可见家境对孩子影响不能忽视，好的家庭教育更能成就孩子健康发展的全程。

所以我说过：“父母是孩子最好的起跑线。”这句话的意思是，孩子的一切都是其父母的折射。父母的品质将决定孩子的素养。

北京十一学校总校长李希贵曾对学生家长谈到学校教育时，这样说：“学校是用来帮你的，因为父母语文挺强，但你不懂数学，所以学校就帮你。因为你要上班没有时间，所以学校就帮你。学校无非是起这么一个作用，它没有想象中的那些神奇的作用。”

我完全同意李希贵这几句话。

我们强调家庭教育的第一重要性，是不是就忽略了学校教育呢？或者是不是像有人误解的那样，以为“你这个当老师的，在推卸学校教育的责任”呢？

绝对不是。我不是说了吗，“学校教育非常重要”。当然，紧接着我也说：“无论多么重要，学校教育都只是家庭教育的重要补充。”但请注意“重要补充”的“重要”二字。

“重要”到怎样的程度？“重要”到不可缺少——是的，“不可缺少”！

家庭教育是第一重要的，但家庭教育也有一些力所不逮的地方，需要学校来补充。比如，系统的文化知识传授，是很多家庭所无能为力的，于是学校就来做这个事；又比如，人的成长还需要人际交往、团队合作，而孩子在家里缺乏集体生活，于是学校为你的孩子提供这方面的资源和情境；再比如，孩子还需要类似于社会环境的那样一种文化氛围和气息，从中受到熏陶和感染，这也是单独的家庭所不具备的，于是学校为你创设这样的背景；还比如……算了，不“比如”了，因为需要的“重要补充”的还很多，难以在此一一穷尽。

你看，我“比如”了这么多学校教育对家庭教育“不可缺少”的“重要补充”，可见我并没有否定学校教育的重要性。但和家庭教育对孩子的影响相比，它毕竟还是第二位的。“第一影响”毫无疑问应该属于父母和家庭。千万不要用貌似“客观”的“学校教育和家庭教育都重要，二者不可偏废”之类的中庸说法，来抹杀家庭教育的“第一重要性”。

当然“都重要”，但有主次之分。

同样，对任何一个家长来说，除了教育孩子，他还有自己的职业，有许多工作，都是非常重要的。但和当父亲、当母亲相比，这些职业和工作依然是第二位的。我多次在家长会上对学生家长说过：“无论你的职务有多么尊贵，无论你的生意有多么兴隆，无论你的事业有多么崇高，但如果你的孩子没教育好，你的人生就谈不上成功，更毫无辉煌可言！无论你在单位如何被周围的人‘张总’‘杨局’地奉承，看上去很有‘成功人士’的面子，但只要你想到自己的孩子不争气，你内心深处就油然而生只有你才知道的自卑和难受。”

其实，同样的道理，苏霍姆林斯基说得比我还好——

> 无论您的工作或生产岗位多么重要、复杂或需要创造性，请您记住，家里还有一项更重要、更复杂、更细致的工作在等着您去做，这就是育人。您的工作可以找人替代，无论您从事的是什么职业——从畜牧场的看门人到部长。而真正的父亲是无可替代的！①

① 苏霍姆林斯基. 苏霍姆林斯基选集：第5卷[M]. 赵秋长，等译. 北京：教育科学出版社，2001：600.

父母是孩子最好的“起跑线”

说到家庭教育的弊端，已经有越来越多的人对一句曾经流行的话提出了质疑:“不能让孩子输在起跑线上。”但如果我们对“起跑线”赋予新的内涵，这话便是站得住脚的。我认为，孩子的“起跑线”不是他学习的第一个台阶，而是他最初的家庭教育，家庭教育的主体则是父母。因此我说——父母是孩子最好的“起跑线”！

然而，现在有的家庭教育似乎只是管孩子的“智力早期开发”“兴趣培养”“潜能发掘”……总之是想方设法让孩子“更聪明”，而不是指注重人格培养。因此，我们必须让所有父母明确——家庭教育不是“家庭教学”。

我想到了“家教”一词的演变。现在我们看到街上常常有大学生打出广告——“英语家教”“数学家教”等。这里的“家教”是什么意思呢？是“家庭教师”的简称，意思是他们愿意到孩子家里来做英语家庭教师、数学家庭教师等。在这里，“家教”是指向知识的。在我的小时候，“没家教”是一句骂人的话，而且骂得很狠。如果谁骂谁：“你少家教！”对方一定会跳起来更加凶狠地回一句:“你才没家教！”因为那时候，“家教”是“家庭教养”的简称，其含义是指向德行的。说谁“没家教”，意思是“你爹妈没把你教好，没有教会你做人”，这就不只是骂对方了，而且连对方的爹妈都一起骂了。所以说，从几十年来“家教”一词含义的演变，我们可以看到，家庭教育发生了怎样畸形的变化！

因此，有必要重申家庭教育的使命：家庭教育不是培养各行业的大师巨匠，而是培养——“人”！

苏霍姆林斯基是这样说的——

> 行业、专业、工作，有数十种，上百种，许许多多；有的是修铁路，有的是盖房子，有的是种庄稼、给病人治病、缝衣服等。但是有一种包

罗万象的、最复杂和最高尚的工作，对所有人来说都是一样的，而同时在每个家庭中又各自是独特的、不会重样的工作，那就是对人的养育和造就。

这个工作的特点是，人在其中要找到无可比拟的幸福。为了继承人类，父亲、母亲要使孩子再现自己的历程。这种重演在很大程度上是有意识的；为了人类、为了孩子的未来，父母要有强烈的道德责任感。这个工作的每一瞬间(人们称此工作为教育工作)都要创造未来，为着未来。

在教育工作中，要使公开的和隐蔽的、社会的和私人的各种教育方式有机地结合在一起。人类幸福的谐音就产生于这种结合之中。

假若你希望在你身后，在这块土地上留下你的芳迹，你不一定非做个名作家、著名学者、宇宙飞船创始人或新元素周期的发明人，你可以献身于教育事业，好好教育孩子们，使他们成为好的公民、好的工作人员、好儿子、好女儿、未来的好父母。①

现在中国的家长们，有多少明白自己的使命是培养“好公民”“好儿子”“好女儿”“好父母”？

说到家庭教育的重要，许多父母也承认“重要”，但会说：“我们工作太忙了，实在没有时间啊！”

苏霍姆林斯基引用了一位优秀孩子的母亲的话。在一次家长会上，班主任请一位品学兼优的孩子的母亲向其他家长谈谈：“您是怎么培养孩子的？”

这位母亲微笑一下，回答说：“我和丈夫没有时间教育孩子。每天我们得上班，丈夫在畜牧场工作，我有时在大田里、有时在打谷场、有时在果园工作，哪里需要，我就到哪里去。冬季，我和丈夫一起在畜牧场工作，孩子们，在家里跟着外婆。我们家里的制度是这样的：当孩子刚能自己管自己时，就让他干力所能及的家务活。这不只是为自己，而且也要为别人。要用人的眼光来看待人……这是不能破坏的原则。但是，专门进行教育，我们从来没有做过。”

从来没有做过“专门的教育”，但父母的行为每时每刻都在产生着无声

---

① 苏霍姆林斯基. 家长教育学[M]. 杜志英，等译. 北京：中国妇女出版社，1982：8.

的教育。苏霍姆林斯基评论道："我们做教师的、做父母的现在清楚了：母亲所说的那种像是没有进行教育的情况，实际上，这正是真正的教育。"①

所以，培养未来的"人"，主要不是知识性或技术性的传授和训练，而是每一位父亲和母亲都做好自己，给孩子以情感、道德与责任的示范，成为孩子最好的人格"起跑线"。

当然，没有谁敢说自己道德无瑕，但不断地修正错误、不断地提升自己的道德水平，也是一种示范。所以，所谓"给孩子以情感、道德与责任的示范"，是一个不断成长的过程。苏霍姆林斯基说："教育孩子同时也是进行自我教育。"②

苏霍姆林斯基举了一个年轻父亲细腻地关怀妻子的例子，这就是一种爱的自我教育能力，然后说："若孩子眼中的年轻父亲不断发展这种自我教育能力，那么妻子的繁忙和操劳将逐渐为父亲所分担，这样的家庭即成为对孩子进行情感、道德教育的学校。"

关于示范的教育作用，苏霍姆林斯基以"爱"的教育为例："爱就意味着用心灵去体会别人最细微的精神需要。而这种心灵的感受能力是来自父母，但不是什么言语和解释而是榜样。"③

几年前，《成都商报》曾在中小学中搞过一次关于家庭教育的调查：

一、你从父母身上学到了那些可贵品质？

A. 努力学习、提高自己（69%） B. 讲文明、懂礼貌（52%）

C. 孝顺（49%） D. 独立，自己的事情自己做(45%)

E. 树立理想和目标（31%） F. 与人为善（23%）

二、你最不喜欢爸爸妈妈那些行为？

A. 在孩子面前吵架（56%） B. 随手丢垃圾（52%）

C. 闯红灯（51%） D. 打孩子（41%）

E. 说脏话（31%） F. 随地吐痰（28%）

G. 打麻将（20%）

---

① 苏霍姆林斯基. 家长教育学[M]. 杜志英，等译. 北京：中国妇女出版社，1982：32.
② 苏霍姆林斯基. 家长教育学[M]. 杜志英，等译. 北京：中国妇女出版社，1982：26.
③ 同上。

看，无论好坏，家长的一言一行孩子们都看得清清楚楚，一切都是“教育”。

所以，做孩子人格的榜样，应该成为家庭教育的第一原则。

我做校长时，对教师们说过一句话：“最好的管理莫过于示范，最好的教育莫过于感染。”这话同样适用于家庭教育。你想孩子成为怎样的人，你就先做那样的人！想想，我们给孩子讲的，我们信吗？我们要孩子做的，我们做吗？如果我们给孩子讲一些我们都不信的话，怎么指望孩子真诚；如果我们给孩子提出要求而自己却不愿去做，怎么指望孩子也言行一致？网上有一句话很刻薄，说一些家长明明自己是一摊污泥，有什么资格“恨铁不成钢”？这话难听，有些刺耳，但不无道理。

无论是作为校长在教工会上给教师们说，还是做教师在家长会上给父母们说，我多次强调：“如果以对孩子的要求来要求自己，我们就非常了不起了！”我还曾给一些老师和家长讲：“你要孩子善良，你善良吗？你要孩子正直，你正直吗？你要孩子阳光，你阳光吗？你要孩子坚强，你坚强吗？你要孩子有毅力，你有毅力吗？等等。我们好好想想，我们给孩子们提过哪些做人的要求，然后我们认真把这些要求做到，我们简直可以称为‘圣人’！”所以我说，所谓“教育”，就是你想要孩子有的，你先得拥有。

还是看苏霍姆林斯是怎么说的——

> 在一个家庭里，只有父亲自己是能教育自己时，在那里才能产生孩子的自我教育。没有父亲的光辉榜样，一切有关儿童进行自我教育的谈话都将变成空谈。没有父母的榜样，没有父母在相互关心和尊重中所表现出来的爱的光和热，儿童的自我教育简直是不可想象的。孩子想做个好孩子，只有当他看见理想的事物，并为此所吸引的时候，才会产生这种想法。在这非常微妙、细腻的教育气氛中，只有在高尚的人类情感基础上才能形成道德的概念。可是，孩子的情感只能由父母的情感所激起。[①]

① 苏霍姆林斯基. 家长教育学[M]. 杜志英，等译. 北京：中国妇女出版社，1982：29.

他讲了他的学生瓦莉娅·柯勃扎莉眼中的父母恩爱。瓦莉娅 7 岁时，母亲病得很厉害，父亲通宵守候。她记得黎明时醒来时，看见母亲呼吸困难，父亲弯下身去看着她的脸，在他的眼睛里充满了那样不可忍受的悲伤，那样的痛楚，那样的爱恋。瓦利亚读出了“忠诚”。不只是母亲生病的时候，在整个生活中，瓦莉娅都能感受到爸爸妈妈相亲相爱，而且也爱着自己。瓦莉娅后来长大了，在中学毕业典礼前夕，她讲述了这段爱的经历，说：“他们是我在世界上最亲爱的人。我以某种特殊的爱来爱我的父亲。从没有过这种情况：我不听他的话或向他说谎。当我注视他的眼睛时，我永远能看到伟大人类爱的永不熄灭的光辉。”

讲到这里，苏霍姆林斯基深情地说：

> 父亲和母亲们，请仔细想这些话吧，我们在自己孩子的心灵里留下了什么？留下了自己的事业、语言、行动和感情。我们用什么充实了我们的孩子？我们用什么来提高自己在孩子心目中的地位？只有唯一的、强有力的、无与伦比的精神力量，它能把我们的形象深印在孩子们的心灵中（人类真正美好的形象）。①

“我们在自己孩子的心灵里留下了什么？”这是每一个家长必须经常问自己的问题，用行动对这个问题完美的回答，就是最好的家庭教育。

---

① 苏霍姆林斯基. 家长教育学[M]. 杜志英，等译. 北京：中国妇女出版社，1982：29.

如何提升学生家长的教育素养？

往往有这样的家长，第一天领着孩子入学，便对老师说："我这孩子交给您就放心了！孩子犯了错误要打、要骂随您，我决不袒护！"家长说这话时，脸上的表情绝对是真诚的。还有的家长，常常到学校向老师告孩子的状，"控诉"孩子在家里的种种"罪行"，末了往往说一句："您帮帮我吧，我的孩子就听老师的话！"

每当我遇到这样的家长时，我会为自己能被他们真诚信任而感动，但同时也会感到不安：如果家长仅仅用"托付"和"告状"与我"配合"，我的教育能够成功吗？我毫不怀疑这些家长对老师、对学校教育的厚望，但这种"厚望"背后隐藏着一种令人忧虑的东西，这就是——同样作为教育者的家长的失职。

是的，家长也是教育者！

每一届新生入学，在第一次家长会上，我都会对家长们说："我们是同事关系。我们也许在社会角色、专业知识、性格特征、气质修养等方面都不太一样，但有一点是共同的，那就是我们有着共同的使命——教育，而且我们的教育对象完全一致——那就是你的孩子！"

也正是在这第一次家长会上，我总要朗读苏霍姆林斯基的一段话："父亲和母亲是如同教师一样的教育者，他们不亚于教师，是富有智慧的人类创造者，因为儿子的智慧，在他还未降生到人间的时候，就从父母的根上伸展出来。对人的教育是从胎教开始的。"①

作为从教近 40 年的教师，我的学生中有不少出类拔萃者——不仅仅是考上名牌大学，而且走上工作岗位后事业有成。但我从来不在任何场合说自己如何如何"培养"了许多"人才"，这不是因为我谦虚，而是我清醒地知道：

---

① 苏霍姆林斯基. 家长教育学[M]. 杜志英，等译. 北京：中国妇女出版社，1982：45.

对于学生来讲，他的真正成才，教师或者说学校教育的功劳最多占三分之一，还有两个三分之一分别是其家长的教育培养和孩子自身的天资以及勤奋。因此，我对一些教师爱把自己班上考上大学的学生仅仅作为自己的教育成果不以为然。在我看来，一个孩子考上了大学乃至以后成就了一番事业，首先要归功于其父母。因为父母是孩子的第一任老师——从某种意义上说，也是伴随终生的老师。

苏霍姆林斯基说："尊敬的年轻的家长们，要记住，你孩子的身体的和智力的发育全决定于你。记住，创造人，这不只是简单的生物行为即可完事的。人之与动物的区别在于他认清了自己的活动目的，其中包括在孩子身上再现自己。"①

作为教育者的家长，他会随时注意自己的一言一行，尽可能从人格上成为孩子的榜样，以无声的形象去感染孩子的心灵；作为教育者的家长，他将不会把孩子视为自己的"私产"，而是将孩子看成是祖国的未来，这样，他对孩子的期待就不仅仅是"出人头地""光宗耀祖"，而是用社会发展与时代进步的要求来设计孩子的成长和孩子的明天；作为教育者的家长，他一定会全力支持学校教育改革和教师的工作，或者说，他将把学校教育工作也当作自己应该关心甚至有时还可以直接参与的分内之事；作为教育者的家长，他会以教育者的眼光（而不仅仅是父母的眼光）去打量、关注孩子，细心研究孩子每一天的细小变化，并和孩子一道成长；作为教育者的家长，他会尊重孩子的精神世界，按照孩子的个性引导其成长使之最终成为最好的而又独一无二的"我"……

正因为家长也是教育者，其素质的高低直接决定着对孩子的教育，所以苏霍姆林斯基花了大量精力来"培养"家长，提高他们的教育学修养。在《给教师的建议》一书中，我们可以看到苏霍姆林斯基举办"家长学校"的具体做法。

巴甫雷什中学的"家长学校"根据儿童的不同年龄段而分设几个组。第

---

① 苏霍姆林斯基. 家长教育学[M]. 杜志英，等译. 北京：中国妇女出版社，1982：46.

一组是 2~5 岁儿童的父母（学前组），学制为两年，主要由有经验的教师给年轻的父母们讲课，内容是这一年龄期的儿童的身体发育和心理发展的规律性，并给父母们提供一些实际建议，说明怎样在家庭里为儿童创造一个应有的环境。

除了学前组以外，巴甫雷什中学的“家长学校”里还有 3 个组：学龄初期组（相当于小学组）、少年期组（相当于初中组）、青年期组（相当于高中组）。各个组每月进行两次活动。由于苏霍姆林斯基和他的同事们的努力，巴甫雷什中学做到了使 95％~98％的家长都参加家长学校的学习，其中大约有 25％的家庭中，学生的母亲和父亲是双双来上家长学校的。结果形成了这样的情况：学生家长在学前组学习 2~3 年，在学龄初期组学习 4 年，在少年期组学习 3 年，在青年期组再学 3 年。苏霍姆林斯基说：“如果没有这一套对家长进行教育知识的启蒙和提高他们的教育素养的体系，那么，我们学校要顺利进行教育工作简直是不可能的。”①

在巴甫雷什中学“家长学校”的教学大纲里，既包括共同性的教育学问题，也有学前期、学龄初期、少年期和青年期教育上的一些特殊问题。“我们摆在中心位置上的一个最重要的问题，就是教育目标问题。‘我们要培养什么样的人？’——在家长学校的每一个组里，都是从这一讲开始的。……我们认为极其重要的一点，就是要使‘设计人’的工作不仅成为教师的事业，也要成为家长的事业。我们在分析教育过程时，用一些实际事例来说明：学生从家长那里得到些什么，从教师那里得到些什么，以及从他度过闲暇时间的那个环境里得到些什么。家长们认识到：儿子或女儿首先是向他们学习的，包括学习好的品质和坏的品质。”②

在家长学校的每一个组里，教师们都向父母们反复说明，学校在这个时期怎样对学生实施智育、德育、美育和体育，以及学校希望家庭给予哪些协助。苏霍姆林斯基介绍道：“在家长学校的各组里，我们都要专门讲到学校和家庭在教育影响上保持一致的问题。这种教育影响的方向就是培养关心人、

① 苏霍姆林斯基. 给教师的建议[M]. 杜殿坤，译. 北京：教育科学出版社，1984：544.
② 同上。

体贴人、待人诚恳、对一切有生命的东西抱有善良的态度这些品质。如果儿童不在家庭里从事实际活动来加深和发展这些道德品质，我们学校是很难取得什么显著成效的。我们跟每一位父亲和母亲商量好，规定他们的孩子在家里要做哪些事（照料动物、种树、养花）。”①

尤其重要的是，苏霍姆林斯基特别向家长们提出，要重视家庭阅读。全体教师确定了一个家庭应有的最低限度藏书目录，以便供家长、学前儿童、学龄初期、中期和后期的学生阅读。苏霍姆林斯基说：“没有书籍、没有一些藏书的家庭，往好处说，不能对学校教育有任何帮助；往坏处说，这样的家庭环境会使儿童变得头脑迟钝、限制儿童的智力发展，而学校则不得不花费巨大的努力去补偿家庭智力兴趣的这种缺陷。”②

帕夫雷什中学“家长学校”专门为家长们开设的课程，并不是具体的学科课程，因为“家长学校”并不是家长的文化补习学校，而是提升家长教育学修养的学校。所以，其课程必须有教育学，还有解剖心理学、神经系统、缺陷学、身体和心理发育、儿童的精神生活等。

除了上课，“家长学校”还安排了老师与家长的许多谈话活动。老师每月都要对他们进行一次或两次小组咨询和个别谈话，内容是谈怎样发展孩子的禀赋、爱好和才能，怎样为青年人选择今后的生活道路。根据孩子不同的年龄段，都有相应的谈话题目。

比如，对学前组父母的（含未来父母）谈话题目——

①家庭内的相互关系和儿童的道德教育。②儿童爱父母的情感及其对未来的责任感。③婚前的道德准备。④酒精中毒和儿童。⑤对儿童的爱和对儿童的教育。什么是真正的爱？⑥母亲教育。⑦从X个星期到3岁的教育。这个年龄期内，智力训练的重要的意义。⑧从出生到3~7岁的情感教育。⑨儿童3~7岁的身心发展。⑩进行正确的智育的最重要的条件。⑪儿童的语言发展和智力。⑫怎样预防儿童的神经疾患。⑬3~7岁儿童的劳动教育。⑭怎样培养集体主义精神和尊敬别人的情感。⑮学龄前儿童的需要和兴趣的

① 苏霍姆林斯基. 给教师的建议[M]. 杜殿坤，译. 北京：教育科学出版社，1984：546.
② 苏霍姆林斯基. 给教师的建议[M]. 杜殿坤，译. 北京：教育科学出版社，1984：548.

教育。⑯学龄前儿童教育中的自然界。⑰学龄前儿童的作息制度。⑱学龄前儿童的健康和智慧。⑲游戏在学龄前儿童精神生活中的作用。⑳学龄前儿童是怎样认识人的？道德环境的作用。㉑美在3~7岁儿童教育中的意义。㉒故事在学龄前儿童教育中的作用。㉓创造性活动在学龄前儿童教育中的作用。㉔学龄前儿童跟年长儿童的关系。㉕愿望文明的教育。㉖母亲是学龄前儿童的第一个主要的教育者和教师。㉗父与子、母与女。㉘学龄前儿童对入学的心理准备。㉙学龄前儿童道德文明的基本标准。㉚如何防止儿童任性、好发脾气和爱生气。㉛男孩子勇敢精神的教育。

又如对一至三年级家长的谈话题目——

①7~9岁儿童的身心发展。②家庭的精神生活与儿童在这一年龄期的发展。③本族语及其在学前期和入学后最初几年的作用。④家庭内的相互关系和7~9岁儿童的道德教育。⑤7~9岁儿童的行为和公民义务感的教育。“我想”“可以”“不许”“应当”的教育。⑥家长的公民义务感对儿童教育的影响。⑦如何培养7~9岁儿童对丑恶事物的不妥协精神。⑧7~9岁儿童的全面发展教育中的自然界。⑨美在7~9岁儿童的个性全面发展中的意义。⑩家庭里的书籍和7~9岁儿童的精神发展。⑪如何使7~9岁儿童领会伦理标准和家长的榜样。⑫学校里和家庭里的爱国主义教育。⑬学校里和家庭里的劳动教育。⑭学龄初期儿童的精神需要和兴趣的培养。⑮7~9岁儿童的义务感和纪律性的培养。⑯父母亲的相互关系对7~9岁儿童教育的意义。⑰对儿童既要严格要求又要尊重。⑱学校里和家庭里的无神论教育。⑲忠诚老实的教育。⑳关心人和尊敬人的教育。㉑自我教育的初步训练。㉒酒精中毒症与儿童。㉓关于神经类型和气质的概念。㉔7~9岁儿童的作息制度。㉕电影、电视与儿童的教育。㉖人道精神的教育。㉗求知欲的培养。㉘乌里扬诺夫一家对儿童的家庭教育。㉙怎样预防儿童的利己主义、个人主义、自私心理？

……

仅从这些丰富的谈话题目中，我们就可以看到，巴甫雷什中学对家长的指导是多么全面而细致，远不是我们中国中小学的家长会那样，主要是谈学习，甚至只是各科试卷分析。

每当读到苏霍姆林斯基这些细腻的家长教育理念，我就在想，既然大家都认可“家长也是教育者”的理念，那么中国的中小学是不是可以尝试建立这样的“家长学校”呢？

培养孩子做父母的义务感

一

“每当我打开放着许许多多父母来信的文夹时，我觉得好像触摸到一颗颗赤诚的心——一张张的信纸都诉说着父母们遇到的痛苦和悲伤。我读着读着，心里充满了别人的痛苦。不，不是别人的痛苦。如果对一张张的信纸无动于衷，如果不设法帮助来信的每一个人，那么又由谁来帮助呢？”①

这从心底流淌出来的充满感情的语言，是苏霍姆林斯基《家长教育学》开篇的话。作为苏联杰出的教育家，苏霍姆林斯基的著作被誉为“教育的百科全书”，是“活的教育学”。其中，关于家庭教育的真知灼见是苏霍姆林斯基教育思想的重要组成部分，他的《家长教育学》也成为他著名的著作之一。

苏霍姆林斯基长期担任中学校长并兼任语文教学，在长达35年的教育生涯中，一刻也没有脱离教育第一线。他当时面临的最大的教育难题之一是——

> 我们都忘记了这样的问题：每个人作为人而生下来，但还不成为人，而必须把他培养成人。如何使人这种动物学会思考、观察、理解和追求人类幸福的源泉？每个人都渴望幸福，但远非所有的人都愿用劳动去挖掘幸福之井，并从中发现新的幸福源泉。在孩子的童年时代，就要教导他们要为其他人去发现幸福的源泉；可是，到目前为止在学校教育中还没有开设这样的科目②。

于是，拥有真诚人道主义情怀的教育家苏霍姆林斯基开始了对家庭教育

---

① 苏霍姆林斯基. 家长教育学[M]. 杜志英，等译. 北京：中国妇女出版社，1982：1.

② 苏霍姆林斯基. 家长教育学[M]. 杜志英，等译. 北京：中国妇女出版社，1982：2.

的思考与实践。他首先把离异家庭的孩子作为自己研究家庭教育的起点——他花了 10 年的时间，研究了 200 个年轻家庭离婚的案例。他发现，其中有 189 个离婚案件的原因是由于彼此不善于了解对方。“这些青年男女对于相互之间应该善于培植复杂、微妙的感情一事一无所知，而这恰恰是婚后生活所必需的。”①

二

但是，这些年轻人在婚前却没有受过这方面的任何教育，于是，不幸的家庭便糊里糊涂地诞生了，然后是生孩子，然后是离婚……父母和孩子的不幸由此产生，家庭教育的不幸也由此产生。

所以，在《家长教育学》里，苏霍姆林斯基首先告诉教育者——家长和教师：“应该从孩子小时起就培养他做父母的义务感。”② 换句话说，家庭教育绝不仅仅教父母如何做父母——这当然也是非常重要的，而且首先包括教孩子怎样做未来的父母！

教育者要在少男少女谈情说爱之前就教会他们怎样去爱——苏霍姆林斯基的这个观点即使放到今天，可能也是惊世骇俗的。他说：“我们年纪较长的一代应当学会跟儿童们、少年们谈论这种伟大、美好的人类感情——爱情、结婚、生孩子、至死不渝的忠诚之情；在我们未学会谈论、思考这些问题之前，我们是不会培养孩子具有高尚、纯洁的心灵和情感的。无知识、无礼貌的环境，早晚会变成孩子的眼泪和愁苦。”③

但苏霍姆林斯基说的观点是基于对这一现实的忧虑：“不善于做丈夫和妻子的人，一旦成了年轻的父母，常常表现得像孩子似的无能力、无经验和束手无策；应当帮助他们，但很遗憾，就像帮助小孩子一样费劲。当这些大孩子生小孩子的时候，更大的愁苦来临了，这对社会、对生下来的孩子都是不幸，因为按道德和精神发育水平来说，自己还是孩子的人又生了孩子。”④

① 苏霍姆林斯基. 家长教育学[M]. 杜志英，等译. 北京：中国妇女出版社，1982：3.
② 同上。
③ 同上。
④ 苏霍姆林斯基. 家长教育学[M]. 杜志英，等译. 北京：中国妇女出版社，1982：5.

他决定在他的学校培养孩子做父母的义务感，具体做法是直接给学生开设相关的课程。比如，他为他学校的高年级学生开设了一门课程:“家庭、结婚、爱情、孩子”，教导他们对于将来的结婚、过家庭生活应该如何从道德上做好准备。他特别要求他的教师们无论如何也应当克服困难把这一门课讲授好。“因为这一门科目的重要程度并不次于数学、物理、化学，甚至于是最重要的。你想想看：不是所有的人都要做物理学家、数学家，可是所有的人都要做父母、丈夫或妻子。”①

三

在今天的中国，谈到家庭教育，人们往往首先想到怎么给父母提供一些教子“良方”，而且希望这些“良方”大多都是关于如何培养“天才儿童”的，却忽视了“怎样做父母”这样一个根本问题。人们常说：“家庭，是孩子的第一个课堂；家长，是子女的第一任老师。”但人们往往看重的仅仅是家长如何“教育”孩子，而忽视了家长自身的素质。

我从事中学教育近 40 年，我从来都认为任何一个孩子首先是其父母的作品。我曾教过一个姓叶的品学兼优的学生，他不但学习勤奋，成绩拔尖，而且思想纯正，为人朴实，对同学特别善良。有一次我去家访，他母亲给我说了很多叶同学在家孝顺父母和爷爷奶奶的事，他母亲说：“我为我有这样一个懂事的儿子而自豪。”碰巧的是，有一次叶同学写了一篇作文，题目是“我为我的爸爸妈妈而自豪”。文中写道：“本来我们家的住房条件是不错的，妈妈单位分的房子很宽很大。但我们现在一直住在几十平方米的旧房子里，因为妈妈说，爷爷奶奶身体不好，而他们又不愿搬家，和他们住在一起好照顾他们。”从这里，我找到了叶同学为什么如此孝顺的原因。

我还有一位姓钟的女学生，学习自觉性特别强，有着一般女孩子没有的毅力。奇怪的是，她的爸爸妈妈是很少管她的。我去家访时，跟她的父亲谈起这事，她父亲说:“我的科研所任务特别多，我的确没多少时间具体管孩子。

① 苏霍姆林斯基. 家长教育学[M]. 杜志英，等译. 北京：中国妇女出版社，1982：5.

但我认为我时时刻刻都在管孩子，这就是用自己的勤勉给孩子以感染。当女儿看到深夜的我还在伏案疾书时，她会明白，勤奋才是生活真正的内容。”对这样的家长来说，所谓家庭教育首先不是“说”，而是“做”。如果说叶同学和钟同学是优秀学生的话，那么首先因为他们的家长是合格家长。家长的人格对孩子无声的感染是家庭教育的上乘境界。

四

遗憾的是，我们许多为自己孩子头疼而四处寻找良方的家长，往往自己不会做家长。这样的家长几乎每一位教师都遇到过，而且远非个别。我常常面对街头那些痞气十足的少年叹息——不是叹息这些可怜的孩子，而是叹息他们的父母。我长期与“后进”学生打交道的经历告诉我，这些孩子的父母大多连做人的一些基本素养都成问题，孩子不幸有了这样的“第一任老师”。如果要彻底转变这些孩子，必须同时转变他们的家长，然而要转变已经成人的家长几乎是不可能的。于是，教育的遗憾乃至悲剧便产生了。而且更大的遗憾和潜在的悲剧还在于，这些“后进”学生再过十多年又将为人父母！

在谈到教育的使命时，我们往往说得比较多的是培养合格的公民、合格的人才、合格的建设者和接班人。苏霍姆林斯基则告诉我们，我们的教育还应该为未来造就一代又一代“合格的家长”。苏霍姆林斯基在他的家庭教育理论中，不仅仅关注今天的父母如何做父母，而且更关注明天的父母如何做父母。他说：“亲爱的父亲们和母亲们，要从道德上培养自己的孩子做好做父亲和母亲的准备。”① 在这里，他是把良好的道德作为父母素质的核心。我认为，这是家庭教育的根本。“什么是做父亲和母亲的道德准备呢？人的本质在人的天职中揭示得最清楚。人要对别人负责。”② 顺便说一下，苏霍姆林斯基本人正是这样的优秀家长，他的儿子谢尔盖和女儿奥丽佳后来都成长为出色的人才，而且后来也成为堪称优秀的家长——其中，奥丽佳成了乌克兰教育科学院院士，是享誉国际的教育专家——可以说，这是苏霍姆林斯

① 苏霍姆林斯基. 家长教育学[M]. 杜志英，等译. 北京：中国妇女出版社，1982：6.
② 同上。

基家庭教育思想最直接的杰作。

五

苏霍姆林斯基讲过一个孩子母亲的故事。这位妈妈当年在学校可以说是一名优秀的学生，是学校的骄傲。可是现在，她结婚后却并不幸福。当苏霍姆林斯基问她“有哪些伤心事”时，她的回答是：“没有学会生活。”

苏霍姆林斯基由此感慨道：“的确如此，在我们学校里，最重要的东西却没有讲授过，没有教给学生如何生活。是的，应当教导所有人，让受教育者知道许许多多有益的和必需的有关历史、科学等知识（有时并不是非常需要）：如太阳中的物质状况，一立方寸的星际空间有几多物质原子，汉穆拉比法典的内容是什么，什么叫引力……可是一个人应如何为家庭生活做准备，却连一点什么常识都不知道。生活就意味着要做妻子和丈夫，要当自己孩子的爸爸和妈妈。无论是教师，无论是父母都没有思考过这个每一公民都会碰上的重要的生活学问——人们的相互关系。形象点说，我们都忘记了这样的问题：每个人作为人而生下来，但还不成为人，而必须把他培养成人。如何使人这种动物学会思考、观察、理解和追求人类幸福的源泉。每个人渴望幸福，但远非所有的人都愿用劳动去掘深幸福之井，并从中发现新的幸福源泉。在孩子的童年时代，就要教导他们要为其他人去发现幸福的源泉。可是，到目前为止在学校教育中还没有开设这样的科目。”①

套用一句当代中国的习惯语：提高父母的素质，“从娃娃抓起”。培养孩子的义务感，让孩子懂得为别人负责——这既是为了今天的孩子，也是为了明天的父母，最终也是为了明天的孩子。很少有人会想到，应该在一个人的少年时代便让他具备将来做父母的义务感和素质，这是一般人家庭教育观念中的盲点。苏霍姆林斯基却鲜明地将它提了出来，由此抓住了家庭教育的源头。他的家庭教育思想富有远见的英明之处也正在这里。

---

① 苏霍姆林斯基. 家长教育学[M]. 杜志英，等译. 北京：中国妇女出版社，1982：6.

营造“互相爱恋”的家庭氛围

一

“不要让家庭成为夫妻打骂的战场！”这是我经常在家长会上给家长们的忠告。

这种情形不知有多少次了，我在办公室听某位学生流泪的母亲诉说“他”如何如何抛弃了自己，或听某位学生的父亲激动万分地控诉“她”如何如何对不起自己……几乎每一次这样的倾诉都有一个催人泪下的故事。但说实话，每当这个时候，占据我心灵的首先不是对这些“不幸”家长的同情，而是对他们的孩子——也就是对现在我的学生的担心：在这样充满仇恨的家庭，我很难设想孩子的心灵会洒满爱的阳光。我毫不怀疑，即使那些夫妻之间的感情已经走到了尽头，他们对孩子的“爱”依然没有半点改变。但是，由于父母之间的仇恨，孩子心中爱的情感幼芽已经开始失去水分和土壤了，孩子明媚的精神世界正渐渐变得黯淡。对孩子的成长来说，这是极为可怕的；而且更可怕的是，自以为依然“爱”着孩子的夫妻双方都没有意识到这一点。

苏霍姆林斯基把夫妻之间的感情不仅仅看成是两个人之间的爱，而是看成一种无声而有效的家庭教育。他认为“夫妇之间的爱情、信任、相互的忠诚和帮助，这是向父母智慧之树提供营养的根须”。在《家长教育学》中，他这样写道——

> 教育孩子，是一种特殊力量的奉献，即精神力量的奉献。我们用美好的爱（用母亲对父亲的爱和以父亲对母亲的爱）、用对人的尊敬和美好的深信精神来塑造人。健美的孩子是成长在这样的家庭中，在那里母亲和父亲真正相亲相爱，同时并热爱和尊敬别人。我能一眼认出这种孩子，他的父母是深深地、热烈地、忠诚地、相依为命地相亲相爱着。在

> 这样环境中长大的孩子，心地温和、善良、宁静，心灵健康，真诚地相信人的美好，听信教师的讲话，对影响人们心灵的细微之事（即对善良的言辞和美好的事物）敏锐感受。[①]

他特别对男人提出：

> 要记住，你想教育好孩子，首先就要真心喜爱自己的妻子，真心地去爱别人，这就是付出、投入了精神力量，可以看到给予别人的一点幸福。好的丈夫会给自己的家庭创造幸福，于是这种爱情就如同太阳的温暖和光辉照耀着盛开的玫瑰花，这种爱情将变成你孩子的精神珍品。[②]

二

但是，苏霍姆林斯基所说的“相亲相爱”绝不仅仅是夫妻之间海誓山盟般的语言，而是日常生活中自然而然流露出的一些行为“细节”。苏霍姆林斯基曾向他的学生家长们讲过这样一个故事：一位叫尼柯莱·菲力普诺维奇的外科医生，每天早晨都是全家第一个起床的人。他起来的第一件事是到花园摘一枝鲜花，然后回到卧室插进妻子床边小桌子上的花瓶里。数十年里，尼柯莱·菲力普诺维奇每天早晨都是如此。为此，他甚至盖了一个专门养花的小温室，以保证一年四季的每一个早晨他都能够采摘鲜花献给妻子。在这过程中，他们的六个孩子一天天长大了。而且，长大后的孩子在破晓时也与父亲一起起来做同样的事。于是，随着岁月的流逝，妻子床边的小花瓶里的花由一枝变成了两枝，之后是三枝、四枝、五枝、六枝、七枝！终于有一天，尼柯莱·菲力普诺维奇去世了，但每天早晨他妻子床边的花瓶里仍然是七枝鲜花——已经长大了的孩子们在给年迈的母亲献上鲜花的同时，还要代父亲献上鲜花……

苏霍姆林斯基总结道：“谁能以自己的生命来倍增人类宝贵的精神财富，谁能进行自我教育，那他就能教育好自己的孩子。这正如列·尼·托尔斯泰

---

① 苏霍姆林斯基. 家长教育学[M]. 杜志英，等译. 北京：中国妇女出版社，1982：12.
② 苏霍姆林斯基. 家长教育学[M]. 杜志英，等译. 北京：中国妇女出版社，1982：13.

所写的，教育孩子的实质在于教育自己，而自我教育则是父母影响孩子的最有力的方法。”①

他还说：“人们心灵中最强有力的、最有智慧的财富（爱情）就像音乐，像醉人心灵的迷人美丽一样在影响着孩子。这种财富永远拨弄着孩子敏锐的心弦，如对言语、对善良的心愿，对敏于感受抚爱和亲热的情感。谁的童年被爱的阳光照耀着，那他就会互相创造幸福，就会对父母的语言、对他们的善良的心意、对他们的劝告和赠言、对他们的温存和警告有着特殊的敏感和接受能力。”②

每次读到苏霍姆林斯基叙述的这个故事，我都非常感动。的确，真正的爱，不仅仅是一种情感，而且同时也是一种教育。这是一个很朴实但也最容易被人忽视和遗忘的道理。

三

我也讲一个中国家庭的故事。这个故事发生在我教过的一个初一学生W的家庭里。W的母亲是一个非常能干而且卓有成就的某装饰公司的总经理，也就是通常人们所说的“成功人士”。但在和我交谈时，她一点都没有成功感，她说她的儿子太不争气。“为了他，我什么都献出了。8年前，我和他爸离了婚，因为几年无休止的吵架甚至打架，已经使我和他实在难以再凑合下去了。因为带着儿子，我至今没有再婚，也不想再婚了。我业务太忙，但为了儿子我每天晚上都一定要回来，守着他完成功课。每天早晨都是我用车送他去学校。我还专门为他雇了一个保姆，中午给他做饭，照顾他午休，也帮他洗衣服。刚离婚后那段时间，他爸常常来看他，有时带他出去玩。我很担心他跟他爸学坏。因为他爸实在不是个东西！所以后来我不让他爸来看他，不准W和他爸来往。我经常对我儿子说，妈妈对你的最起码的要求，就是你这一辈子千万不要像你爸！”这位“女强人”在给我说这些的时候，一把鼻涕一把泪，显然是伤心到了极点。她不仅仅是为她那“实在不是个东西”的前夫伤心，

---

① 苏霍姆林斯基. 家长教育学[M]. 杜志英，等译. 北京：中国妇女出版社，1982：23.
② 苏霍姆林斯基. 家长教育学[M]. 杜志英，等译. 北京：中国妇女出版社，1982：25.

也为她的儿子伤心——W不但成绩很差，而且表现也很不好，与同学相处极端自私而且自傲，有时甚至很蛮横。说实话，对这样的家长，除了不痛不痒地说几句安慰的客套话，我实在无言以对。因为我完全可以想象，在“几年无休止的吵架甚至打架”的家庭气氛中成长的孩子会有怎样的情感世界。更可怕的是，母亲居然毫不掩饰地向儿子灌输对其父亲的仇恨，而仇恨只能繁衍仇恨！尽管这位母亲为W创造了极为优裕的物质生活条件，但孩子“爱”的精神原野却是一片荒芜！

四

我现在还没有看到苏霍姆林斯基对父母离婚以及对由此对孩子教育产生何种影响的论述。但他关于家庭成员之间应该相亲相爱的这一思想启发我，即使是夫妻离异，也不应该给孩子的心灵播种仇恨的种子。我并不是主张哪怕夫妻感情已经荡然无存了，为了孩子也要凑合过下去。不，正如恩格斯所说，没有爱情的婚姻是不道德的婚姻，因此，结束这不道德的婚姻是可以理解的。问题在于，夫妻之间的感情破裂乃至婚姻关系破裂，绝不能“扩大化”为孩子和自己父亲或母亲的亲情断裂！即使夫妻双方已经离婚，也最好应该保持真诚的朋友关系，而且更应该让孩子和父母双方都永远保持和谐的亲情。

我还教过一个叫Y的高二学生，他的父母也是因感情不和而离异了。但在Y的身上，我看不到类似孩子所常常表现出来的心灵的伤痕。他纯朴、开朗、热情，富有进取精神和爱心。他高一时曾写过一篇作文《我爱妈妈，也爱爸爸》：

> 从我5岁起，我妈妈和爸爸就离婚了。虽然我一直跟着妈妈生活，但我觉得爸爸从未离开过我。因为不但他每个星期日都要来看我，而且我们经常通电话。妈妈也常对我说：“妈妈和爸爸分开生活，是因为妈妈和爸爸性格差异太大。但我们都很爱你，因为都爱你，所以我和你爸爸现在仍是好朋友，而且永远都会是好朋友！”的确是这样。每个星期天爸爸来看我时，妈妈都像接待她的其他好朋友一样热情地接待他，都要留他吃饭。我10岁那年，妈妈给我找了一个新爸爸。新爸爸也很爱我。

但即使这样，我的亲爸爸仍然每周都来看我。而每当我爸爸来看我的时候，家里总是最热闹的时候，我的妈妈、爸爸，还有我的新爸爸，都像好朋友一样开心。我也感到幸福，正如妈妈有一次对我说的那样："在这个世界上，爱你的人真多啊！"

这使我再一次想到了苏霍姆林斯基的话："要善于创造家庭生活中极宝贵的财富——相互爱恋，这也就是说，要在家庭中创造有利于教育子女的气氛。"[①]Y 的父母即使离婚了，也表现了一种非爱情却同样真诚的爱的境界，并且尽量营造出这种爱的气氛——Y 的父母能够这样，更何况我们大多数夫妻关系稳定的家庭呢！

① 苏霍姆林斯基. 家长教育学[M]. 杜志英，等译. 北京：中国妇女出版社，1982：21.

观察：给孩子一双会思考的眼睛

一

希望自己的孩子拥有一颗富有智慧的大脑，这是从古到今，不同国度不同民族所有父母的共同愿望。对此，苏霍姆林斯基予以充分的理解："是的，这是永恒的真理，因为人类生活的意义就在于，能在新的一代人里再现自己，在更高的基础上再现自己，把自己孩子的智慧、道德、美学发展，提高到比起我们做父母的来应是更高的阶段。"①

他对父母在孩子智慧发育中的作用更是予以高度的评价："父亲和母亲是如同教师一样的教育者，他们不亚于教师，是富有智慧的人类创造者，因为孩子的智慧，在他还未降生到人间的时候，就从父母的根上伸展出来。对人的教育是从胎教开始的。"②

他还说："尊敬的年轻的家长们要记住，你孩子的身体的和智力的发育全决定于你。记住，创造人，这不只是简单的生物行为即可完事的。人之与动物的区别在于，他认清了自己的活动目的，其中包括在孩子身上再现自己。"③

尤其在今天的中国，父母希望孩子聪明的这个愿望格外强烈。于是，"早期开发儿童智慧"成了中国家长们最自觉也最热门的自学和实践的课程。然而，相当多的父母往往着眼于具体技能的早期训练：学琴、学画、学棋、学书法……另外，在信息发达的时代，家长们往往更多的是引导孩子从书本和网络中获取知识——早期识字、背诵唐诗宋词、"计算机从娃娃抓起"……

---

① 苏霍姆林斯基. 家长教育学[M]. 杜志英，等译. 北京：中国妇女出版社，1982：45.
② 同上。
③ 苏霍姆林斯基. 家长教育学[M]. 杜志英，等译. 北京：中国妇女出版社，1982：47.

不能说这些“早期开发”一点效果都没有，但按苏霍姆林斯基的观点看，这些开发都没有抓住智力开发的关键。因为孩子拥有了某种技能，却并不一定同时便拥有了某种智慧：孩子也许能够把齐白石的虾描摹得栩栩如生，但对自然界中各种小动物的区别可能却浑然不知；孩子也许能够把贝多芬的《致爱丽丝》演奏得炉火纯青，但对森林中的鸟鸣却无动于衷……

二

苏霍姆林斯基认为，关键在于“要教给孩子思考”！他认为智慧源于思考，而思考则从观察开始。

观察在孩子智慧发育中的重要性是不言而喻的，但这个“常识”已经几乎被许多家长遗忘。我曾在一篇题为《阅读大自然》的短文中揭示了一种畸形而可怕的教育现实：“当孩子们能够熟练地操作电脑时，或者能够在小小年纪就取得钢琴、小提琴以及其他什么乐器的‘十级证书’时，或者能够一口气背下圆周率后多少多少位小数时，或者能够在国际数理化奥林匹克比赛中拿回金牌时……他们作为人的某些功能可能正在退化——据有关专家调查，现在相当多的城市孩子不知什么是东南西北，晚上看不见远处的东西，也听不到远处的声音，不会和别人一起玩。专家们指出，孩子们没有自然空间的生存体验，当然也就不会产生识别方向、远声音听取等需求。这就如同在动物园长大的野生动物一样，失去了自然的生存条件，就会失去很多天性和能力。”因此，今天我们重温苏霍姆林斯基关于应教给孩子以“观察—思考”能力的家庭教育思想，便具有了特别强烈的现实针对性。

因为现在相当多的家长注重孩子读书却忽略了让孩子观察。苏霍姆林斯基认为：“孩子的智力发育，在很大程度上取决于周围环境，孩子在其中迈出认识世界的最初步伐。”[①] 也就是说，他认为是孩子对自然环境的直接观察而不是书本将首先决定孩子的智慧。

苏霍姆林斯基所说的“观察”，主要是指对自然界客观事物和现象的

① 苏霍姆林斯基. 家长教育学[M]. 杜志英，等译. 北京：中国妇女出版社，1982：47.

观察，他这样告诫年轻的父母们：“从孩子一开始有意识地生活起，父母就应注意周围世界各种事物和现象之间的因果联系，其目的是使孩子学会观察事物，能善于发现、善于观察那些一眼看不出有什么特点的事物。形象点说，因为在印象上生有思考的翅膀。智慧、思考、思维的来源存在于周围的世界中，存在于人们所看见、所认识的现象中，这些现象引起了他的兴趣。几万年前，在我们古代祖先的意识中，之所以烧起了第一颗思考的火花，一定是在他们看见了奇怪而又不可理解的现象，但他们又想理解这种现象的本质的时候。”①

三

其实，孩子本身就有观察的天性——对周围世界的好奇心使他们的眼睛总是闪烁着探寻的光芒。遗憾的是，我们有的家长还没有意识到这点，他们在生活中常常有意无意地扼杀着孩子观察的天性。我的一个学生曾向我说了这样一件事：他很小时父亲便强迫他练小提琴，但他却特别喜欢各种昆虫。有一天，他捉回一只螳螂，装在大瓶子里，想把它喂养起来。最初，他父亲虽不太高兴，也没有说什么，可几天过去了，父亲看到他常常对着大瓶子发呆，一看就是很长时间，便开始骂儿子“正事不做”耽误了练琴，再后来干脆趁儿子上学时，把那个大瓶子扔了！“从此，对一切生物我再也没兴趣！甚至现在我连生物课都不想上。”在追忆完这段往事后，这个学生这样对我说道。我想：他当初对昆虫的爱好也许是他开始昆虫学研究的第一步，而他的父亲也许毁掉了一个未来的科学家。

明智的家长应该明白，眼睛是孩子心灵的窗口，良好的观察能力是人们认识世界、增长知识的门户，因为观察不仅仅是看，而且还伴随着思考——是用眼睛思考。家长们要和孩子一起养成观察的兴趣。苏霍姆林斯基对一位和孩子在森林里散步的家长这样说道：“你带着 4 岁的小儿子去散步。这里有树林，树林后面栽有小树：松树、榨树、橡树。小儿子自己没有看出在老

① 苏霍姆林斯基. 家长教育学[M]. 杜志英，等译. 北京：中国妇女出版社，1982：47.

树林与人工栽植的小树林之间有什么区别。应当培养求知欲，要教给孩子观察。你告诉儿子：‘看这些高树，再看看这些小树，怎么区别老树和小树？’小儿子没有马上区别出它们，但是，他用心仔细观察，就看出来了。此时，在他眼睛中迸发出高兴的火花：‘在老树林里的树行不整齐，而在小树林中，树行多整齐呀！’”①

其实，不仅仅是郁郁葱葱的森林，大自然和社会的任何图形、色彩、声音及其变化，都能激起孩子们强烈的好奇心，家长应该利用这种好奇心，和孩子一起细心观察周围的一切。无论是在郊外田野还是在都市大街，无论是在百货商场还是在农贸集市，面对孩子的各种各样的提问，家长应有问必答，百问不厌，并且引导孩子做更深入细致的观察。简单、粗暴的斥责不但会挫伤孩子的观察兴趣，还将影响其智力发展。

四

当然，家长们最好是有计划地训练孩子观察的能力。每次外出参观、旅游，都应在观察的内容、方法、步骤等方面对孩子提出明确的要求。平时在家，家长也可以结合家庭日用品训练孩子的观察力。比如炊具、餐具、家具等物品的种类、大小、形状、图案、色彩、用途等，都可以叫孩子仔细看看、认真想想。长期养成习惯，孩子的观察能力必定会大大增强。另外，要求孩子在观察时，调动各种感觉器官参与，既用眼看，又用鼻闻，用耳听，用手摸，同时又用脑进行综合分析。这样不但可以提高观察效果，还能促进孩子的各种能力全面提高。比如，如果带孩子去野外春游，就可以叫孩子带上钢笔和笔记本。在郊游过程中，引导孩子细心捕捉春天野外的 10 种色彩、10 种声音、10 种气息……回家后根据观察写一篇作文。

请年轻的父母们记住苏霍姆林斯基的忠告：“在你孩子面前，周围世界展现的事物越多，那么他所看见的但又不理解的、莫名其妙的东西也越多。为什么夏季太阳在天空中高高悬起，在冬季反而低垂？为什么在高大的柞树

① 苏霍姆林斯基. 家长教育学[M]. 杜志英，等译. 北京：中国妇女出版社，1982：47.

上长着小小的柞实，而在细藤上反而结出那么大的西瓜和南瓜？为什么闪电和打雷？为什么在冬季里有些鸟飞向暖和的南方，而有些鸟又留在我们这里过冬？成千上万的这样的问题，你的孩子在大自然中旅行的不同时刻都会提出。孩子提出的问题越多，那么他在童年早期认识周围的东西也就越多，在学校中越聪明，眼睛越明亮，记忆力就越敏锐。要培养自己孩子的智慧，那你就得教给他思考。”①

① 苏霍姆林斯基. 家长教育学[M]. 杜志英，等译. 北京：中国妇女出版社，1982：48.

快乐学校

孩子们的快乐，对于我就是最大的幸福。

——苏霍姆林斯基

“时刻都不忘记自己也曾经是个孩子”

——谈苏霍姆林斯基所倡导的师生关系

一

1983年3月的一天，分管教学的赵副校长把我叫到了他的办公室。赵校长是一位南下干部，学识渊博，有很高的教育专业素养，在我心中很有威望。大学毕业我去教育局报到时，就是他来教育局把我领到乐山一中的。

那天他请我到办公室，和蔼可亲地请我坐下，先是表扬我“工作很有干劲”“上课也大有进步”等。他的普通话带有浓浓的江苏口音，但夸我的意思我听懂了。

然后他表情略有些严肃，说：“你是不是在课间爱和学生打闹？”

我不假思索地点点头，心想：怎么了？不可以吗？

他又问：“听说你最近把学生带到河边玩，还和学生一起摔跤、斗鸡？”

我再次点点头，解释说：“我是利用星期天去玩的。”

“我没有说你这样做影响了教育教学工作，而是说，你得随时想到你是老师啊！”他说得语重心长，“你毕竟是老师啊！和学生相处还是要注意分寸。”

老师怎么了？老师就不可以和学生玩儿吗？我不服，但没说出口。一个毛头小青年，是不应该顶撞领导的，这个我懂。

赵校长把我的沉默理解为我知道错了，认可他善意而委婉的批评。他更加亲切地对我说：“小伙子别背思想包袱，我这不过是一个提醒嘛！记住，你毕竟是老师啊！”

说实在的，当时我是觉得有些委屈，虽然没反驳赵校长，但我根本没想到过“改正”，照样和学生打成一片。

而且"变本加厉"——在一个暑假，我竟然带着学生下重庆、去云南、赴贵州……渐渐地，我不但听到了领导的批评："带着学生游山玩水忘记了自己是一个老师，对学生完全不负责任！"还听到了一些老教师的讥讽："他在显示自己爱学生啊！"

可以想象，当时我多么憋闷！

二

这时候，我读到了苏霍姆林斯基《帕夫雷什中学》中，作者对自己带着学生去探险的一段描述——

> 少年们夏天想进行"水上旅行"乘船经过水库驶入大河，然后登上某个"无人烟"的岛子……我只是现在才意识到，正是我自己使他们产生了这个想法。而当时我觉得，他们产生这个念头跟我给他们讲故事无关。可是我们没有船，于是我从新学年一开始就攒钱。到了春天，我就从渔民那里买来了两条船，家长们又买了一条船，于是我们的小船队便出航了。可能有人会想，作者想借这些事例来炫耀自己特别关心孩子。不对，买船是出于我想给孩子们带来快乐，孩子们的快乐，对于我就是最大的幸福。[①]

当年这段话带给我的心灵冲击，我现在无法用语言来描述。38 年后的今天，当我重读这段话，心中依然激动不已。

这种"冲击"与"激动"应该是一种强烈的共鸣。简单地说，"冲击"是我感到我的心一下子被苏霍姆林斯基照亮了："可能有人会想，作者想借这些事例来炫耀自己特别关心孩子。不对，……孩子们的快乐，对于我就是最大的幸福。"这说的不就是我吗？我仿佛听到苏霍姆林斯基拍着我的肩膀说："小伙子，别怕，你没错，一点都没错！"而"激动"是我感到我也把苏霍姆林斯基这段话照亮了，我以一名中国青年教师的名义，用自己的案例为苏霍姆林斯基这段话加了一条中国式的注释，增强了这段话的真理性。

① 苏霍姆林斯基. 帕夫雷什中学[M]. 赵玮，等译. 北京：教育科学出版社，1983：3.

所以我后来说，真正的阅读应该是作者和读者的“互相照亮”。

可以毫不夸张地说，正是那次和苏霍姆林斯基的“互相照亮”，我有底气一直和学生保持着几十年的“摸爬滚打”，直到退休。

2019 年 10 月，我再次来到巴甫雷什中学，看到了苏霍姆林斯基带着孩子们划船远行的那条河。半个多世纪过去了，这条第聂伯河的支流依然辽阔，蓝色的水面在阳光下泛着金光。想到半个世纪以前，一位意气风发的中年校长和一群天真活泼的孩子，就是从这里出航去远方，我不禁心潮起伏。

三

苏霍姆林斯基特别主张师生的平等。他理解的“平等”绝不是教师故意做出来的“平易近人”或装出来的“和蔼可亲”。在他那里，和学生融为一体，是一种自然而然发自内心的愿望。他是发自内心地把每一个孩子都看作自己的小伙伴。

在《把整个心灵献给孩子》一书中，苏霍姆林斯基写道：“我总想和孩子们待在一起，跟他们同欢乐共忧愁，亲密无间。这种亲昵感乃是教育者创造性劳动中的一种极大享受。我曾时时试图参与孩子们某个集体的生活：同孩子们一起去劳动或到故乡各地去远足，去参观旅行，帮助他们享受到一些不可多得的欢乐，缺少了这种欢乐就难以想象能有完满的教育。”①

今天的一些教师如果不是读了这段饱含深情的文字，可能很难想象这是一个校长的情怀。我们常常说“要和学生打成一片”，可对苏霍姆林斯基来说，他和孩子本身就是“一片”的，哪还需要“打”呢？

当年读到这一段，我却非常理解苏霍姆林斯基。因为——恕我冒昧“抬高”自己——我也是这样的！在 1992 年的一篇随笔中，我曾经这样骄傲地写道——

> 我尽量使自己的整个身心都与学生融为一体。每带一个新班，我都把全班同学的生日工整地抄贴在我书房的最醒目处。每个学生生日那天，

① 苏霍姆林斯基. 育人三部曲[M]. 毕淑芝，等译. 北京：人民教育出版社，1998：8.

我都送上一本小书、笔记本或其他小礼物。每次放假，我都安排一次与学生的旅游：我曾与学生站在黄果树瀑布下面，让飞花溅玉似的瀑水把我们浑身浇透；我曾与学生穿着铁钉鞋，冒着风雪手挽手登上冰雪世界峨眉之巅；我曾与学生在风雨中经过8个小时的攀登，饥寒交迫地进入瓦屋山原始森林……每一次，我和学生都油然而生风雨同舟、相依为命之情，同时又感到无限幸福。这种幸福不只是我赐予学生的，也不单是学生奉献给我的，它是我们共同创造、平等分享的。

毫无疑问，我的这种情怀，很大程度上是来自苏霍姆林斯基。

四

苏霍姆林斯基一生致力于和学生保持一种心心相印、息息相通的关系。他所追求的理想的——当然，在他那里也是现实的——师生关系的核心是“平等”。

我认为，如果非要“深刻挖掘”苏霍姆林斯基平等的师生观背后的“思想”“理念”，其实很简单，就是他那颗一直纯净、透亮而从来都没有被玷污过的童心。

我经常听到一些教师给我诉说烦恼：“我也想和学生亲密，可一旦他们和我太随便，我就没威信了。”一些教师认为，教师在学生面前固然应平易近人，但不可过分显得“孩子气”。丧失起码的尊严感，就会失去对学生应有的教育和管理的“威信”。而我却认为，只要注意环境、场合，只要把握准学生的情感，教师的任何“过分”的亲切、幽默、嬉戏都不会是多余的，这只会让学生把你当成真正的朋友来接纳。而且彼此充满信任的关系，正是教育的条件，有时候甚至就是教育本身。

我工作之初，有一段时间男同学酷爱“斗鸡”。无疑，这是很危险的游戏，于是我下令禁止：“首先是对你们正在发育的身体不利，其次在教室里、校园里一蹦一跳实在不雅……”在我看来，学生们应理解我的一片好心，况且我已晓之以理，但在学生看来，我是专横地剥夺了他们的自由，于是，“斗鸡”由公开转入地下，这意味着师生之间已产生了不信任。不久，我们班来到郊外春游。我发现，在我宣布自由活动后，一些男同学互递眼色，像在商量什么，但又不好意思说，我看了一下四周柔软的沙滩，忽然明白了，便大声宣布："来，请男同学组织一个'敢死队'，与我'斗鸡'！"孩子们在惊喜中雀跃起来。当我看到男生们一蹦一跳地向我轮番进攻，最后把我击倒在沙滩上，我感到很舒畅：同学们已理解我并接纳我了，因为我并未扼杀他们的童心。

是的，我认为教育不应违背儿童的天性。当然，"不应违背"并非一味迁就，而是把童趣引导到正当的途径和允许的范围内发挥，这将会使学生的心和教师贴得更紧。如果教师本人甚至也保持或培养一点"儿童的天性"，那么，简直可以使师生之间的心灵融为一体。在参加工作最初 5 年里的每年正月初一，我都邀约学生带上香肠、小香槟、糕点，一起来到郊外，在欢声笑语、追逐打闹中共度新春佳节。跟孩子们一起捉迷藏、一起"丢手巾"、一起打水仗、一起包抄手……的确是一种享受。直到我女儿出生。

当我和孩子们快乐地"疯狂"时，我真的忘记了自己是一个教师，而觉得我又回到了童年。

五

苏霍姆林斯基说："一个好教师意味着什么？首先意味着他热爱孩子，感到跟孩子交往是一种乐趣，相信每个孩子都能成为一个好人，善于跟他们交朋友，关心孩子的快乐和悲伤，了解孩子的心灵，时刻都不忘记自己也曾是个孩子。"①

"时刻都不忘记自己也曾是个孩子。"这话穷尽了苏霍姆林斯基之所以能够和孩子水乳交融的全部秘密。反复地一个字一个字地咀嚼这朴素的一句短语，我们会明白怎么做好老师。

他在说"不忘记"自己曾是孩子的同时，又说要"忘记"自己是教师："最好的教师是在精神交往中忘记自己是教师，而把自己的学生视为朋友、志同道合者的那种教师。"②

---

① 苏霍姆林斯基. 帕夫雷什中学[M]. 赵玮，等译. 北京：教育科学出版社，1983：21.

② 苏霍姆林斯基. 帕夫雷什中学[M]. 赵玮，等译. 北京：教育科学出版社，1983：6.

“不忘记”和“忘记”，真正的教师正是这二者的辩证统一。

现在，我们说到教育最重要的“起决定作用”的品质，往往会想到许多富有“时代特征”和“国际视野”的“前卫理念”“先进模式”，或者“特色”“创新”“品牌”……可苏霍姆林斯基说：“随着岁月的流逝，我愈加坚定了一个信念——对孩子的依恋之情，这是教育修养中起决定作用的一种品质。”①

看，“起决定作用的一种品质”，居然“仅仅”是“对孩子的依恋之情”！

读不懂这“依恋之情”，就无法读懂苏霍姆林斯基。

我读懂了。

2000年4月9日中午，班里一群孩子送我去火车站，我将去西安学习3个月。孩子们将我送到了站台上，胡夏融帮我把行李箱扛上了车厢，放在了行李架上。还有十几分钟就要开车了，我叫他们回去了，可他们说要看着我走了以后他们才回去。崔涛对我说：“李老师，我去给你买一瓶水！”说着就跑远了。不一会儿，他在窗外踮着脚把水递给我。张潇文拿着一副扑克站在窗下，仰望着我：“李老师，我给你耍个魔术。”于是，那副扑克便在他手上变得令人眼花缭乱起来……

火车开始启动了，我向他们挥手告别。他们却一边跟着越来越快的火车奔跑着，一边流着眼泪向我挥手。我和他们的距离在迅速拉大，但从窗口远远看去，一群少男少女在追逐着火车，我的眼睛开始潮湿，但我仍然清晰地看到，王立炜、胡夏融跑在最前面，后面的李之、成梅实在跑不动了，终于蹲在站台上号啕大哭起来，但她们的眼睛仍然在追逐着火车。我忍了很久很久的眼泪终于奔涌而出……

这就是苏霍姆林斯基所说的“依恋之情”。

六

苏霍姆林斯基认为，教师和孩子亲近会有助于了解和理解孩子，会有利于教育的实现，所以他特别主张和孩子有共同爱好：“如果我跟孩子们没有

---

① 苏霍姆林斯基.育人三部曲[M].毕淑芝，等译.北京：人民教育出版社，1998：9.

共同兴趣、爱好和意愿，那么我通向孩子心灵的道路将永远堵死。”①

他曾写了一个和自己疏远后来因为共同的爱好而彼此拥抱的孩子，说：“那种看来似乎最难接近和最不开朗的孩子只是由于我和他们因同一项活动或者同一本书、同一场游戏、同一次旅行而高兴、激动，才向我敞开了心灵。……必须找到跟孩子共同的兴趣，那样他才会向我敞开他的心怀，我们才能了解到需要了解的东西。”②

所以，他谆谆告诫道：“教师应当成为孩子的朋友，深入到他的兴趣中去，与他同欢乐、共忧伤，忘记自己是教师。这样，孩子才会向教师敞开他的心灵。”③

他认为，教师和孩子的交往接触，不应只是在教室和课堂：“我总是竭力使教师们确信，如果你只限于从讲台上看见学生，如果只是由于你叫他来，他才走近你，如果他跟你的交谈只是回答你的提问，那么，任何心理学知识都帮不了你的忙。应当像跟朋友和志同道合者那样会见孩子，应当跟他同享胜利的喜悦，共担失败的忧伤。”④

他还认为：“一个只是在上课时隔着讲桌跟学生会面的人是不会了解儿童心灵的；而不了解儿童，就不可能成为教育者。对这样的人来讲，孩子们的思想、情感和意愿都是不可捉摸的。教师的一座讲台有时会变成一堵高大的石墙石壁，教师在墙壁后面向他的学生‘敌人’发动‘进攻’。但更多的情况则是讲桌变成被包围的堡垒，‘敌人’围攻它，而躲藏在里面的‘指挥官’则感到手足无措。”⑤

现在，这样被“敌人”围攻得“手足无措”的教师，可能为数不少。

想想，我们现在的一些教师，除了上课还有什么时候和学生打交道？现在有多少教师还在和孩子跳绳、捉迷藏、踢足球？我知道这不能完全怪老师，现在太多的各种形式主义的“任务”需要教师们应付，沉重的“非教学负担”

① 苏霍姆林斯基. 育人三部曲[M]. 毕淑芝，等译. 北京：人民教育出版社，1998：11.
② 同上。
③ 苏霍姆林斯基. 帕夫雷什中学[M]. 赵玮，等译. 北京：教育科学出版社，1983：7.
④ 苏霍姆林斯基. 帕夫雷什中学[M]. 赵玮，等译. 北京：教育科学出版社，1983：12.
⑤ 苏霍姆林斯基. 育人三部曲[M]. 毕淑芝，等译. 北京：人民教育出版社，1998：9.

压得教师们喘不过气来。但无论如何，和孩子只有教学关系的教育，绝对不是完整的教育。

七

即使在课堂上与孩子们交往，苏霍姆林斯基也特别主张一个原则：理解与尊重。他多次强调在教学过程中，要保护学生的自尊心："教师们与之打交道的，是自然界中最娇嫩、最精细和最敏感的东西，那就是小孩子的大脑。当你想到大脑时，就要想象这是朵挂着露珠的娇嫩的玫瑰。要做到摘下花朵而又不使露珠被抖落，需要多么小心谨慎。我们时时刻刻需要的正是这种审慎态度，因为我们接触的是自然界最精细、最娇嫩的东西——正在成长的机体身上会思维的物质。"①

有一次，苏霍姆林斯基在听课时，文学课女教师叫起一个学习比较差的学生来造句。她对这个学生造的一个句子感到不满意，一句话没说，便随意挥了下手，让孩子别说了。后来这个孩子为此哭了一晚上。这是一件小事，甚至似乎只是一个微不足道的细节。但在苏霍姆林斯基看来，这事关孩子的自尊心。所以他花很长时间找这位教师谈话，向她说明，她这一挥手反映了她的教育观点——对待学生态度冷漠。这样的谈话，在苏霍姆林斯基的日常工作内容中占很大的比例，他说："我不止一次地不得不为教师的一句话、甚至一丝微笑或一瞥发怒的眼神而跟他进行一个钟头、两个钟头、三个钟头的谈话。"②

苏霍姆林斯基和孩子无疑是亲密的朋友。但作为师生关系的朋友又不仅仅是"朋友"，还是共同探索知识、追求真理道路上的同志。他说："只有当教师在共同活动中长期做孩子们的朋友、志同道合者和同志时，才会产生真正的精神上的一致性。……跟孩子们进行经常的、生动活泼的直接交往，这是思想的源泉，是教育开发的源泉，是产生喜悦、忧愁和失望的源头。"③

---

① 苏霍姆林斯基. 育人三部曲[M]. 毕淑芝，等译. 北京：人民教育出版社，1998：33.
② 苏霍姆林斯基. 帕夫雷什中学[M]. 赵玮，等译. 北京：教育科学出版社，1983：10.
③ 苏霍姆林斯基. 育人三部曲[M]. 毕淑芝，等译. 北京：人民教育出版社，1998：9.

八

和学生建立“同志关系”，这是苏霍姆林斯基教育思想最可贵的民主色彩。毫不夸张地说，这对传统教育（尤其是中国教育）中的师生关系“定论”是一种颠覆。

民主教育要求每一位教育者重新审视师生关系：“毫无疑问，在未来的几十年中，发达国家的师生关系将会发生巨大变化。由于学生积极参与自学过程，由于每个学生的创造性都受到重视，指令性和专断的师生关系将难以维持，教师的权威将不再建立于学生的被动与无知的基础上，而是建立在教师借助学生的积极参与促进其充分发展的能力之上。这样，教师的作用就不会混同于一部百科全书或一个供学生利用的资料库。一个有创造性的教师应能帮助学生在自学的道路上迅速前进，教会学生怎样对付大量的信息，他更多的是一名向导和顾问，而不是机械传递知识的简单工具。”①

教师的职责无疑是“传道、授业、解惑”，但这并不意味着教师在知识的任何方面都超过学生，教师更不应因此而以真理的垄断者自居。尊重学生，就包括尊重学生的思考，真正优秀的教师应该是学生的引路人，也是和学生一起追求新知、探求真理的志同道合者。与学生同志式探求真理，就应尊重学生发表不同看法的权利，并且提倡学生与教师开展观点争鸣。学生的认识也许比较肤浅，他们的看法也许比较片面甚至有错误之处，但在发表自己观点的权利上，和教师是平等的。教师绝对不能因为学生的“幼稚”而剥夺学生思想的权利。更何况，在平等对话、共同探究的过程中，教师并不一定总是比学生“高明”，更多的时候的确是互相学习、互相促进。与学生同志式探求真理，还应该鼓励学生公开指出老师教学中的错误，心悦诚服地接受来自学生的批评指正。“真理面前，人人平等”，也应该体现于教育过程的师生之间。

有一年我教高一，学完《祝福》，有位女生认为我对小说主题的分析不

---

① 拉塞克，维迪努.从现在到2000年教育内容发展的全球展望[M].马胜利，等译.北京：教育科学出版社，1992：108.

够完整。她指出，小说固然“深刻揭露了封建礼教对劳动妇女的摧残”，但柳妈、卫老婆子以及“咀嚼赏鉴”祥林嫂的悲哀、嘲笑她“你那时怎么竟肯了”的所有鲁镇人无一不是病态者，整个小说揭示了旧中国人与人之间的冷漠，而祥林嫂正是在这冷漠中死去的。听完她的发言，我并不认为她的观点能完全驳倒我的分析，但她善于独立思考而且剖析确有独到深刻之处，丰富并深化了我们对作品的理解；在课堂上向老师“挑战”更是难能可贵。因此我肯定了她的发言，并号召同学们向她学习。应该特别指出的是，师生之间的商榷并不只是是非之争，更多的时候是互相启发、互相补充和互相完善，只要言之成理，还可以求同存异甚至不求同只存异，而不必非要定于一尊不可。当然，尊重学生不等于无视学生的错误或偏激。但即使如此，教师也只能平等地以理服人。

当我在做这一切的时候，我的背后屹立着不朽的苏霍姆林斯基。

九

苏霍姆林斯基所倡导的师生关系深深地蕴含着他对教育“人学”性质的理解：“教育——这首先是人学。不了解孩子——不了解他的智力发展，他的思维、兴趣、爱好、才能、禀赋、倾向，就谈不上教育。”①

因为是“人学”，所以苏霍姆林斯基要求教师们：“要以人对人的方式对待孩子，要善于发现他心中能响应我们召唤的那一隅，这样，才能使你更容易克服那些妨碍教育的不利因素。”②

我理解，所谓“人对人的方式”就是把孩子当作孩子，当作有情感、有思想、有差异、成长中的精神个体，而不是可以随心所欲地控制和强制的机器。人情、人性、人道，自然就是教育的必然内涵。

他是站在“人”的高度来看待师生关系的，他说：“人是最高价值。”所以，他对孩子的爱，从本质上说，不是一般意义上教师对学生的爱，而是人对人的爱。

① 苏霍姆林斯基. 育人三部曲[M]. 毕淑芝，等译. 北京：人民教育出版社，1998：11.
② 苏霍姆林斯基. 帕夫雷什中学[M]. 赵玮，等译. 北京：教育科学出版社，1983：12.

在苏霍姆林斯基的不朽名作《把整个心灵献给孩子》的序言中，他这样深情而自信地写道："在一所农村学校身不离校地工作 32 年，对我是无与伦比的幸福。我把自己的一生献给了孩子们，所以考虑很久之后给这本书题名叫《把整个心灵献给孩子》。我认为，我是有权这样做的。……我生活中什么是最重要的呢？我可以毫不犹豫地回答爱孩子。"[①]

作为苏霍姆林斯基忠诚的追随者，我还想根据自己切身的感受，冒昧地替导师这段话的最后一句补上："以及孩子对我的爱！"

（注：本文中学生名字均为化名）

① 苏霍姆林斯基. 育人三部曲[M]. 毕淑芝，等译. 北京：人民教育出版社，1998：5.

教育应如童话般美丽

一

在写下这个浪漫的题目时，我听到了一个极为残酷的消息——

四川泸州某小区一名小学生迫于种种压力跳楼自杀了，离世之前还留下一封遗书，他写道："我活着太累了，你们从小便希望我像成人一样，我早已绝望，我只希望能多睡一会儿……"

一个孩子，还是吹肥皂泡的年龄，按说不应该懂得什么叫"绝望"，然而他"像成人一样"，确实被逼到绝望的境地，而他的愿望，不过是"只希望能多睡一会儿"！

可怕的是，这样的孩子不是个别。

或者说，没有感到绝望却感到了生活枯燥、学习乏味的学生，恐怕就相当多了。

然而，教育本不应该是这样的啊！

二

那么，教育本应该是怎样的呢？

请让我们还是走进苏霍姆林斯基的教育世界。在《把整个心灵献给孩子》一书中，教育家回忆了他曾带着孩子在洒满阳光的原野上观察秋天的情景。

那是秋天的一个清晨，虽然已到十月，但树叶还没黄，时不时还有隆隆雷声，好像又回到了夏天。苏霍姆林斯基和他的学生们踏着草上闪烁的露珠来到了他们经常去的一个山冈上，他们一起仰望朵朵蓬松的白云。苏霍姆林斯基让孩子们一边仔细观察，一边充分展开想象的翅膀："孩子们，看这块云像什么？"他指着在天空漂浮而过的一朵奇异云团问道。

“这是戴草帽的牧羊老爷爷，还拄着一根棍子。”一个女孩说，“你们看，他旁边还有羊群。前头是一只卷犄角的老羊，后面跟着些小羊羔……老爷爷挎着一个布袋，有什么东西还露在口袋外面。”

“这不是老爷爷，”一个男孩不同意，“是大雪人，就像我们冬天堆的那个雪人一样。看，手里还拿着扫帚。头上根本不是草帽，而是水桶。”

“不是，这不是雪人，是干草垛，”另一个孩子说，“草垛上是两个牧人拿着大叉。你们看，他们在往下扔草，下面停着一辆大车。这哪儿是老绵羊，不是羊，是车。那是车弓，不是犄角……”

“这是个很大的大兔子。我梦见过这样的兔子。下面也根本不是车，而是兔子尾巴。”又一个孩子嚷嚷道。

…………

在叽叽喳喳的争论中，每一个孩子的思维都张开了巨大的翅膀，飞过蓝天，飞过深林，飞向无穷的远方。

然后孩子们坐在草地上，围着苏霍姆林斯基，听他讲童话故事。

苏霍姆林斯基幸福地回忆当时的情景：“我讲到远方的热带国家，讲到长年不断的夏天和奇异的星座、清澈碧蓝的大洋和风姿优美的椰林。童话在这里跟现实交织在一起，我好像开启了通向远方的窗口。讲到风土人情，讲到大洋大海，讲到丰富多彩的动植物，讲到千姿百态的自然现象。”①

这样的活动在巴甫雷什中学不是偶尔，而是常态。

三

苏霍姆林斯基还曾记录秋天他和孩子们在小山丘上的一次吟诗活动。展现在我们面前的是油画般美丽的原野：

> 隐没在果园里的村子、一望无际的田野、蓝色的山峦和林带空气格外清澈、洁净，地面上飘舞着银白色的蛛丝，蔚蓝天空中出现越来越多的成行的候鸟。离我们所在的山丘不远，有一片丛林，林边长着一丛丛

---

① 苏霍姆林斯基. 育人三部曲[M]. 毕淑芝，等译. 北京：人民教育出版社，1998：41-42.

野蔷薇。我们常常去欣赏那串串绛红色的野果粒和悬挂在树枝上的闪着银光的蛛丝，铭记每丛树的轮廓，眺望果园和村边的排排杨树。孩子们每天都发现一点新东西，葱绿的丛林眼看着披上深红色秋装，树叶泛映出奇妙的色彩变幻。这些发现给孩子们带来极大的愉快。①

如诗如画的大自然让孩子们成了诗人。

拉里莎眼睛里闪出欢快的神情，美妙的诗句脱口而出——

夜里落下露珠，
落入银白色的蛛网。

尤拉紧接着也吟了两句——

琥珀色的珠粒，
颤抖起来，
战栗起来了。

苏霍姆林斯基被孩子们的诗情所感染，脱口接着吟下去——

太阳吮吸了露珠，
洗涤了银色的蛛网，
笑逐颜开的是那琥珀珠粒……

就这样，在碧蓝如洗的天空下，一个中年人带着一群孩子，一遍遍大声地吟诵他们新编的诗句。然后欢呼着，雀跃着……

后来，苏霍姆林斯基在书中这样激动地写道：

真正的思想总是饱含激情的。孩子一旦领略了语言的芳香，他的心就会激动。到田野、到公园去吧，要从源泉中汲取思想，那溶有生命活力的水会使你的学生成为聪慧的探索者，成为寻求真知、勤于治学的人，成为诗人。我千百次地说，缺少了诗意和美感的涌流，孩子就不可能得到充分的智力发展。儿童思想的本性就要求有诗的创作。美与活跃的思想犹如阳光与花朵一般，是有机地联系在一起的。诗的创作始于目睹美。大自然的美能锐化知觉，激发创造性思维，使言语为个人体验所充实。②

---

① 苏霍姆林斯基. 育人三部曲[M]. 毕淑芝，等译. 北京：人民教育出版社，1998：48.

② 苏霍姆林斯基. 育人三部曲[M]. 毕淑芝，等译. 北京：人民教育出版社，1998：49.

30多年前，当我读到这里的时候，怦然心动：这是多么令人神往的教育啊！

四

苏霍姆林斯基这样做的想法其实很朴素：“我希望尽可能充分地满足孩子们多种多样的兴趣和企望。换句话说，我希望使孩子们生活和学习得有意思。”①

记得我当年读到这句话，还琢磨了一下：我们经常说到教育，往往想到的是“有意义”。所谓“有意义”，是站在教育者的角度说的：我们的责任、使命、理想，我们的教育目的，我们所要传递给学生的真善美品质，还有要培养的公民意识与创造精神，以及要点燃的思想火花和要拓宽的海洋般开阔的胸襟与视野……这当然是必需的，教育没有了“意义”，就没有了教育。可苏霍姆林斯基却说的是“有意思”。

那么，“有意思”是有什么“意思”呢？我想，这是站在孩子们的角度说的：情趣、浪漫、好玩儿、妙趣横生、其乐融融、心花怒放、欢呼雀跃、心灵激荡、泪流满面——或是教室里教师讲的一个跌宕起伏而又感人肺腑的故事，或是师生之间在田野上的追逐，以及让风筝在蓝天写诗……

苏霍姆林斯基当然没有否定教育的意义，他的全部实践与著作都在阐述着教育的意义，但他同时强调教育要“有意思”，这充分体现了他教育思想的“儿童视角”。

在巴甫雷什中学，“有意思”的教育太多了！

五

当时，苏联的媒体报道了飞行员的几次远程飞行。在宇航英雄考察探险壮举的鼓舞下，苏霍姆林斯基和孩子们一起，把一座被废弃的半坍塌的旧农舍改造布置成了一间类似轮船船舱的舱室，他们想象着自己正在一艘海轮上，还给这艘海轮取名叫“北方鲁滨逊号”。苏霍姆林斯基带着孩子在这里读关

① 苏霍姆林斯基.帕夫雷什中学[M].赵玮，等译.北京：教育科学出版社，1983：4.

于著名探险家的书籍，绘制他们想象中的新发现的地图。这一切，又都融入了他们的游戏。

苏霍姆林斯基这样动情地回忆道："我永远也忘不了那些秋天的夜晚：窗外大风呼啸，雨点敲击着我们海船的"舷窗"玻璃，而我们聚在熊熊燃烧的炉火旁，屏住气息经历着阿蒙森（注：挪威极地旅行家和考察家）和米克鲁霍·马克莱（注：俄国民族学家）的奇特境遇——跟他们一道在北极的冰山中和赤道的原始森林里艰难地跋涉。冬天，我们堆砌雪屋和冰山——做"契留斯金号"探险队游戏。"①

25 年过去了，这样浪漫有趣的游戏，又延续在了那间同样的旧农舍里，但孩子们已经是当年孩子的孩子了！

苏霍姆林斯基说："而今，四分之一个世纪之后，还是在那个半坍塌（稍作了修缮但依然特地保留了半坍塌状态）的农舍里，我早年学生的孩子们却又在玩宇航员游戏了。这间'舱室'里依然是一派浪漫主义气氛，漫长的深秋夜晚，室内火炉里依然有木柴烧得噼啪作响。我深信，没有浪漫主义精神，没有家庭式的友爱场合，让孩子们能在那里像我们在'北方鲁滨孙号'那样跟老师待在一起，就不可能教育孩子。"②

两代人在同一个"舱室"里玩同样的游戏，相隔 25 年，却是同一个老师——苏霍姆林斯基。这本身就是一个教育童话啊！

六

编织这样的"童话"，并不是苏霍姆林斯基偶然的心血来潮，偶尔为之，而是巴甫雷什中学的"惯例"，是学校的传统。可以说，每一个从巴甫雷什中学毕业的孩子，都有这样美好而美妙的回忆。

几十年来，每读苏霍姆林斯基的文字，我都会想，如果他不是卓越教育家，也一定是一个杰出的作家。因为苏霍姆林斯基的文字表达能力太强了。比如这段文字，简直就是优美的散文。但这不是文学作品里的场面，而是苏

---

① 苏霍姆林斯基. 帕夫雷什中学[M]. 赵玮，等译. 北京：教育科学出版社，1983：5.
② 同上。

霍姆林斯基和他学生的真实生活。

或者说，苏霍姆林斯基是作家，也是教师。他将两者完美统一于一身：作家以自己的作品影响无数的读者，让自己的思想与情感通过文字进入读者的精神世界；教师将每一个孩子当作自己的作品，在每个孩子身上倾注热情，挥洒生命，帮助他们把人生变成一首隽永的诗或一篇厚重的小说。纯真、激情、妙趣、敏锐、深刻、浪漫、智慧、责任……是教育的要义，也是文学的元素。“淡妆浓抹总相宜”“道是无情却有情”“为有源头活水来”“润物细无声”“此时无声胜有声”……这是文学的表达，也是教育的境界。

苏霍姆林斯基的确是如此完美——他的文学闪烁着教育的光芒，他的教育散发着文学的芬芳！

苏霍姆林斯基自豪地说：“毫无疑问，我们的学生对童年、少年、早期青年时代都会留下最温暖、最亲切的回忆。学校生活中的某些活动现在就已经代代相传，成为传统。”[①]

七

除了“北方鲁滨逊号”的“舱室”，除了每年暑期星空下的篝火，在巴甫雷什中学，孩子们还有许多寓意丰富而妙趣横生的节日：“首次铃声节”“最后铃声节”“母亲节”“女孩节”“歌节”“花节”“鸟节”“云雀节”“面包节”“苹果节”“冬节”“音乐欣赏节”“名画欣赏节”“诗歌节”“科技创作节”……这些节日都很特别，既有意义更有意思。

比如，“首次铃声节”是专门为一年级新生设立的，在小朋友们上课的第一天进行。毕业班的学生先祝贺小朋友们加入学校大家庭，给每个新同学赠送一本题写了赠言的书；然后带小同学们到校园里，把他们在 10 年前上学第一天亲手栽种的树移交给新同学照管。随后，举行传统的仪式——栽植永恒学校友谊树，毕业生跟小同学同栽一棵苹果树苗。而这些小朋友 10 年后，又将作为毕业班的学生为刚进校的一年级小朋友赠送小书，共植新树……

---

① 苏霍姆林斯基. 帕夫雷什中学[M]. 赵玮，等译. 北京：教育科学出版社，1983：92.

又比如，“最后铃声节”是为毕业班的学生举办的，在毕业生上课的最后一天举行。毕业生和一年级新生班对班地排成两列。一年级新生给每个毕业生献上鲜花和题有赠言的一本书。这些作为礼物的赠书都是世界经典名著：普希金的诗集、歌德的《浮士德》、塞万提斯的《堂·吉诃德》、荷马的《伊里亚特》或《奥德赛》，雨果的《悲惨世界》、但丁的《神曲》……

特别感人的是，参加活动的不仅是在校的一年级新生和毕业班学生，还有他们的爸爸妈妈乃至爷爷奶奶，以及以前从学校毕业的学生。在新生给毕业生的赠书上，孩子们用拙嫩的字母题写感人祝愿，字写得很大，充满童趣。在活动中，事先安排一个小同学走近铺着天蓝色台布的桌子，拿起系着天蓝色缎带的铃铛。当响起铃声时，从高年级学生队列中走出一名男青年或女青年代表集体向教师们致简短的谢词。这篇谢词是预先经过长时间准备的，但在典礼前一直保密。

2019 年 10 月，我在巴甫雷什中学恰好遇上学校的面包节，这是一个庆祝丰收的节日。当时校园里，到处都摆放各种造型的香喷喷的面包。教师和孩子们身着节日的盛装，脸上洋溢着笑容。一群小姑娘穿着漂亮的裙子，载歌载舞。虽然我们听不懂他们的歌词，但他们的快乐深深地感染了我们。

八

现今我们的一些学校——而且往往是“名校”，学生们在学校的每一秒钟都是被规定了的，甚至连洗漱、吃饭、上洗手间都限定了时间，为的就是一个目的——考高分，上大学。

原本丰富多彩的学校生活，就剩下两个字：“刷题”！

然而，很多人为这种扼杀人性、以牺牲孩子的健康为代价换取所谓“优异成绩”的“教育”辩护，说：“不这样，就无法赢得高考的胜利！”对此，我特别同意杨东平先生的话：“如果我们给学生以尊严、给他自由和健康反而会降低他学习的效果，这就说明我们所有的教育规律、学习科学都是胡说八道，最野蛮的管理才是最高明的。”

在这个背景下，我就特别向往苏霍姆林斯基给孩子们创设和营造的校园生活。请别说什么“国情不同”，因为无论国家与民族之间有多少文化传统的差异，但人性永远是相同的，也是相通的！教育焉能例外？

难道中国的孩子就不配享受那童话般的教育？

所幸我国现在已经有不少学校通过教育改革，正尽量让教育回归正常，让孩子们的校园生活充满应有的童话一般的浪漫气息。无论是在现代都市中的北京十一学校，还是在大山深处的广元范家小学，或是许多新教育实验学校，我都看到了这种希望。

其实，我们的教育也曾如童话般美丽。小时候，看过一部名叫《祖国的花朵》的电影，其中的插曲至今传唱——

让我们荡起双桨，
小船儿推开波浪，
海面倒映着美丽的白塔。
四周环绕着绿树红墙，
小船儿轻轻飘荡在水中，
迎面吹来了凉爽的风。
……

我盼望，今天的孩子也能够享受这样温馨浪漫的时光，能够闭着眼睛迎接这“迎面吹来凉爽的风”……

再访巴甫雷什中学

一

11 年前来乌克兰，是因为苏霍姆林斯基；这次重访乌克兰，依然是因为苏霍姆林斯基。如果不是苏霍姆林斯基，我可能和乌克兰扯不上什么关系。

对我来说，乌克兰最有魅力的地方，应该是苏霍姆林斯基曾任校长 22 年的巴甫雷什中学。

从基辅到巴甫雷什中学，得先坐 6 个多小时的大巴到波尔塔瓦州的克列缅丘格市。在杨东平教授的提议下，我们利用 6 个多小时的时间，举行了“大巴学术研讨会”。

每个人分享各自的教育心得或案例。我先谈了“苏霍姆林斯基的另一面”，着重介绍了苏霍姆林斯基富有人道主义的教育思想，在当时的苏联是如何遭到粗暴的批判，而苏霍姆林斯基则表现出怎样不畏权势、坚持真理的精神；杨东平教授结合他最近出访韩国，谈了他对韩国基础教育的了解；其他老师有的谈自己最近读的书，有的谈学校的教育创新，有的谈课程和教学方式的改革……

窗外，秋色斑斓；车内，思想燃烧。

二

在克列缅丘格住了一夜，第二天早晨我们驱车前往位于基洛沃格勒州的巴甫雷什中学。

本来说只有半个小时的车程，我们却用了两个小时。因为司机不熟悉路，不停地问路。终于他说“到了”。我一看窗外，是有一个校园，金黄树叶像瀑布一般倾泻在学校的栅栏上。这和我记忆中的巴甫雷什中学不太像。

下了车，也没见到校门，后来终于找到校门了，却不是以前我进过的那个校门。我想，也许这是学校的后校门吧！

出来一位个子高高的中年男子，笑眯眯的，说他就是校长。我一听便意识到，我们肯定走错了。

果然，通过翻译和他的交流，我们才知道真的走错了。这个学校叫“巴甫雷什卡中学”，而不是我们要去的“巴甫雷什中学”。乌克兰语中，两个学校的名称发音极为相近，所以司机也搞错了。

虽然知道我们找错了，可校长热情得不得了，一定要我们进去转一圈。我们不好拒绝，便跟着他走进了校园。

学校简陋而朴素。无论从环境还是校舍看，这都是一所典型的乡村学校。校长兴致勃勃地给我们介绍学校的情况。他还特别自豪地说，学校曾经培养过一名宇航员。其实，我们都明白，这名宇航员显然不能说是这所学校“培养”的，只是在这里读过中小学。但我完全能够理解，一名校长对自己学生取得成功的那种由衷的自豪感。

离开学校时，校长主动说要开着自己的车在前面给我们带路，他怕我们又走错了。在简陋的乡村公路上，我们又曲曲折折地行驶了半个多小时，终于看到我熟悉的巴甫雷什中学校门了。

三

苏霍姆林斯基多次在他的著作中，饱含感情地把这所学校称为“蓝天下的学校”。我理解，所谓“蓝天下的学校”就是阳光明媚、空气清新、树木葱茏、鲜花盛开的学校。眼前的巴甫雷什中学正是如此。

巴甫雷什中学位于一条公路旁的小坡上。校门不大，有几级台阶。当我们走上台阶时，巴甫雷什中学的校长——也是我的老朋友——德尔卡其迎了上来，热情地和我们一一握手。

然后，一位身着乌克兰民族服装的姑娘给我们献上一个大大的面包，这是乌克兰迎接客人最尊贵的礼物。然后，一群手持白色菊花的小学生为我们每一个人都献上他们手中的花儿。

接下来，学生和教师们举行了简朴而又隆重的欢迎仪式。孩子们朗诵了诗歌，教师们演唱了歌曲。此刻，蓝天特别纯净，阳光特别灿烂。

虽然是第二次来这所学校，但我依然被它的美感染了。

巴甫雷什中学的校园，既是一个花圃，又是一个果园，还是一个森林。无论花圃、果园还是森林，都是当年苏霍姆林斯基留下的遗产。我再次穿行在枝叶参天的果园里，阳光透过浓密的树叶之间的缝隙洒下来，果园里阳光斑驳。

当年苏霍姆林斯基建的一个植物温室至今还在。他种的两棵树的树梢已经耸入云霄，融入蓝天。

在苏霍姆林斯基亲手种植的树下，我们每一个人都种下两株玫瑰，以表达我们对苏霍姆林斯基和巴甫雷什中学的敬意。

在二楼一间大教室里，到处都放着各种造型的面包，因为正值学校的面包节。孩子们以“面包”为主题为我们表演舞蹈和各种节目，歌颂秋天，歌颂丰收的季节。

明媚的阳光从孩子们身后的玻璃窗投射进来，打在他们的头上、肩上和手臂上，小姑娘们便在逆光的轮廓中跳跃着、舞蹈着，格外纯净而美丽。

校园里没有大路，最宽的水泥路最多不过 50 米长，小路大多只能容两个人通过，随着缓缓的山坡起伏。这样的校园，任何车辆都开不进来。这里只是孩子们的天地。

是的，学校的花园里到处都有童话般的小房子、小动物，校长说，这都是苏霍姆林斯基所创作的童话故事场景。教师们常常带着孩子们读苏霍姆林斯基专门为儿童创作的这些童话故事，然后再带着孩子们到这里来体验童话情景。

我们都赞叹，巴甫雷什中学就是一个美丽的童话。

四

紧挨校门口的一座二层小楼，便是学校最初的教学楼，苏霍姆林斯基的办公室和他的家也在其中。

校长带我们走进小楼，在门口的一个过道上，屹立着一尊洁白的苏霍姆林斯基塑像。德尔卡其说，这就是当年苏霍姆林斯基迎接孩子和老师的地方，在这里他也经常和孩子、老师们亲切聊天。苏霍姆林斯基在这里当校长时，整个学校只有这一栋两层的教学楼，只有这个楼梯口。此刻我们站在这里，看着苏霍姆林斯基塑像，感觉他正在迎接着我们的到来。

再往里面走，几间当年的教室现在成为苏霍姆林斯基纪念馆，里面陈列着许多和苏霍姆林斯基有关的实物和文字，展示着教育家平凡又不普通的教育人生。

我特别注意到那一叠厚厚的笔记本。虽然我不认识乌克兰文，但工工整整、一丝不苟的漂亮的字迹我还是能够欣赏的。解说的老师对我们说，这是苏霍姆林斯基当年的听课笔记。我忍不住拿过本子一页页翻开，想象着当年苏霍姆林斯基凝神听课的神态，还有他认真仔细写下听课笔记的情景，我顿时感到这发黄的听课笔记本，似乎还存留着苏霍姆林斯基的体温。

纪念馆隔壁，便是苏霍姆林斯基的办公室、书房、卧室和厨房。书房里，至今还保留着苏霍姆林斯基的部分藏书。解说员说，苏霍姆林斯基的这个书房，曾拥有 9 000 余册藏书，有一部分已经珍藏在其他博物馆。但我们置身于现在的书房，依然能够就感觉到苏霍姆林斯基极为广阔的阅读视野。

我想到苏霍姆林斯基不断给教师们的忠告："读书，读书，再读书——教师的教育素养的这个方面正是取决于此。要把读书当作第一精神需要，当作饥饿者的食物。要有读书的兴趣，要喜欢博览群书，要能在书本面前坐下来，深入地思考。"①

解说的老师特意指着墙上的一张照片对我们说："这张照片是卡娅前不久才提供给我们的，这是苏霍姆林斯基生前最后一张照片。当时苏霍姆林斯基在办公室，透过玻璃窗凝视着外面校园里的孩子们。一个月后，苏霍姆林斯基便去世了。"

照片上，明显憔悴的苏霍姆林斯基坐在办公室里，目光却望着窗外。他

① 苏霍姆林斯基. 和青年校长的谈话[M]. 赵玮，等译. 上海：上海教育出版社，1983：65.

是带着对学校、对孩子、对教育的不舍之情告别这个世界的。

五

我们坐在会议室里，一边听取德尔卡其校长对学校的介绍，一边吃着当年苏霍姆林斯基带领孩子们建成的果园里的成果：葡萄、核桃、苹果……那种感觉真是非常奇妙而美好。

德尔卡其今年 69 岁了。她 1999 年开始当校长，已经做了 20 年校长。但如果算她在这所学校工作的时间，则已经 43 年。

校长向我们介绍了乌克兰基础教育的基本情况——

乌克兰多年来一直实行 11 年免费教育。所谓“11 年学制”，指的是小学 4 年，初中 5 年，高中 2 年。有些村子学生太少，就只有 9 年制。因此，乌克兰的基础教育只有两种类型的学校——9 年制和 11 年制。当然，近年来有的地方开始实行 12 年学制，即高中增加一年。巴甫雷什中学所在的基洛沃格勒州就有 3 600 多所学校，每个村子都有学校。巴甫雷什中学所在的村镇比较大，学生也多，11 个年级 500 来人，而其他学校大都不到 100 人。

在乌克兰没有“小升初”和“中考”的概念，他们从一年级到十一年级都在一个学校一个班读，中途没有任何选拔淘汰的考试。11 年读完就进行毕业考试，学生都可以上大学。巴甫雷什中学的所有孩子都是学校周边的农家子弟。乌克兰没有择校一说，均为就近入学。学生们选择学校的唯一标准就是离家近。

“巴甫雷什中学”，其实，按中国的说法，应该是“巴甫雷什学校”，因为他们的 11 年制包括了小学。在苏联（含乌克兰）基础教育的学校都叫“中学”，虽然有小学学段，但依然叫“中学”。也就是说，他们没有“小学”的学校名称。

在巴甫雷什中学，一至四年级一个教师教一个班，教师都是“全科教师”，除了音乐、英语以外。

乌克兰教育部有教学大纲和课程标准，但校长只拿来做参考。课程的设置都由校长决定。而且在整个一至十一年级里，考试权在学校——考不考、考什么、何时考，都由校长说了算。

每天午后 1:15，学校的教学课便上完了。孩子们有的放学回家了，有的参加学校的课外活动——都是自愿的。

巴甫雷什中学的学生成绩很好，根据当年（2019 年）州教育行政部门的评价，巴甫雷什中学教育质量在全州 3 600 多所学校中排名第 17。毕业生中除了两名学生成绩稍微弱一点只上了职业技术学院外，其他全上了大学。

六

如果就学校的“硬件”而言，巴甫雷什中学实在“不敢恭维”。

我刚才说了，学校最初就只有一栋两层小楼。该楼面积约 1 200 平方米，砖木结构，楼板是木板。这栋教学楼从苏霍姆林斯基当校长起，一直用到现在，目前是这所学校最大、最雄伟的主楼。苏霍姆林斯基纪念馆（含苏霍姆林斯基旧居）就设在其中。

在二楼，有一间可能是学校最大的房间，约 90 平方米，地上铺的是老式的木板。这里应该是学生最大的室内活动空间，因为房子的墙壁上安装了 4 副爬梯、6 个篮板，地板上画着球场线。不过，我感觉房间的功能不仅仅是体育运动，因为还摆着一些音响、话筒、道具，估计平时一些文艺演出也在这里举行。学校为欢迎我们演出的几个节目也是在这里进行的。所以，说这里是“多功能活动室”更恰当一些。

一幅巨大的苏霍姆林斯基画像挂在墙上，老校长一直注视着这里活蹦乱跳的孩子们。

除了这栋旧楼，学校另外还有两栋房子——有一栋比“主楼”小得多的教学楼，另一栋是新修的四间教室的平房。这三栋分别是一至四年级（小学）、五至九年级（初中）、十至十一年级（高中）的教室。

学校的教室也很简朴。教室外面是一个没门的大柜子，柜子里有很多挂钩，是学生用来挂衣服的。大柜子旁边是一排比较低的小柜子，上面摆满了孩子们的手工作品。

教室门上写着：“进教室——可以玩耍，可以开心，可以学习，可以观察，可以思考，可以犯错……”

这些话并不气势宏伟，却让人心动。

教室里没有投影仪、一体机，也没有电子白板或多媒体等，不过就是常规的黑板、桌椅等。教室后面是一个学生放物品的大柜子，柜子下方是一块又大又厚的地毯。教室的窗台窗帘干净而别致。

整个校园，除了学校大门里教学楼上的一面国旗，我没有看到任何“文化打造”的痕迹。

没有“办学理念”“培养目标”“校风”“教风”“学风”之类的表述，也没有宏伟的口号，更没有“学校荣誉”的橱窗，但学校的每一丝气息都散发着人性的芬芳。

这真是一所朴素的学校。

七

离学校一千米左右有一块村里的墓地。苏霍姆林斯基就安葬在这里。

我们来到苏霍姆林斯基的墓前。

虽然是一个公墓，里面有许多墓碑，但苏霍姆林斯基的墓碑格外高大，碑顶是苏霍姆林斯基的胸像。此刻，灿烂的阳光慷慨地洒在苏霍姆林斯基的头上和肩上。

我们肃立在苏霍姆林斯基的墓碑前，默哀，鞠躬。

巴甫雷什中学几位女教师朗诵之后，我代表我们这一行中国教育者致辞——

> 今天，我们16位中国教育者，来到伟大的苏霍姆林斯基墓前，向这位不朽的教育家表达我们永远的敬意。苏霍姆林斯基生前不会想到，他的教育思想将传到中国，并影响中国无数的教育者。这是苏霍姆林斯基的光荣，也是中国的荣幸！我相信，这份光荣和荣幸，将继续延续下去。苏霍姆林斯基的教育思想将永远引领着、激励着中国千千万万教师的成长！

我代表大家把一个大花篮敬献于苏霍姆林斯基墓前。

然后，我们一行人还有巴甫雷什中学的教师代表，我们一一走上前去，把一束束鲜花献给苏霍姆林斯基。

紧挨着苏霍姆林斯墓，是他夫人的墓。苏霍姆林斯基夫人生前也是巴甫雷什中学的教师，是苏霍姆林斯基的同事。我们同样向她表示了敬意。

在苏霍姆林斯基夫妇墓的后面，是苏霍姆林斯基母亲的墓。墓碑上注明着老人家的生卒年份："1882—1987"。我心里默默算了一下，她生苏霍姆林斯基时，已经 36 岁；苏霍姆林斯基去世时，她已经 88 岁；而她离开这个世界时，是 105 岁。也就是说，她的儿子去世后，她还在这个世界上活了 17 年，这是怎样一种孤独和哀恸！

但她毫无疑问是一位伟大的母亲。我同样向这位伟大的母亲献上了一束花。

八

作为一所世界著名的实验学校，我们很想了解一下其蕴含的"奥秘"。

于是在座谈中，我们问德尔卡其校长："巴甫雷什中学在课程开发和教学模式改革方面有什么特点？"

她沉吟着，似乎这个话题很艰深。迟疑了一会，她说："我们学校的课程和其他学校没什么不同，我们主要是重视学校和家庭的配合，一直注重家长的培养，所以家庭都非常重视孩子的成长。"

我们感觉她"跑题"了，便将同样的问题换了一种方式提出来，继续引导她："你们学校的教学质量，在全州名列第 17 名，这个成绩是如何取得的？巴甫雷什中学在哪些方面优于其他学校？"

她想了想，回答说："我们的教师很用心地教，孩子们很用功地学，他们的家长也非常重视孩子的学习。"

还是没有答到"要点"上。

但我们突然意识到，是我们错了。

同行的郭文红老师说："人家就是一所农村学校，教师敬业，家长重视，孩子努力，自然就考得好。这不就是教育的常识吗？何必非要问出个'特色''模式'呢？"

是的，巴甫雷什中学遵循教育常识，并把这个常识落实到了每一天，他们便取得了突出的成绩。除此之外，哪还有什么“奥秘”啊？

可我们总希望从校长口中听到什么最新的“办学理念”“教育特色”“教学模式”，老想着在这里“挖掘”出他们的“新课改”，甚至“steam 课程”之类。因为在国内，我们都是以这样的“标准”去衡量评价一所学校的“档次”的。这话也可以反过来说，国内许多学校都争相抛出一个又一个“理念”“模式”来标榜自己“首创”了什么，或“第一个提出”了什么，以显示自己“国际领先”“国内一流”。眼花缭乱，嘈杂喧嚣。

然而，巴甫雷什中学是宁静而朴素的。我们却想从这宁静和朴素中“追问”出“热闹”和“华丽”，岂非缘木求鱼？我们真是愚蠢到家了。

片刻反思自责后，我问了一个朴素的问题：“巴甫雷什中学继承了苏霍姆林斯基时代的哪些传统？或者说，苏霍姆林斯基的哪些做法，你们现在依然保持着？”

这下校长不假思索地说：“我们至今保留着让孩子们接触大自然的传统，有许多课程都是在野外、在森林进行的，这是苏霍姆林斯基当年的做法。而这个做法，至今其他学校没有。另外，苏霍姆林斯基做校长时，设立了许多节日，比如面包节，我们一直坚持到今天。”

她的回答，让我一下子想到苏霍姆林斯基在其《帕夫雷什中学》《我把整个心灵献给孩子》等著作中的生动描述。苏霍姆林斯基特别注重教育与社会、学校与自然、孩子与生活的有机联系，巴甫雷什中学将这些传统继承至今，不正是它的卓越之处吗？

我们当然希望学校能够随着时代的发展而与时俱进地有许多教育创新，但这种创新必须是自然而然的，尤其是要符合学校的实际情况，不能为创新而“创新”。巴甫雷什中学不是中国的中国人民大学附属中学或北京市十一学校，它就是一所典型的农村学校，能够将学校优良的传统几十年如一日地继承下来，成为学校师生的生活常态，这难道不是另一种意义上的“创新”吗？

我常说：“朴素最美，幸福至上。”一个学校，只要孩子快乐，教师幸福，家长满意，这不挺好吗？

巴甫雷什中学正是这样一所朴素而幸福的学校。它的存在，是不是会让我们对中国许多色彩过于艳丽的“名校”有所反思呢？

九

其实，乌克兰也有“不朴素”的学校，比如我们第二天参观的基辅人文中学。

这是一所以人文教育为特色的公办中学，实施免费教育，学生均为八至十一年级的孩子。学校开设的课程以语言类和艺术类为主，兼有理科学习，但以前者为重点。

这个学校“牛”到什么程度？综合评估在乌克兰中学中排名第一这个都不算什么，关键是学校第一任董事会主席是乌克兰总统，以后历任总统几乎都到过这所学校，所以女校长说，这些总统都是她的好朋友。“但亚努科维奇这个流氓、强盗没来过！”她特别强调这一点。她还自豪地向我们介绍学校出去的杰出人物，比如有一个学生后来曾担任乌克兰教育部部长。

走进这所学校，宛如走进了一个艺术博物馆，到处都可以看到许多绘画和雕塑作品。这些作品就陈列在每一层楼的墙上和过道边。而且这些作品大多是国内著名艺术家所创作；还有一些名人的业余作品，包括乌克兰一位总统（名字我忘记了）的作品；也有的作品出自本校学生之手。

在每一间教室，都充满浓浓的温馨而高雅的艺术氛围，四壁都呈现着艺术作品。与其说是教室，不如说是艺术品展厅。

教师的办公室其实就在教室里——在教室前面的一角，我们看到了教师的办公桌，上面有电脑、书籍、花瓶，居然还有乐器。我们正在四顾欣赏艺术作品时，一位女教师顺手拿起一把吉他为我们且弹且唱，十分投入，表情很是陶醉。我们情不自禁热烈鼓掌。

这所学校的硬件的确很有档次，连厕所的设备都让我们惊叹：洗手台、自动热水、洗手液、卫生纸、擦手纸、烘干机……当然这些设备在中国许多星级酒店也很常见，但这所学校毕竟不是五星级酒店啊！

我对杨东平兄耳语道：“这是基辅的‘人大附中’！”

我仅仅是从外观“高”“大”“上”的角度，说这所学校像中国的“人大附中”。但其实我想说的是，这样的“豪华”甚至充满“贵族气息”的学校也有存在的意义。不同的地区环境、不同的生源情况、不同的教育重点、不同的培养目标……必然呈现出不同类型或特色的学校。

我是在写巴甫雷什中学时，想到了这所学校并在此作一介绍。每一朵花都有自己独特的艳丽和芬芳。我欣赏人文中学的高贵，也点赞巴甫雷什中学的素雅。

十

虽然时不时有像我们这样的远道而来的参观者——据德尔卡其校长说，学校每年大概有 300 人来参观，但总体上说，巴甫雷什中学至今还是一所宁静的学校。这里的“宁静”不只是指外在的世外桃源般的悠闲环境，更是指学校没有无休止的上级行政干扰：一茬又一茬的“视察”“督导”“验收”“评估”……

一尘不染的纯粹，心无旁骛的专注，教育便是一切，孩子便是全部——几十年来，巴甫雷什中学就这样默默地生长在远离城市的乡村。

它甚至有些孤单，因为虽然也有一些学校在践行苏霍姆林斯基的教育思想，但它至今“只此一家，别无分店”。物以稀为贵，巴甫雷什中学因此而格外珍贵。

想想，如果巴甫雷什中学在中国，会有怎样的待遇？

被授予“乌克兰首批国家级示范学校”是毫无疑问的，此外还有“国家级百年名校”“全国教育系统先进学校”等荣誉。

更重要的是，国家会想方设法创造条件，让巴甫雷什中学这“优质教育资源”尽可能扩大化，“集团化办学”当然是最佳选择，“巴甫雷什中学教育集团”应运而生，全国各地的分校遍地开花。

前来巴甫雷什中学参观学习的团队络绎不绝，学校于是不得不专门成立一个“对外接待部”……

如果巴甫雷什中学遭遇这样的待遇，恐怕早就被折腾死了——就算依然活着，可校长累、老师烦、学生苦……华而不实的荣誉，会让巴甫雷什中学失去教育，更让学校的师生失去幸福。

十一

苏霍姆林斯基在《帕夫雷什中学》中是这样描述学校的位置和环境的——

> 我们学校坐落在距克列缅丘格市15公里的一个大村庄的边上。学校占地约5公顷，与一片森林和集体农庄的肥沃农田毗连，南面有奥麦利尼河流过，这是第聂伯河一条不大的支流。这条小河在这里被截断，形成一座大水库。
>
> 整个村子都被浓密的树木遮蔽着。我们在学校和农庄的田地之间栽植了几片防护林。学校旁边是一个周围种着果木的体育场。校园西北是一道深谷。我们沿沟栽种了橡树，沟坡上遍植了丁香树。已经现在长成橡树林带和繁茂的丁香树丛。
>
> 校园地形是一片起伏不大的山岗。登上小山岗，第聂伯河岸旷野的美景即可展现在眼前。天气晴朗时，从较高的山岗上连第聂伯河对岸波尔塔瓦地区的原野和克列缅丘格水库的碧蓝水面也可以尽收眼底，地平线上刻画着水电站的轮廓，清淡的雾霭中依稀可见铁路车辆厂和汽车制造厂的厂房。①

半个世纪以后，苏霍姆林斯基著作中这几段文字，几乎可以一字不改地作为今天巴甫雷什中学环境的解说词。

这是巴甫雷什中学的幸运。

离开巴甫雷什中学时，我在车上看到了一片宽阔的水域，在阳光下泛着粼粼波光。这就是苏霍姆林斯基在书中所描绘的那条已经被截断成为“水库”的小河。我顿时激动起来，甚至很想下车拍一张照片，我想到了苏霍姆林斯基书中所记载的，他和孩子们一起划船前往某个荒无人烟的岛子的情景。

可惜一晃而过，我来不及拍下这条河。

---

① 苏霍姆林斯基.帕夫雷什中学[M].赵玮，等译.北京：教育科学出版社，1983：106–107.

当年苏霍姆林斯基所率领的小船队，就是从这里划向远方的。

同样是在《帕夫雷什中学》一书中，苏霍姆林斯基生动而深情地写到他们学校的野外宿营——

> 我们学校有个传统，每逢暑期每个教师都要带孩子们到野外去宿营几天。孩子们特别喜欢在草场上宿营。他们迫不及待地盼着那些令人神往的夜晚的到来。那时，他们将在繁星闪烁的夜空下，在散发着清香的干草堆上，听着关于远方国家和遥远星空世界的故事，静听夜间的沙沙声。繁星的闪烁，可口的稀粥，篝火引燃的炭火，黎明前那逼人躲进草堆的寒气，河岔中的戏水。这一切，都在孩子们心灵里留下不可磨灭的、无法忘怀的印象。[①]

这是多么浪漫的教育生活啊！

中国的孩子，如今有这样"令人神往的夜晚"吗？他们的心灵里留有这样"不可磨灭的、无法忘怀的印象"吗？

令人羡慕的是，巴甫雷什中学至今还继承着苏霍姆林斯基时代所形成的传统，这是巴甫雷什中学老师和孩子们的幸运。

中国不是乌克兰，各有各的国情和特点，所以任何国家的学校不可能照搬到另一个国家。但遵守常识、保持朴素、坚守良知、纯粹、宁静专一，是巴甫雷什中学中的品质，也应该是这个地球上所有好学校的共同属性。

正是在这个意义上，我实在是想全身心地呼唤——

中国的巴甫雷什中学，你在哪里？

① 苏霍姆林斯基. 帕夫雷什中学[M]. 赵玮，等译. 北京：教育科学出版社，1983：50—51.

后　记

苏霍姆林斯基一直“注视”着我

其实，自从1982年我第一次读苏霍姆林斯基的《要相信孩子》开始，几十年来，我从来没有间断过对他的阅读。也就是说，“重读”一直伴随着我的教育生涯。

这次捧起苏霍姆林斯基的著作，是我退休以后的“重读”。这真是一个非常美妙而奇妙的过程。

我翻出了书橱里面所有苏霍姆林斯基的著作，这些著作大多是老版本，外观破旧，有的封面补了又补——可见几十年来我不知阅读了多少遍。

翻开发黄而且已经变脆的书页，上面密密麻麻的勾画、圈点和批注，让我读到了我的青春。当年那个小伙子沉醉的模样浮现眼前。虽然这小伙子现在已经满脸沧桑，可只要打开苏霍姆林斯基的著作，我就感到他亲切的目光注视着我——已经注视了近40年了，于是我就觉得自己依然年轻。

但这次重读，并不是因为兴趣或怀旧，而是深感观察和思考中国教育的现实，需要我借助包括苏霍姆林斯基在内的中外卓越教育家们的眼睛和大脑。所以，当我这次在读《给教师的一百条建议》《帕夫雷什中学》《把整个心灵献给孩子》《和青年校长的谈话》《论劳动教育》《家长教育学》《爱情的教育》等著作的时候，绝非简单地“温故”，而是紧扣中国教育现实的“知新”。

我在读苏霍姆林斯基，也是在读当代中国教育。

我最大的感受是，半个世纪前苏霍姆林斯基的教育理论，完全可以成为推进中国素质教育的思想资源之一。

这本书我是带着感情写的——对苏霍姆林斯基的感情；更是带着责任写的——对中国教育的责任。

因为我觉得，不少一线教师对苏霍姆林斯基的了解，更多的还仅限于“苏霍姆林斯基”这个名字，和他的诸如“真正的教育是自我教育”等教育名言，而对他充满人情、人道、人性的教育思想与教育实践知之甚少。我希望通过我的文字，能够让更多的一线教师走近甚至走进苏霍姆林斯基的精神世界和教育现场，进而改进自己的教育，共同推动中国教育的进步。

但苏霍姆林斯基的教育思想实在是博大精深，限于字数，这次我不可能全面而系统地对他的理论体系进行介绍，只能以随笔的方式，就他对师生关系、家庭教育、“后进生”的转化、教师素养、劳动教育、爱情教育等方面的论述谈一些感受。苏霍姆林斯基还有更多的论述，比如教学论、学校管理等，我基本上没有涉及。如果读者读了我这些文字，能够进一步阅读苏霍姆林斯基更多的著作，或许能弥补本书“挂一漏万”的不足。

感谢我亦师亦兄的吴盘生老师。他是国内著名的苏霍姆林斯基研究专家，正是在他的帮助下，我这本书的写作才得以顺利完成。

感谢江苏凤凰科学技术出版社，感谢策划编辑程娟老师！

更感谢这本书的每一位读者！

总　跋

苏霍姆林斯基的卓越贡献令人敬仰

教育丛书“苏霍姆林斯基在中国”的首批新书现在与大家见面了，这是中国陶行知研究会苏霍姆林斯基研究专业委员会办成的一件大事。此时，我心里很高兴、很激动。

这件大事办成，历时数年，颇不容易。丛书初成，首先有赖于朱小蔓教授的鼎力支持和悉心指导，也依靠了唐云增先生的先期发端和不断推动，还受益于青年学者杨一鸣博士等人的睿智谋划和积极配合。朱小蔓教授、唐云增先生在我国教育界，堪称“苏霍姆林斯基式的教育科研工作者”。他们德高望重，备受尊敬。杨一鸣博士等在青年学者中实属佼佼者，他们对苏霍姆林斯基教育思想的满腔情怀，代表了青年一代的美好教育追求。

办成这件大事，当然也离不开丛书编委会全体成员的团结协作、共同奋斗，更取决于各卷作者的辛勤劳作和呕心沥血。

不仅如此，我们还得感谢江苏凤凰科学技术出版社和上海凤凰颐合文化发展有限公司相关同志长期付出的巨大辛劳。自 2013 年初起，相关同志就积极参与策划和推动本套丛书，对每分册都不厌其烦地提出修正意见，表现出难能可贵的诚意和良知。这些都使我们编委会深受感动，在此一并感谢！

今天，在经济全球化背景下，在我国的教育改革和发展进入新阶段的时刻，为什么要编写这套丛书？办这件大事的意义和价值何在？这是大家必然关心的问题。

是的，当我们的教育改革进入攻坚阶段之时，当我们面前的青少年学生与任何时候都不同之时，当我们的年轻教师面对海量资讯和多元价值而难以抉择之时，我们急切地需要一个看得见摸得着、可以信赖的学习榜样，需要一个富有情感、血肉丰满的时代楷模，苏霍姆林斯基就是最好的选择之一。

我国成都的李镇西老师，1998 年底就被苏霍姆林斯基的女儿称为“中国的苏霍姆林斯基式教师”（当时我有幸在场）。他最崇拜的教育家就是陶行知和苏霍姆林斯基。他在专著《追随苏霍姆林斯基》中这样写道：“苏霍姆林斯基是前方的太阳，永远照耀着我们前行，让我们的教育之路不会迷失。”“苏霍姆林斯基是一个美好的梦，读他，就是追梦。”李镇西老师积极追随苏霍姆林斯基，满含热泪地读他的书，十分用心地践行他的教育思想，带着自己的创造不断前行，于是，李镇西老师成功了。

我们编写这套丛书的意向之一，就是为我国年轻一代的教育工作者提供学习条件，使他们了解苏霍姆林斯基教育思想在我国教育界几度掀起的传播高潮，了解其影响的广泛和深远程度，了解其广受欢迎的内在教育因素和文化条件，了解其间涌现出的许多先进人物和感人故事，从而在心中保留那十分难得的、写满生动教育故事的历史画卷。

我们编写这套丛书的初衷，也在于使年轻人真实地感受到：一个普通的中小学教师和校长持续地努力奋斗的前景不可小觑。他生命力量中蕴藏的潜能和可能达到的高度是如此惊人！我们力图使年轻人在此基础上思考这样的问题：苏霍姆林斯基为什么这么令人敬仰？我们是否可以通过自身的努力，站到巨人的肩膀上，积极提高教育素养，从而达到新的高度，直至攀登教育的高峰？

奇迹总是由人来创造的。当今时代就给期望创造奇迹的有志者提供着舞台。

苏霍姆林斯基，一个普通乡村中学校长，创造了教育实践和理论的范例。他震动了世界，得到了国际教育界的赞许，被公认为世界级的教育大家。这在 20 世纪中叶的社会主义教育发展史上，是绝无仅有的。

苏霍姆林斯基，乌克兰苏维埃社会主义共和国中部一所乡村中学——巴甫雷什中学的校长。他从第二次世界大战的硝烟中归来，到乡村中学当校长，一当就是22年。他的人道主义教育实践的卓著成效，连同其中展示的“我把心献给孩子们”的教育情怀和精神，跨越了万水千山，令世界各国的教育工作者由衷佩服；他通俗而不凡的理论建树，突破了意识形态的阻隔，牵动了东西方教育工作者的心，让大家关注和敬仰：人们争相翻译和阅读他的著述，研究他的教育思想，访问他创办的学校。而且，这种关注和敬仰，遍及世界，经久不息，一直延续至今。这无疑是一个奇迹！

让我们看一看，苏霍姆林斯基究竟创造了怎样的奇迹呢？

首先，苏霍姆林斯基做着“真教育”，他办好了一所真正的学校。他扎根于乡村学校的实践，创造了令人信服的人道主义教育样板，做出了实实在在的成绩，令世界对社会主义教育刮目相看。他永远把教育实践视为教育研究的根基，让实践成为优秀文化和人文精神传承的过程，把自己的心血乃至整个生命化解于此，努力在实践中验证和发展教育理论。他的双脚永远站在学校的土地上，他永远在课堂里（每天听2节课）。在学生中（认识所有的学生），他直面各种教育问题，触摸着学生生命的脉搏，在不断解决问题的过程中，用心培养每一个学生，同时吸取鲜活的教育营养，推动他的“教育学是人学”的工作实验室前进。他办好了一所乡村学校，拿出了一个经得起推敲的教育样板——巴甫雷什中学。这所学校成了世界名校。他证实了：真正的教育家都是与一所名校联系在一起的，真正的教育家是“接地气”——与儿童在一起的。

其次，他真有学问。苏霍姆林斯基知识渊博，学养深厚。他从小就以一颗谦卑和真诚的心投入阅读。后来，他身为校长，永远以高强度的专注力异常勤奋地读书（每天早上4点起床阅读）。他博览群书，思考人类，洞察社会，审视自我，构建了健康的社会认知及自我认知。他着眼根本，专研“人学”，服务现实。他独立思考，从不人云亦云、故弄玄虚。而且，他脚踏实地，精通中小学全部教材和教学法理论。他几乎教过中小学的所有课程。他的教育学、心理学和哲学等学科的修养之深，远远超乎常人。他学风踏实，勤奋写作，著述丰厚，言之有物。他的著作被翻译成世界的主要语言文字，被公认为是“活的教育学”和“教育百科全书”。他的学问物化成了宝贵的教育遗产。

再次，他有自己的教育思想。苏霍姆林斯基的教育思想深刻，着眼根本，前瞻未来，堪称“教育战线上的思想家”。他成天生活在孩子中，欣慰于学生的天真，敬畏着生命的严肃，感受着家长和社会的信任，掂量着教育的现实责任和时代使命，思索着对人性的尊重和对精神的关切。他心怀人类未来，前瞻新的世纪。他永远在追问：怎样的中小学才是好学校？什么是“真正的教育”？什么是“真正的人”？未来世界连同教育将走向何处？他在长年的教育实践中苦苦求索，在不间断的教育实验中验证答案，在广泛涉猎、持久深入的阅读中深思熟虑，通过勤奋写作及时总结，他沿着“教育学是人学”的线路前行，逐步形成了一整套独特的以人为本的教育主张，从而催生了举世无双的教育思想体系——苏霍姆林斯基教育思想。

还有，他坚守良知，敢讲真话，为人磊落，是一位真正的共产主义教育家。苏霍姆林斯基具有超越世俗的教育追求，拥有一颗美丽的心——以完美教育理想为血液循环的心。他满怀激情，又头脑清醒，在持续的阅读和不竭的实践中接触人类思想的精华，攀登教育理想的制高点，让自己的精神和心灵突破教条的桎梏，冲出时空的限制，超越四周的环境，凝成共产主义的教育信仰，在内心深处养成浩然之气，铸成不竭的精神力量。他以“人民教师——民族的良知和青年的楷模”要求自己，鄙视对学术的无知与怠慢，嘲笑对物质的贪婪与迷信，拒绝对权力的膜拜和恐惧，批评教条主义和形式主义，抵御社会和个人的沉沦。所以，他即便面对“围剿”也总是朝气蓬勃，积极达观。他挺直腰杆，拒绝平庸，追求真理，在平凡中显得那么不平凡，从而显示出巨大的人格魅力。

那么，怎样概括苏霍姆林斯基做出的教育贡献？

考察苏霍姆林斯基的一生，通览他的全部著述，纵观其教育理论和实践的建树，在苏联教育界，他做出了十个方面的贡献，可以简要概括如下：

第一，他在苏联教育界第一个公开提出“人是最高价值”[①]，“教育

① 苏霍姆林斯基著：《苏霍姆林斯基选集》（五卷本）第5卷，乌克兰基辅苏维埃学校出版社，1980年版，第471页。

学是人学，它的基础在实质上就是创造幸福”“要相信人”。在“以阶级斗争为纲”的年代，他举起了社会主义、人道主义的教育大旗，用马克思的“异化”论述观照教育理论和实践，主张学校一定要把学生当人，真正当作“大写的人”，把“为了学生的欢乐和幸福”、全力“培养真正的人”作为教育的根本目的，这在当时无异于石破天惊。

第二，他旗帜鲜明地反对苏联教育界普遍存在的形式主义和教条主义。苏霍姆林斯基认为必须反对教师照搬先人教条、学校只按行政指令办事的倾向。他特别提倡教育要面向每个具体的学生，他指出：“请记住，没有也不可能有抽象的学生。”[①]他批评道，有教师在谈到教育教学要“面向学生”时，这里的“学生”，通常被理解为“中等的”“抽象的”学生，其实，这根本不存在；教师面对的是一个个活生生的人，只有从每个学生的具体实际出发开展教育教学，并努力走进他的心中，这才真是面向学生。所以，他在写作中总是会采用学生名字（隐去了姓氏），展示一个个鲜明的学生个性，在他那里看不到教条主义和形式主义的影子。

第三，他带头成功地实现了课堂教学改革。他提出了“要引导孩子参与学习”“要教会学生学习”“要丰富学生的智力生活”，还提出了“蓝天下的学校”[②]，从早期教育开始，就让学习充满吸引力，让孩子参与教学；他主张从小就把学习工具交给学生，打好学习技能的基础，熟练掌握“五把钥匙”（读、写、算、观察、表达），读、写、算要达到半自动化程度；他制订了“第二教学大纲”，开发新的课程，主张课内课外学习时间之比需达到1∶1，为学生扩展和丰富智力背景提供条件；他十分关注培育学生的学习兴趣，使他们形成稳定的学习意愿，增强持续的学习动力；他主张教师改进与学生的交往风格，努力营造“充满爱的课堂”“有情感的课堂”，形成良好的“智力情感场”。事实上，苏霍姆林斯基在巴甫雷什中学就构

① 苏霍姆林斯基著，杜殿坤编译：《给教师的建议》，教育科学出版社1984年版，第1页。

② 苏霍姆林斯基著，杜殿坤编译：《给教师的建议》，教育科学出版社1984年版，第528页。

建了以“教学三原则”——需要、难度、愉悦为核心的，特有的“苏氏教学法”体系，其内涵：①趣味性教学——千方百计让孩子（后进生）“喜欢”学习、“参与”学习；②发展性教学——发展学生的思维、情感、创造力等；③研究性学习——三年级起就布置课题研究型作业，引导学生参与课题研究；④合作性学习——在小组讨论中交流智能与情感，在完成学习任务中发展个性；⑤个性定向性教学——发现每个学生的特长，针对学生的实际，强化个别指导，提供展示机会，促进学生个性发展。

第四，他力排众议改革教育教学评价，提出在（低年级）教育和教学中可以“取消消极性评价（不打不及格）”，延迟采用分数评价，甚至可以取消分数，以全力爱护和增强每个孩子的“智力自尊”，给学生以适度的空间和自由。他指出：“在学习中取得成就——这一点，形象地说，乃是通往儿童心灵中燃烧着‘想成为一个好人’的火花的那个角落的一条蹊径，教师要爱护这条蹊径和这点火花。”[①] 在他眼里，学校应是人生的启蒙园，是前进的加油站，课堂是增强学生学习兴趣和动力的场所。教师如果总是用消极性评价挫伤学生的积极性，用“坏分数”做皮鞭抽打孩子的自信心，那么这无异于对学生犯罪。

第五，他第一个明确提出“广义德育”的概念。他指出“应当把学习和掌握知识的过程，放在广义的德育计划中，当作集体和个性生活的一部分”，要“发挥教学的德育作用，并找到帮助学习困难学生的策略”。他反对把德育从教育教学中剥离出来，主张综合地、有机地实施德育。他反对好高骛远，提出了脚踏实地的德育要求，其中，放在首位的是公民（平民）德训，即基本的做人准则：“三热爱”（热爱劳动、粮食、老百姓），“四崇拜”（崇拜祖国、母亲——人、书籍、国语）。他认为，道德目标应当有切实的基点，即以善良——设身处地为他人着想的善良，加上正义感——不容忍恶行的正义感作为基点，在此基础上，包含着从“平民”（公民）目标到“圣贤”目标的广阔区间内的自由选择及逐步提升。

---

① 苏霍姆林斯基著，杜殿坤编译：《给教师的建议》，教育科学出版社1984年版，第3页。

第六，他第一个公开指出“在苏联的共产主义社会中存在恶行”，提出必须加强精神和心灵的教育。他在教育学研究中引进了“精神”（相对于“肉体”）、“灵魂”“心灵”“良心”“生命”“死亡”“爱情”“意愿”“情感”“欢乐”“幸福”等诸多概念，突破了苏联经典教育学的刻板教条，从根本上改造其概念系统。他提倡教育走进学生心灵，深入学生精神生活，增强学生崇尚真善美的情趣，重视提高学生识别和反对假丑恶的觉悟、能力，为切实搞好公民（平民）人格教育，培养“真正的人”打下扎实的基础。

第七，他第一个提出学校的“情感文化”，提倡建设“情感文明”，提高教师的情感素养。苏霍姆林斯基认为：“一个人越变得有力量，他就越需要温情——这是道德教育的规律。力量乘以温情，唯在此过程中才会产生人类的高尚。”① 他说，不重视学生的情感就是没有真正把学生当人。他要求教师：将认知与情感有机结合起来，十分密切地关注学生的体验、感受；在确立教育目标时，把切实培养学生的自尊感、同情心、正义感放在第一阶段，并把培养责任感、友谊感、成就感、舒适感等纳入其中。他又说，学生在学习中经常失败，心里会感到痛苦，并慢慢变得迟钝，麻木。情感的麻木会导致道德上的厚颜无耻，这是一个人丧失自尊后的最可怕的后果②。他主张从排除师生交往障碍入手，切实建立情感沟通，开展师生精神交往，真正注入关爱（自爱、爱人类）并强化之，形成积极情感的正向循环，从而构建学校和班级的良好情感氛围和人际关系。

第八，他第一个挑战了苏联经典教育学的写作风格，开创了用散文方式自由地撰写教育专著的先河。苏霍姆林斯基反对撰写教育著述时普遍存在的不良倾向——程式固化，面孔铁板，矫揉造作，故弄玄虚，烦琐冗长，不知所云。他带头把教育著作写得通俗、形象、生动、有激情，人物灵动，富有情境性，让读者如临其境，喜欢阅读，读有所得。他指出，教育学著

---

① 苏霍姆林斯基著：《苏霍姆林斯基选集》（五卷本）第5卷，乌克兰基辅苏维埃学校出版社，1980年版，第497页。

② 苏霍姆林斯基著：《苏霍姆林斯基选集》（五卷本）第5卷，乌克兰基辅苏维埃学校出版社，1980年版，第498页。

述的精髓在于朴素、本真、实用。

第九，他在教育界大胆亮起了“自由”的旗帜。他反对把纪律和集体作为教育的目的，认为必须将其视作教育的手段，他提倡“对待孩子就应如对待一个自由的生命体”“孩子是学习的主体”，要真正尊重学生的民主权利，主张给学生以选择自由，培养自由意志，学习自我评价，要求学生将“学习中的自由”与“做人的责任”适度结合，承认以约束为前提的自由；他反对校长和教师独断专行，主张指导学生学习民主操作和参与民主管理（班级及学校的管理），彻底挑战了专制式的教育思想和实践。他认为，这些都要从课堂、班级和家庭教育做起。

第十，他第一个公开批评马卡连柯的集体教育思想，指出其中的诸多缺陷，挑战了理论权威。苏霍姆林斯基曾在《前进》一文中指名批评前辈教育家马卡连柯，列数其如下错误：机械搬用马克思关于集体的论述，把集体看作教育的目的，以“平行影响原则”削弱教师自身的教育作用，把学校的纪律看成“斗争”的纪律，让个人无条件服从集体，在解决个人与集体矛盾时主张“毫不留情”……他坚持正确的方法论，以过人的理论勇气，从实际出发，独立思考，始终坚持了教育本质的人文性、教育研究的整体性和教育理论的实用性；提倡教育回归到人性之本，以培养大写的人为目的，深入学生的心灵。

至此，我们可以看到：苏霍姆林斯基是模范的实践家，是渊博的理论家，是深刻的思想家。苏霍姆林斯基做出的贡献是非同一般的，是伟大的，他将被载入人类教育史册。

我国著名教育学专家朱小蔓教授曾经这样写道：“苏霍姆林斯基教育思想是国际全民教育进程的不熄灯塔”“苏霍姆林斯基的确是一位伟大的思想先锋、思想的超前者、卓越实践的创造者。对他思想和实践的诠释在当今时代依然有巨大的张力，依然具有无穷的魅力”。

毋庸讳言，苏霍姆林斯基并不是神，如同历史上任何一位伟人那样，他不可能十全十美；阅读他的著作，也可以感到些许历史局限，或称时代烙印。但是，这恰恰证实，在我们面前的是一个真实的苏霍姆林斯基，是一位活生生的苏联乡村中学校长，是一位满怀教育激情的、勇于改革教育的实践家和理论家。我想，某些历史的局限丝毫不影响苏霍姆林斯基的高大形象和不朽精神。

读苏霍姆林斯基的著作，我们会不断汗颜，因为他书中的话语似乎就是对我们的拷问，它们就在敲打着我们的心——每个有良知的教师的心！读他的著作，我们又总感到眼明心亮，因为他的教诲总能给我们指明解决问题的思路、前行的方向。

我们编委会的很多同仁都感到：撰写丛书的过程，就是不断研学苏霍姆林斯基著作的过程，也是我们从中汲取教育营养、继续进步的过程。

掩卷沉思，我们仿佛看到：苏霍姆林斯基就站在我们的面前！

是啊！他在深情地期盼着我们……

吴盘生

2018 年 7 月